한국 현대 사회 이해

정용교, 안도헌, 남선이, 김정환, 김옥경,
딘 란 흐엉, 황 티 빅 응옥, 판 홍 트리 툭

교육과학사

현대의 한국 사회는 다른 사회와 비교할 때 몇 가지 점에서 중요한 특징을 갖는다. 그런 특징은 다음의 형태를 띤다. 먼저, 한국 사회는 1960년대를 거치며 경제적 차원에서 비약적 발전과 성장을 보였다. '한강의 기적'으로 불리는 급속한 경제성장을 통해 한국은 전자와 자동차를 비롯해 제조업 강국으로 부상할 수 있었다. 그 결과 한국은 세계 10대 경제강국의 위치에 오를 수 있었다. 이런 경제성장에 힘입어 한국은 세계적 경쟁력을 갖춘 글로벌 기업들이 등장하였고, 동시에 세계 곳곳에서 한국기업의 영향을 한층 확대할 수 있었다.

한국은 문화적 영역에서도 세계를 선도해 갈 수 있었다. K-팝, K-드라마를 비롯한 대중문화는 세계적 인기를 끌면서 세계인의 주목을 받을 수 있었다. 한국인은 독특한 문화 감수성을 마음껏 드러내면서 세계인의 마음에 큰 울림을 줄 수 있었다. 이런 문화역량의 발휘는 한국인의 강렬한 교육열과도 밀접히 관련될 것이다. 한국인의 교육열은 지구촌 어느 민족과 국가에 뒤지지 않을 정도이다. 한국에서 SKY로 불리는 명문대에 진학하는 것은 하늘의 별 따기만큼 어려운 것이며, 이를 위해 어릴 때부터 치열한 교육경쟁을 벌여야 하며, 이 경쟁에서 살아남을 때 가능할 수 있다. 이 지점에서 교육에서의 승리는 여타 경제사회적 성취를 결정하는 데도 커다란 영향을 미치는 것으로 볼 수 있다.

무엇보다, 한국 현대 사회의 중요한 특징은 빠른 변화를 즐기며 그런 변화를 선도하는 데 익숙한 '빨리빨리' 문화와 관련된다. 한국인은 경제사회적 흐름에 뒤처지는 것을 잘 수용하지 않으며, 수단 방법을 동원해 그런 흐름에서 살아남으려는 강한 의지를 드러낸다. 이런 한국인의 역동성은 한국 현대 사회를 추동하는 핵심 동력으로 볼 수 있다. 이런 동력은 한국인이 최근 형성하는 가족형태에서도 여실히 나타난다. 한국 사회는 전통적인 가족구조를 일거에 타파하였고, 대신 핵가족을 넘어 나 홀로의 1인 가족체제로 급격히 재편해 가고 있다. 최근 한국 사회의 중요한 이슈인 초저출생과 초고령화 현상에서도 한국인의 역동성을 엿볼 수 있다. 서구에서 도입했던 제도였지만 서구를 넘어 훨씬 빠른 속도로 저출생과 초고령화 현상에 당면하고 있다.

한국 사회는 1980년대 후반부터 민주화를 겪으면서 민주주의를 성공적으로 정착시킬 수 있었다. 이런 민주화를 이루는 과정에서 정치적 갈등이 불가피하였고, 그런 갈등에서 수많은 사회적 갈등도 수반하지 않을 수 없었다. 곳곳에서 지역갈등, 세대갈등, 이념갈등, 노사갈등, 젠더갈등 등이 어떤 여과장치 없이 적나라한 모습을 드러내고 있으며, 그에 따른 무수한 경제사회적 대가를 치를 지경에 이르고 있다. 이 지점에서 다양한 갈등을 조정하여 관리하는 것은 오늘 한국 사회가 해결해야 할 현안의 과제로 부각하고 있다.

이 책은 오늘 한국 사회가 당면한 각종의 갈등양상과 과제를 염두에 두면서, 국내외의 한국학과 한국어교육학 전공자를 위한 한국 현대 사회를 둘러싼 맞춤형의 문화이해 교재로 편찬되었다. 특별히 이 책은 복잡하면서도 급격히 변화하는 글로벌 시대 상황에서 한국 현대 사회와 문화를 둘러싼 이해와 파악에 조금이나마 도움을 제공하려는 의도로 기획되었다. 이 책은 세계화, 국제화가 한층 진전되며 한국의 위상이 커지는 시대적 상황을 반영하여 한국학과 한국어교육학 전공자를 대상으로 한국 현대 사회의 전반적 모습을 일목요연하게 이해할 수 있도록 하는 데 주안점을 두었다. 이 책을 통해 현대 한국 사회가 어떤 문화적 맥락에서 어떤 방향을 띠고 변해왔으며, 그리고 어느 방향을 지향하며 발전을 거듭하였는지를 밝히려 하였고, 나아가 한국 사회의 변화양상은 어떤 형태로 진전을 거듭할 것인지에 대해서도 다루려 하였다. 무엇보다, 이 책을 통해 한국학에 관심 있는 외국인 학습자들이 한국 사회의 어제와 오늘, 한국문화의 원형과 변형, 그리고 한국인의 일상적 생활문화 등을 좀 더 쉽게 드러낼 수 있도록 하는 데도 유념하였음을 밝힌다.

이 책의 편찬에서는 한국 현대 사회 이해에 꼭 필요한 13개의 핵심주제를 선정하였으며, 이런 주제 중심으로 내용을 전개해 가려 하였다. 그런 핵심주제는 다음과 같다. '한국 사회의 변모', '한국의 가족주의', '개인주의와 집단주의', '한국인의 의사소통', '세대별 문화이해', '한국 사회와 흥 문화(1)(2)', '한국인의 연애와 결혼', '한국인의 여가생활', '한국농촌의 재발견', '국제이주와 문화다양성', '4차 산업혁명과 대안사회', '국제관계를 통해 본 한국의 미래' 등이다.

끝으로, 이 책은 한국과 베트남 대학에서 각각 한국학과 한국어교육학에 관심을 갖고 교육을 담당하는 교수자들이 함께 참여하여 편찬하였으며, 따라서 한국과 베트남 대학의 해당학과에서 좋은 강의자료로 활용할 수 있을 것이다. 이런 점에서 이 책은 한국의 한국학과 한국어교육학 전공자는 물론이며 베트남에서 한국학을 공부하는 학습자에게 특별한 의미를 갖는다. 평소 베트남의 한국학 전공자는 어떤 교재를 사용하여 한국 현대 사회를 어떻게 공부할 것이냐를 둘러싸고 마땅히 적절한 교재를 찾을 수 없었는데, 이 책을 통해 다소나마 그런 어려움에서 실마리를 찾을 수 있기를 바라 마지않는다. 덧붙여, 이 책은 한국-베트남 양국 연구자가 공동으로 핵심주제를 맡아 분담 집필하려 하였는데, 그런 점에서 한-베 학술교류는 물론이며, 문화교류 차원에서도 나름의 실천적 성과로 이어질 수 있기를 기대한다.

저자를 대표하여

정 용 교

차 례

제 1 장

한국 사회의 변모

1. 남북분단

1) 남북분단의 원인

1945년 8월 15일 전격 찾아온 광복은 한반도 정세에 결정적 영향을 미쳤다. 1910년 한일합방 이래 36년 동안 일본은 식민 지배를 통해 한반도의 일본화를 추진하였으며, 이런 식민화를 통해 한국민의 민족적 정체성을 말살하려 하였다. 세계 2차 대전 중 미국 중심의 연합국 측이 일본에 승리를 거두었고, 일본과의 전쟁 중 한반도는 북위 38도선을 경계로 하여 남북으로 분단되었다. 북위 38도선을 따라 남쪽 지역에는 미군이, 북쪽 지역에는 소련군이 주둔하였는데, 이 사건으로 말미암아 남북분단이 결정지어졌다. 당시 국제역학 관계에서 빚어졌던 남북분단은 이후 한국민의 운명에 심대한 영향을 미쳤다.

한반도는 38도선을 경계로 대한민국(남한)과 조선민주주의인민공화국(북한)이 각각 수립되었다. 서로 다른 이념과 체제를 바탕으로 세워진 양 체제는 극단적 대립양상을 보였으며, 급기야 1950년 6월 25일 한국전쟁이 발발하는 것으로까지 이어졌다. 이 전쟁은 3년간 치열한 전쟁을 겪은 뒤 1953년 7월 27일 정전협정을 맺을 수 있었다. 그렇지만 38도선이 곧이어 휴전선으로 대체되었으며, 갈등의 골도 한층 깊어지게 되었다. 몇 차례의 평화를 위한 협상이 있긴 하였지만, 공식적 평화조약을 체결할 수 없었고, 분단을 맞게 된 지도 어언 80년에 이른다.

남북 간에는 긴장 관계를 개선하려는 협상이 전개되기도 하였지만 그런 긴장 관계를 극복할 수 없었다. 남북 간에 있었던 대표적 협상에 대해 좀 더 자세히 살펴본다. 1991년 남북 간은 상호 불가침하며 교류협력을 문서로 약속한 기본합의서를 체결할 수 있었다. 2000년 6.15 남북공동 선언을 통해 남북 간 화해와 협력을 천명하였고, 그에 따른 남북 간의 정상회담을 개최하기도 하였다. 2007년은 10.4 남북공동 선언을 통해 경제협력과 평화체제 구축방안을 도출할 수 있었다. 2018년 판문점 선언을 통해 한반도의 완전한 비핵화와 평화체제를 구축하려 했고, 한발 더 나아가 남북 정상이 판문점에서 만나 군사적 긴장 완화와 경제협력을 약속하기도 하였다.

이런 몇 차례의 협상에도 불구하고, 양측은 긴장 완화에 이를 수 없었고, 오히려 극단적 대결을 보이면서 적대 관계에서 벗어날 수 없었다. 같은 민족, 동일언어, 그리고 같은 역사적 뿌리를 공유했던 남북 간에는 긴장과 대결이 끊이지 않았는데 그 원인은 다음과 같다. 한반도는 6.25 한국전쟁 후 평화조약 체결에 실패하였고 휴전상태의 현상을 유지해야 한다는 사실에서 갈등과 대결이 계속되었다. 또 민주주의와 자본주의에 기반한 남한정부와 사회주의와 공산주의에 기반한 북한정부 간에는 근본적 이념차이가 존재하였고, 이는 메울 수 없는 크나큰 간극이었다. 아울러, 국력에서 열세였던 북한입장에서는 핵무기 개발을 통해 한반도와 주변 지역에 긴장을 조성하려 했다는 점에서 남북 대결의 원인을 찾을 수 있다. 북측은 군사분계선과 서해상에서의 해상경계선을 놓고 충돌과 갈등의 빌미를 찾으려 하였다. 남북한은 서로를 신뢰하지 못하였고, 서로를 불신으로 바라보았으며, 이에 대결과 갈등 양상이 지속되었다. 무엇보다도 한반도 주변에는 미국, 중국, 일본, 러시아 등의 강대국이 위치하여 서로 간의 이해관계가 상충하는 국제역학상의 상태에서 남북 간의 갈등과 긴장을 찾을 수 있다.

2) 남북분단의 형성과 영향

남북 간 분단이 형성된 역사적, 정치적 요인이 무엇인지에 대해 좀 더 상세히 살펴보도록 한다. 제2차 세계대전에서 일본 패망으로 말미암아 36년간(1910~1945년)

의 한반도 식민 통치의 막을 내릴 수 있었다. 이 시점에서 한반도는 독립국가를 구축할 준비를 제대로 갖추지 못했고, 이에 미국을 위시한 국제사회는 한반도를 국제적 관리에 의한 신탁 통치를 시도하였다. 당시 남한에 진주한 미국과 북한에 진출한 소련은 북위 38도를 기준으로 한반도를 분할·통치하였다. 당시 이런 분단 상태는 얼마 가지 않아 끝날 것으로 보았지만, 곧이어 냉전체제가 등장하였고 이런 국제정세의 흐름에서 미국과 소련은 한반도를 각각 자신의 영향력이 미치는 지역으로 편입하려 했다.

2차 세계대전 후 냉전의 고착화 경향에서 미국과 소련은 자본주의와 공산주의 이념으로 국제정세를 몰아갔다. 미소 간의 이념대립 과정에서 한반도는 자본주의를 지지한 남한정부와 공산주의를 지지한 북한정부로 분할될 수밖에 없었다. 한반도에서 펼쳐졌던 자본주의와 공산주의를 둘러싼 이념 대결은 향후 한반도의 정치 지형에 결정적 영향을 미쳤다. 1948년 대한민국 정부는 남한에 수립되었고, 조선민주주의인민공화국 정부는 북한에 수립되었다. 서로 다른 이념과 체제에 바탕했던 두 정부는 분단을 공식화하였으며, 이에 곳곳에서 양측 간의 갈등과 대립이 적나라하게 드러났다. 1950년 6월 25일 발발했던 한국전쟁은 남북 간의 대립과 갈등을 극단으로 끌어올렸고, 전후 분단상태의 고착화에도 결정적 영향을 미쳤다.

1950년 6월 25일, 북한군이 38선을 넘으면서 한국전쟁의 서막이 시작되었다. 전쟁 초기 북한군은 서울을 포함한 남한지역의 대부분을 점령하였다. 이에 유엔(UN)은 북한 침략을 규탄하였고, 미군 중심의 유엔군을 구성하여 남한을 전폭 지원하였다. 당시 맥아더 장군이 이끄는 유엔군은 인천상륙작전을 통해 전세를 단번에 역전시킬 수 있었다. 유엔군이 압록강까지 다다랐을 즈음, 중국은 대규모 병력을 파견해 북한 지역에 진입하였다. 이로 인해 전선은 다시 38선 부근을 중심으로 교착상태에 빠졌다. 지루한 휴전협정을 거치는 과정에서도 양측은 3년 동안 고지전 탈환을 위해 치열한 전투가 계속되었고, 양측 간의 엄청난 상처를 남긴 채 결국 1953년 7월 27일 판문점에서 휴전협정을 체결할 수 있었다. 휴전은 군사분계선을 중심으로 양측 지역으로의 4km를 비무장지대를 설치하는 것으로 이루어졌다. 1953년 정전협정을 통해 전쟁을 멈추게 하였으나 항구적 평화를 위한 조약 체결에는 실패하였다. 이런 여파는 지금까지도 이어지고 있으며 양측 간 불안정한 정전 상태가 지속되고 있다. 이런 분단 상태는 분단 80년을 맞이하는 현재까지 계속되고 있다. 이런 분단은 향후 한반도의 운명에 중요한 변수가 될 수 있으며, 어떻게 분단을 관리하여 안정된 상태를 유지할 것이냐는 한반도의 운명을 가를 핵심 현안으로 볼 수 있다.

남북분단이 한국 사회에 미친 영향에 대해 살펴본다. 첫째, 남북분단은 정치적 측면에서 한국 사회에 엄청난 영향을 미쳤다. 한국 정치에서 가장 큰 이슈는 국방과 안보와 관련되며, 특히 통일 문제는 한국 정치의 핵심의제이기도 하다. 둘째, 남북분단은 한국경제에도 불가분의 영향을 미친다. 한국은 국방비에 상당 부분을 지출해야 하는데, 이는 경제자원의 효율적 투자에 제약요인이기도 하다. 그리고 남북분단은 남북 간 경제 차원의 협력 기회를 여는 데도 한계 요인이며, 이는 글로벌 시대 국가 간 경제협력의 진전에도 장애요인일 수 있다. 셋째, 남북분단은 한국민의 정체성에도 큰 영향을 미쳤다. 서로 다른 체계에서 오랜 기간 살아온 남북한 주민들은 상이한 정치사회적 렌즈를 통해 정체성을 형성하게 되었고, 그에 따라 서로 다른 세계관을 갖게 되었다. 이런 정체성 차이는 향후 통일사회 성립 이후 사회통합을 이루는 데 커다란 장애요인일 수 있다. 넷째, 남북분단은 남북 간의 문화적 차이를 심화시키기도 하였다. 서로 다른 체제와 사회환경을 배경으로 발전한 양쪽의 문화는 분단 이후 한층 이질화될 수밖에 없었고, 이에 양측 간의 문화적, 이념적 간극이 한층 확대될 것으로 보인다. 이처럼 남북분단은 한반도에 큰 영향을 미치며 갈등과 대립, 분열과 긴장의 중요한 배경으로 볼 수 있다.

참고: 한국전쟁을 다룬 영화

한국전쟁은 한국인에게 엄청난 상처를 남겼으며, 그런 배경이 영화의 배경과 소재가 되었다. 전쟁은 인간 감정과 경험을 근본에서부터 되새길 수 있도록 하는 주제이며 이에 영화를 통해 당시의 인간 삶을 재현하려 하였다. 6.25 전쟁 중의 희생과 피해, 그리고 이의 극복에서 보여준 스토리는 영화 제작자들에게 큰 관심이었는데, 무엇보다 많은 사람들에게 큰 울림을 줄 수 있었다. 이런 차원에서 6.25를 배경으로 한 여러 영화들이 제작되었고, 그 대표적 작품은 다음과 같다.

- 태극기 휘날리며(Tae Guk Gi: The Brotherhood of War)(2004): 두 형제가 한국전쟁에 참전하게 되면서 겪는 이야기로 영화는 감동적이고 강렬한 장면들을 담고 있다. 이에 많은 사람들에게 깊은 인상을 던졌다.
- 고지전(The Front Line)(2011): 한국전쟁 말기, 휴전 협상이 진행되는 동안 최전방에서 벌어지는 이야기를 다루었고, 전투의 참혹함을 드러내면서 동시에 인간적인 면모를 드러내고 있다.
- 인천상륙작전(Operation Chromite)(2016): 맥아더 장군이 지휘한 인천상륙작전을 다루었고, 역사적인 사건에 기반한 액션 영화이다.
- 포화 속으로(71: Into the Fire)(2010): 1950년 한국전쟁 당시 포항에서 벌어진 실화를 바탕으로 한 영화로서, 특히 학도병들의 용감한 이야기를 다루고 있다.

2. 전후 한국 사회의 변화

1) 한국전쟁과 한국 사회의 변화

6.25 전쟁 이후 한국 사회는 급격한 변화를 경험하였는데, 그런 변화 과정에서의 중요한 특징을 살펴본다. 먼저, 정치적 차원에서의 거대한 변화를 볼 수 있다. 정치적 안정은 한국 사회의 핵심적 과제였다. 초대 대통령으로서 이승만은 1948년부터 1960년까지의 재임 동안 전후의 혼란을 극복하는 데 심혈을 기울였고, 무엇보다 국가의 기틀을 세우려는 노력을 다하였다. 그렇지만 몇 가지 측면에서 어려움이 있었다. 이승만 정부는 반공주의를 기치로 걸고 권위주의 형태로 통치하였다. 특히 정치적으로 반대편에 섰던 정적에게 탄압을 가했고 이를 관철하기 위해

언론 자유를 제한하기도 하였다. 1960년 3.15 부정선거를 계기로 정권의 정당성 문제가 제기되었고, 이는 4.19 혁명의 직접적 계기였다. 이승만 정권은 북한과의 관계에서도 강경 일변도의 입장을 고수하였는데, 그런 점에서 당시 남북 관계는 긴장과 갈등의 연속이었다.

이승만에 이은 박정희는 1961년 5월 16일 군사정변을 통해 정권을 수립하였고, 국가재건최고회의 설립을 통해 국가의 주도권을 장악할 수 있었다. 박정희는 과도정부기를 거치며 1963년 치러진 대통령 선거에서 제3공화국의 대통령으로 당선되었다. 이후 18년간의 장기집권기를 거치며 경제개발과 산업화에 혁혁한 공헌을 했으며, 한국경제를 이전과 다른 새로운 국면으로 전환케 할 수 있었다. 박정희의 경제정책에 힘입어 한국경제는 농업 중심에서 산업 중심으로의 고도화에 성공할 수 있었다. 당시 경제성장 정책은 '한강의 기적'으로 불리며 세계 경제사에서 유래를 찾을 수 없는 성과를 거두었던 것으로 평가된다. 한강의 기적은 서독의 '라인강의 기적'에서 본떠온 것으로서, 1950년대 후반부터 1970년대 중반까지의 눈부신 경제성장을 이룬 것을 일컫는다. 이런 경제성장에 힘입어 한국은 1950년대 후반부터 1970년대 중반까지 연평균 약 10%의 경제 성장률을 기록하였고, 이에 세계 4대 개발도상국 중 하나로 자리매김할 수 있었다. 이런 빠른 성장을 위해 정부는 수출주도형 경제 전략을 도입하였고, 또 노동집약형의 중공업을 집중적으로 육성・지원하였다.

한편, 박정희의 집권은 정치적 자유와 인권 차원에서 많은 논란을 낳기도 하였다. 1972년 유신헌법을 통해 대통령의 권한을 대폭 강화하였고, 대통령의 임기 제한을 철폐함으로써 종신집권을 시도하였다. 대통령에게 권력을 과도하게 집중하였고, 이것이 빌미가 되어 급기야 1979년 10.26이 발생하였으며 정권의 종말을 맞게 되었다. 박정희의 장기 집권은 한국 사회에 깊은 영향을 미쳤는데, 특히 그가 펼친 정치적 억압과 경제정책은 오늘날까지도 상반된 평가를 낳으며 논란을 불러일으킨다. 이후 한국정치는 1987년 민주화 운동을 겪게 되었고, 이에 토대해 지금의 민주주의 체제로 이어질 수 있었다.

한국 사회는 1970년대와 1980년대를 거치며 농업 중심에서 제조업 및 중공업으로의 구조전환에 이를 수 있었다. 이런 산업구조의 고도화 과정에서 도시화가 불가피하였다. 도시화에 따라 국민의 생활양식에서 거대한 변화가 뒤따랐다. 덧붙여 경제성장에 따른 교육기회가 확대되면서 교육수준도 높아졌다. 이는 한국 사회의 인적자본을 급속히 강화하면서 고도 산업사회로 나아가는 인적 인프라를 갖추는 데 좋은 조건이었다. 성장의 혜택이 확산하면서 국민의 문화예술에 대한 관심도 점증할 수밖에 없었다. 영화, 음악, 문학 등 대중문화 영역에서도 발전을 거듭하였으며, 1990년대 접어들면서 세계 곳곳을 배경으로 한류열풍을 낳기도 하였다. 이런 과정에서 서구문화가 급격히 유입되었으며, 그에 따른 한국인의 사고방식에서도 거대한 변화가 몰려오게 되었다. 문화 간 접촉이 잦아지면서 다양한 영역에서 새로운 문화양상들이 속속 도입되었으며, 이에 한국 사회는 본격 글로벌화에 진입하게 되었다. 경제성장과 민주화에서의 거듭된 성장을 바탕으로 국제무대에서의 역할이 한층 커지고 있으며, 또 다양한 국제기구에의 활발한 참여를 통해 글로벌 차원의 책임을 요청받고 있다.

2) 경제성장과 발전

6.25 전쟁 후 한국 사회는 급속한 경제성장을 이룩하였고, 이런 성장 과정을 겪으며 거대한 구조전환을 겪기도 하였다. 이런 성장과 구조전환에서 나타난 경제사회적 특징에 대해 간략히 살펴본다. 전후 한국 사회가 겪은 변화는 실로 엄청나서 대변혁에 가깝다 해도 과언이 아닐 것이다. 그런 대변혁은 다음 형태를 띠면서 나타난 것으로 볼 수 있다.

먼저, 경제재건과 산업화에서 비롯한 경제적 차원의 격변을 들 수 있다. 1960년대부터 경제개발 5개년 계획을 수립·시행하였다. 그 결과 한국경제는 농업 중심에서 산업 중심으로의 구조전환에 이를 수 있었다. 경제개발 5개년 개혁 수립에서 정부가 주도적 역할을 하였으며, 이 과정에서 내수시장의 협소함에 염두를 두면서 수출지향적 산업화 전략을 강력하게 추구해 갔다. 그 결과 한국경제는 1960년대부터 1980년대에 이르면서 유래를 찾을 수 없을 정도의 고도성장을 달성할 수 있었다. 정부의 적극적 개입을 통해 민간기업에 금융지원, 세제혜택, 수출장려 등의 정책을 실시하였으며, 특히 수출품목을 중화학 제품 중심으로 다변화하여 국제시장에서의 경쟁력을 확보할 기반을 다질 수 있었다.

이 시기 동안 놀라울 정도의 성과를 보여주었다. 1960년대와 1970년대 동안 GDP는 연평균 약 8-10%의 높은 성장률을 기록했는데, 이는 당시 세계에서 가장 높은 수준에 해당하였다. 수출 측면에서는 1960년대 초반까지 미미했으나 1970년대 말에 이르러 수출 규모가 급격히 증가하였고, 특히 수출 품목에서도 경공업 제품은 물론이며 중화학공업 제품으로 다양화될 수 있었다. 1인당 국민소득에서도 1960년대 초반 100달러 미만이었는 데 비해, 1970년대 말 약 1,000달러로 급속히 증가하였다. 이런 성장에 힘입어 제조업과 서비스업의 비중이 급증하였고, 도시로의 인구이동도 활발해졌으며, 동시에 도로, 항만, 전력 등 사회간접 자본을 확충할 수 있었고, 이에 고도성장을 위한 산업기반을 마련할 수 있었다.

둘째, 급속한 경제발전은 도시화를 가속화하였으며, 이에 농촌에서 도시로의 대규모 인구이동이 일어났다. 산업화와 함께 도시로의 인구이동이 가속되었으며, 특히 서울지역으로 인구가 급속히 유입하면서 수도권 집중 현상의 빌미를 주기도 했다. 제조업, 금융업 등 핵심 산업 영역이 수도권에 몰리면서 수도권과 지방과의 격차는 질적 측면에서도 돌이킬 수 없을 정도로 커지게 되었다. 서울에 정치, 행정, 경제가 집중되었고, 주요 대학, 연구소, 문화시설 등이 밀접하였으며, 더욱 젊은 인구와 고급 인력이 수도권으로 몰려들게 되었으며, 마치 블랙홀처럼 수도권으로의 흡수력이 커지게 되었다. 철도, 도로, 공항 등의 교통인프라도 수도권 중심으로 발달하였고, 이에 주택수요 증가와 부동산 가격이 급등하였으며, 이는 다시 수도권의 부동산 개발과 인구유입을 가속화한 악순환을 낳기도 하였다. 이런 수도권 집중 현상을 완화 혹은 해결하기 위해 역대 정부에서는 수도권 규제 정책, 지방균형 발전정책, 혁신도시 건설 등의 다양한 대책들을 수립·시행해 오기도 했다. 그렇지만, 이런 정책은 실질적 측면에서 별다른 효과를 내지 못했으며, 심지어 수도권과 지방권 간의 격차가 점점 확대되었고, 그것은 한국 사회의 가장 큰 병폐의 하나로 거론될 정도가 되었다.

셋째, 경제의 고도성장은 고급인력의 양성에 영향을 미쳤으며, 이는 사회 전반의 강력한 교육열을 부추겼고, 다시 그것은 한국 사회의 민주화 수준을 높이는 데 일조할 수 있었다. 산업화 과정에서 필요한 기술과 지식을 갖춘 노동력을 공급하기 위해 교육 시스템을 정비·확장할 필요가 있었고, 이에 초등교육부터 고등교육에 이르기까지 교육기회를 대폭 확대하였다. 물론 이런 교육의 고급화 과정에서는 수차례의 교육개혁과 혁신을 시도하였고, 이에 의해 새 시대 전개에 걸맞은 교육 시스템을 정비해 가려 하였다. 특별히 정부는 대학과 연구기관에 대해 과감하게 투자하였고, 이를 통해 첨단산업 분야를 집중 육성하려 하였다. 이런 과정에서 첨단산업 분야 종사자의 기술 수준을 급속히 높일 수 있었으며, 동시에 과학기술, 엔지니어링, 수학(STEM) 등의 영역까지 전문인력을 양성할 수 있었다. 덩달아 사회 전반에 걸쳐 교육 수준의 향상을 가능하게 하면서 교육의 대중화 시대를 열게 되었으며, 이런 교육의 경향은 다시 민주 시민성을 신장하면서 사회 저변의 민주화를 가능케 할 수 있었다.

넷째, 경제성장은 경제적 풍요를 가져올 수 있었지만, 다른 한편에서는 풍요에서 비롯된 각종 역설적 현상을 낳을 수밖에 없었다. 산업화·도시화와 더불어 교육 기회가 확대되었고, 그에 따른 개인의 사회 이동이 활발해졌으며 동시에 개인의 선택지도 한층 넓어지게 되었다. 확대된 교육기회를 통해 개인이 진출할 기회가 늘어났고, 그에 따른 경제적 성취가 큰 폭으로 달라질 수 있게 되었다. 개인의 기회 선택 능력이 중요한 상황에서 그런 기회를 잡을 수 있는 개인과 그렇지 않은 개인 간에는 엄청난 차이가 따를 수밖에 없었다. 기회를 잡은 개인은 정치·경제적 차원에서 성공과 성취를 획득할 수 있었고, 이런 성공·성취는 그 밖의 다른 영역에까지도 엄청난 영향을 미치게 되었다. 이에 온갖 정책적 보완책을 제시하여 그런 불평등을 막으려 시도하기도 했지만, 계층 간 불평등 격차는 한층 확대될 수밖에 없었다. 이런 상황에서 교육과 인적자원이 특정 계층에 더욱 집중되게 되었으며, 이런 기회 포착의 능력에서 밀린 소외계층은 빈곤의 일상화가 불가피하였다. 이는 오늘날 한국 사회에서 발생하는 각종 갈등 현상의 근본적 원인으로 볼 수 있다.

3. 산업화와 민주화

1) 산업화

박정희 정부는 경제개발에 최우선 과제를 두고 국가주도로 경제개발 5개년 계획을 추진하였다. 초기 경제개발 계획은 이승만 정부 때 시작된 7개년 계획이었고, 이후 장면 내각에서 5개년 계획으로 재편성하였다. 1962년 시작된 제1차 경제개발 5개년 계획은 자립경제 구축이 목표였고, 이를 위해 에너지원 확보와 기간산업 및 사회 간접자본의 확충에 집중하였다. 값싼 노동력을 활용해 의류, 신발, 가방 등 노동집약적 경공업을 발전시켰고, 소비재 수출 산업을 육성하여 수출주도형 경제성장을 추진하였다. 경제개발 과정에서 자본부족 현상에 부딪히게 되었고, 이의 극복을 위해 정부는 1965년 일본과의 국교 정상화를 통해 일본자본을 유치할 수 있었다. 덧붙여 베트남 전쟁에 군대를 파병함으로써 미국으로부터도 경제성장을 위한 차관을 확보할 수 있었다. 이렇게 외국으로부터 확보한 자본을 활용함으로써 당시 열악했던 사회 인프라(도로, 철도, 항만 등)를 구축하려 하였고, 이를 경제성장을 위한 동력으로 삼고자 하였다.

제2차 경제개발 5개년 계획은 시멘트, 전력 등 기간산업 육성을 통해 산업구조를 개편하는 데 중점을 두었으며, 특히 도로와 항만 등의 산업인프라를 확충함으로써 경제활동의 기반을 다지고자 하였다. 이 시기에 서울과 부산을 연결하는 경부고속도로를 개통하였고, 울산공업단지와 포항제철을 설립하였으며, 이를 통해 중화학공업을 발전시킬 수 있는 기틀을 마련할 수 있었다.

1, 2차 경제개발 5개년 계획 추진을 통해 한국경제는 세계경제사에서 유래를 찾을 수 없을 정도의 눈부신 성장을 이룰 수 있었다. 연평균 9.2%에 이르는 높은 성장률을 기록하였고, 수출 주도형 경제성장 전략의 성공적 적용을 통해 수출을 20배 이상까지 증가시킬 수 있었으며, 1인당 국민총생산에서도 2배에 가까운 증가를 기록할 수 있었다. 하지만 이런 성장의 이면에는 몇 가지의 구조적 문제를 드러내기도 했다. 몇몇 핵심산업 분야를 중심으로 발전이 이루어지면서 각 분야

별 고른 성장을 이룰 수 없었고, 또 성장 과정에서도 정경유착이 심화하였으며, 아울러 대규모 외국자본 유치에 따른 외채가 빠르게 증가하여 한국경제의 외국자본 의존도를 심화시키기도 하였다. 실제로 1969년 경공업 제품의 수출부진과 외채상환 시기가 맞물리면서 경제 위기에 당면하기도 하였다.

1970년대 초반 정부는 경공업 중심의 경제성장에 한계를 느꼈고, 이에 중화학공업 중심으로 경제 발전에 박차를 가했다. 1972년 시작된 제3차 경제개발 5개년 계획에서는 수출주도형 중화학 공업화에 목표를 두었고, 특히 철강, 비철금속, 기계, 조선, 전자, 화학공업을 6대 전략업종으로 선정하여 이를 집중 육성하였다. 이런 정책에 힘입어 산업구조를 한 단계 더 높일 수 있었고, 또 경제성장을 견인할 수 있는 핵심 요인으로 삼으려 했다. 1973년 포항제철 준공을 기점으로 한국경제는 한 차원 높은 고도화를 위한 기반을 마련할 수 있었다. 당시 국가는 중화학공업 제품을 수출하는 기업을 대상으로 금융지원 및 조세 감면 등의 혜택을 제공하면서 국가적 지원을 펴기도 했다.

이런 급속한 성장과 발전의 이면에는 몇 가지의 구조적 문제가 도사리고 있었는데, 그것은 사회적 갈등의 핵심 요인으로 거론되기도 한다. 경제개발이 국가주도로 추진・실행되면서, 정치적 자유와 민주주의가 억압되기도 하였고, 특히 노동 현장을 비롯한 몇몇 영역에서 인권 침해가 발생하였으며, 덧붙여 정치적 억압이 문제로 제기되기도 하였다. 당시 정부는 대기업(재벌) 중심으로 경제를 발전시키는 전략을 택했는데, 이는 경제의 대기업 집중화를 가져왔다. 이에 대기업과 중소기업, 서울과 지방, 사용자와 노동자 등의 영역에서 경제적 불평등이 커지기도 했다. 또한 급속한 산업화 과정에서 환경 보호와 삶의 질이 잘 보장되지 않았고, 또한 그에 따른 각종 사회문제, 곧 열악한 작업환경, 저임금, 노동착취 등이 발생하기도 하였다. 무엇보다 정부와 기업 간의 유착에 따른 부정부패 현상은 지속 가능한 성장의 걸림돌이기도 하였다.

참고: 한강의 기적

국내총생산 및 1인당 국민소득 [한국은행, 2020년]

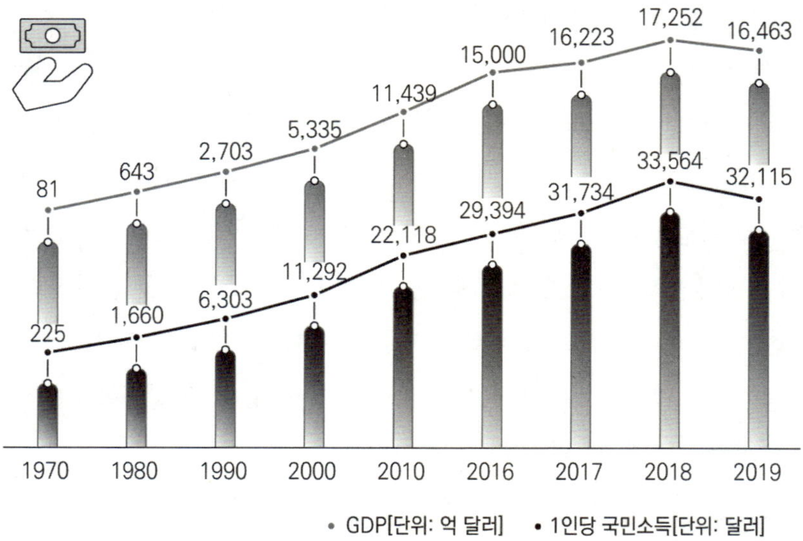

출처: 한국문화원

2) 민주화

급속하게 진행된 산업화 과정에서 사회 전반의 민주화를 둘러싼 사회적 관심도 점증하였다. 한국에서 민주화 과정의 진행에 대해 살펴본다. 한국은 전후 급속한 경제성장에 힘입어 경제적 선진국에 이를 수 있었고 정치적 측면에서도 민주화를 정착시킬 수 있었다. 민주화는 수십 년에 걸쳐 이룩한 복잡한 정치적 변화의 결과였으며, 그런 과정에서는 몇 가지의 중요한 단계와 사건을 포함한다.

먼저, 1950-60년대 정치적 격변과 군사정권의 등장을 들 수 있다. 전쟁 직후 이승만 정부는 반공주의와 안정화 정책을 바탕으로 권력을 유지할 수 있었지만, 부정부패와 독재에 대한 국민적 불만이 컸던 것도 사실이다. 이런 불만이 사회 곳곳에서 표출되었는데, 1960년 4.19가 도화선이 되어 이승만 대통령이 하야하게 되었으며, 이후 장면 내각이 출범하였지만 곧이어 들이닥친 1961년 5.16으로 말미암아 박정희에 의한 군사정권이 수립되었다.

둘째, 1960-70년대 박정희 정부는 경제개발을 통해 경제 차원에서 큰 성취를 이룩할 수 있었었으나, 그런 성취의 이면에 정치적 자유와 민주화가 억압되기도 하였다. 1972년 박정희는 유신체제 도입을 통해 대통령의 권한을 대폭 강화한 헌법을 개정하였고, 이에 의해 독재를 한층 강화해 갔다.

셋째, 1980년대 들어 민주화 운동이 사회 곳곳에서 등장하여 확산되기에 이르렀다. 1979년 10.26의 발발로 박정희 대통령이 암살되었고 권력 공백기를 틈타 전두환이 1979년 12.12 사태를 통해 등장하였다. 그는 권력의 중심에 서게 되었으며, 이에 제5공화국 정부를 출범시켰다. 이 시기 광주에서 불의한 권력에 맞선 민주화 운동(1980년 5월)이 일어났으며, 이후 민주화 운동은 한국 사회 전반을 관통하는 중요한 의제로 부각하였다.

넷째, 1987년 6월 민주항쟁은 한국 민주화에서 빼놓을 수 없는 커다란 사건이었다. 전두환 정권의 연임 시도에 반대한 민주화 운동이 대규모로 일어났고, 이를 통해 직선제 개헌이 가능하였으며, 그에 따른 민주화 요구를 관철해 갈 수 있었다. 이에 6.29 선언이 발표되었고, 이 선언에 의거해 대통령 직선제가 도입되었으며, 이는 오늘날 한국 민주화를 위한 중요한 전환점이 되었다.

다섯째, 1990년대 이후 민주주의의 정착과 발전을 들 수 있다. 1992년 김영삼이 대통령에 당선되면서 문민정부가 출범하였으며, 이에 군부 출신이 아닌 민선으로 선출된 대통령이 탄생할 수 있었다. 이후 김대중, 노무현 등의 다양한 정치적 배경을 가진 대통령들이 연이어 선출되면서 한국에서 민주주의는 한층 성숙할 수 있었다. 민주화의 성숙에 덧붙여 한국민은 정치적 자유와 시민적 권리를 더욱 확장해 갈 수 있었고, 이에 본격 시민사회로 나아가는 튼튼한 기반을 마련할 수 있었다.

한국 민주화 과정에서 엿볼 수 있는 핵심적 특징이 무엇인지에 대해 알아본다. 먼저, 군사정권과의 갈등을 거치며 민주주의를 발전시켰다는 사실이다. 5.16 군사정변에서 비롯된 권위적 통치 체제에 대한 저항과 투쟁을 거치며 시민들이 주역을 담당하며 민주화를 관철해 갈 수 있었다. 학생, 노동자, 종교인 중심의 시민은 독재정권과의 투쟁을 거치면서 주로 시민운동을 통해 힘을 결집할 수 있었다. 그들은 인권, 노동, 환경 등 사회적 이슈를 중심으로 자신들의 목소리를 내며 민주주의로 나아가는 동력을 확보할 수 있었다. 특히 시민운동 단체는 정치권에 대한 감시와 견제를 수행하면서 시민의 의견을 정치 영역에 적극 반영하려 했고, 이에 의거해 시민이 주역인 민주주의를 실현하는 데 관심을 드러냈다.

둘째, 한국에서 민주화는 경제성장(발전)과의 불가분의 관계를 맺으며 전개될 수 있었다. 경제발전이 민주화의 기반이 되었지만, 성장의 혜택이 평등하지 않은 상태로 분배되면서 많은 갈등을 일으키기도 하였다. 급속한 경제성장은 중산층 확대와 국민의 교육수준을 향상시켰고, 이에 일반 국민의 민주주의에 대한 관심도 한층 고조시킬 수 있었다. 이른바 성장을 통해 시민이 정치참여에 관심을 갖게 되었고, 또 자유를 향한 열망도 함께 키워갈 수 있었다.

셋째, 지속적 경제성장을 이루기 위해 정치안정이 필요하다는 인식이 확산되었다. 정치안정을 이루기 위해서는 정책결정 과정에서의 투명성과 책임성에 토대한 사회 전반의 민주화가 불가피함을 인식하게 되었다. 이처럼 민주화가 전제될 때 경제정책의 질이 향상될 수 있으며 동시에 국제사회에서의 국가 신뢰성을 확보할 수 있는 것으로 보게 되었다. 경제에서의 민주화 진전에 따라 노동자의 권리의식도 향상되었고, 또 사회 안전망이 강화될 수 있으며, 이는 지속 가능한 경제발전에도 중요함을 인식할 수 있게 되었다.

넷째, 한국에서 민주화는 국제사회와의 연계 속에서 진행될 수밖에 없었다. 냉전 종식 이후 민주주의와 시장주도의 경제가 세계적으로 확산하였는데, 한국도 이런 세계적 흐름에서 자유로울 수 없었다. 1980년대와 1990년대에 접어들어 세계경제는 한층 통합되면서 글로벌화해 갔고, 이러한 국제화 흐름을 반영하여 한국경제도 세계적 시장흐름에 동참할 수밖에 없었다. 이런 경제에서의 글로벌화 흐름에 적극 동참함으로써 한국경제는 고도 성장할 수 있는 기반을 마련할 수 있었다.

참고: 日보다 40%나 높은 대기업 초봉: 2023년 한국(500인 이상 기업) · 일본(1000인 이상 기업) 구매력평가 환율 기준 기업 대졸 초임

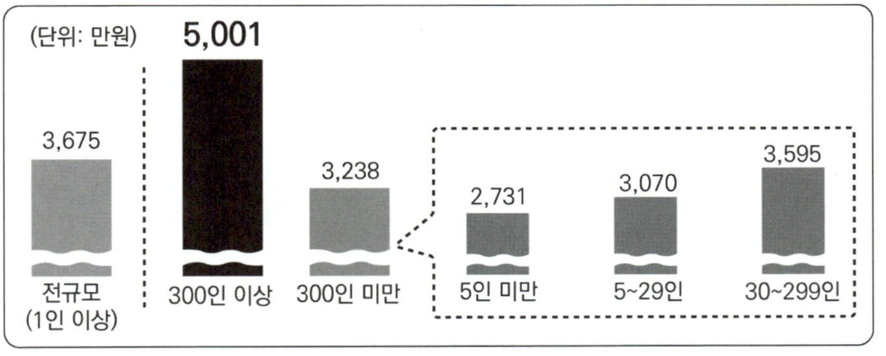

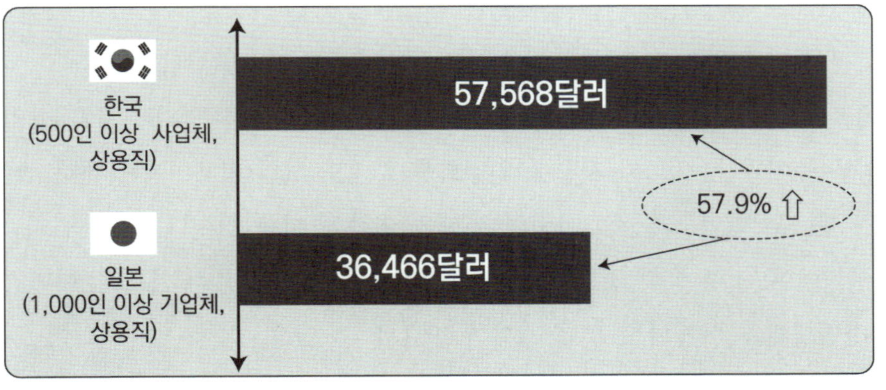

출처: 미디어 이데일리, 2025.01.13.

4. 한국 사회의 미래: AI 사회 중심으로

지금까지 논의를 통해 1945년 해방과 함께 찾아온 남북한 간의 분단에서 비롯하여 산업화와 민주화에 이르는 일련의 한국 사회의 변화가 어떤 양상으로 진행되었는지에 대해 다루어왔다. 한국 사회는 고유의 역동성을 바탕으로 새로운 시대적 돌파구를 찾으려 하였다는 점에서 그 특색을 찾을 수 있으며, 그런 역동성은 AI 기술시대 도래 상황에서도 잘 발휘될 수 있는 것으로 볼 수 있다.

최근 AI 기술은 한국 사회 전반에 걸쳐 총체적 영향을 미친다. AI는 제조업, 서비스업 등 여러 분야에서 자동화를 가능케 하며, 이에 생산성과 효율성에서 엄청난 혁신을 가져올 수 있다. 반복적이거나 위험한 작업을 로봇이나 AI가 대체함으로써 인간은 더 창의적이고 복잡한 일과 작업에 집중할 수 있다. 덧붙여 방대한 양의 데이터 수집·분석에 근거한 데이터 중심의 의사결정을 가능케 하며, 이에 기업과 정부를 비롯한 여러 기관에서 한층 신속·정확한 결정을 내리는 데 획기적으로 기여할 수 있다. 데이터에 토대한 분석은 시장의 트렌드를 정확하게 예측하여 고객특성에 맞춘 접근이 가능할 수 있다. 예컨대, 개인 취향에 적합한 콘텐츠나 제품을 제안하는 추천 시스템을 운영할 수 있으며, 이런 개인별 맞춤화를 통해 브랜드 충성도를 한층 끌어올릴 수 있다.

AI는 산업 전반의 영역에서 새로운 혁신을 촉진할 수 있는데, 특히 의료, 바이오테크, 에너지 분야를 비롯한 곳곳에 심대한 영향을 줄 수 있다. 신약개발의 효율성을 높이거나, 에너지 사용을 최적화하는 데도 AI의 활용이 가능하다. AI 발전은 새로운 직업군과 전문기술의 등장에 영향을 미칠 것이다. 데이터 과학자, AI 엔지니어, 로봇 윤리 전문가 등의 새로운 직종이 생겨날 수 있으며, 이런 점에서 산업생태계 환경의 근본적 재편이 필요할 수 있다.

AI 기술 관련 대응력을 키우기 위해서는 지속적인 학습과 교육이 필요한 것으로 볼 수 있다. AI 기술이 몰고 올 기술적 흐름과 사회적 파장에 대해 면밀하게 관찰하여 파악할 수 있어야 하며, 이를 위해 학교와 직장을 비롯한 사회 전 영역에서 다양한 평생학습 프로그램을 구축하여 활용할 수 있어야 할 것이다. 덧붙여 AI와 관련된 기본 개념, 데이터 분석 능력, 디지털 도구 사용법 등을 이해할 수 있는 디지털 리터러시 역량 강화에도 국가사회적 관심을 기울여야 할 것이다. 이런 디지털 리터러시 역량을 갖출 수 있을 때 AI 기술을 둘러싼 비판적 분석이 뒤따를 수 있을 것이다. AI 시대 빼놓을 수 없는 것은 AI 기술을 둘러싼 윤리적 책임감을 어떻게 갖추도록 할 것이냐일 것이다. AI 사용은 개인정보 보호, 알고리즘 편향, 일자리 대체 등의 각종 윤리 문제를 불러일으킬 수 있다. AI를 둘러싼 법적 규제는 어떻게 정비해야 하며, 그에 따른 윤리적 가이드라인은 어느 정도로 해야 할 것이냐 등을 둘러싼 사회적 성찰이 있어야 할 것이다. AI는 의료, 교육, 교통 등 공공 서비스의 접근성과 질을 향상시킬 수 있으며, 또 원격의료, 개인 맞춤형 교육 프로그램, 스마트 교통 시스템 등에서도 거대한 파고를 몰고 올 수 있다. 이른바, AI에 대한 우리의 대응력은 인류 미래의 존망에까지도 결정적 영향을 미칠 것이기 때문이다.

AI에서 비롯한 혁신이 가져올 긍정적, 부정적 영향을 살펴본다. 먼저, AI가 몰고 올 긍정적 영향은 다음과 같다. AI는 단순 반복 작업을 자동화하여 생산성을 높이면서 인간 노동력의 해방을 가져올 수 있다. 예컨대, 제조업 영역에서 로봇 자동화를 통해 생산성을 극대로 높일 수 있고, 서비스 영역에서도 챗봇을 활용한 고객 지원을 효과적으로 처리할 수 있다. AI는 의료 분야에서도 획기적 변화를 몰고 올 수 있다. AI 활용은 조기진단을 통해 질병을 사전에 알아내어 개인별 맞춤형 치료 계획을 수립할 수 있으며, 이에 의해 평균수명을 획기적으로 높일 수 있다. 학습 영역에서도 AI는 학생들의 학습 수준에 맞춘 맞춤형 교육 콘텐츠를 제공하여 학습효과를 극대화할 수 있으며, 나아가 원격교육을 자유자재로 가능케 하여 학습 측면에서 이전에 찾아볼 수 없는 새로운 혁신을 가져올 수 있다.

다음으로, AI의 발전은 몇 가지 측면에서 부정적 영향을 미칠 수 있다. AI에 의한 자동화는 상당 부분의 직업을 사라지게 할 수 있으며, 이는 경제사회적 불평등을 한층 벌릴 수 있다. AI는 많은 양의 데이터를 손쉽게 처리할 수 있기 때문에 개인정보 보호차원에서 심각한 우려를 자아낼 수 있다. 데이터 처리가 악용될 경우 개인의 프라이버시 침해는 물론이며, 통제 사회의 전형에 가까워질 수 있다. 무엇보다도, AI 시스템이 일반화될 경우 특정 프로그램의 개발 과정에서 편견과 모순 및 편향적 주장 등에 근거한 학습체계가 구축될 수 있는데, 이런 편향적 학습체계가 구축될 경우 극단적 사회적 갈등과 대립이 발생할 수 있다.

AI 기술은 기하급수적인 발전이 불가피할 것이며, 그에 따라 인류는 지금까지 경험할 수 없었던 수많은 기회와 도전에 직면할 것이다. 그런 기회와 도전은 우리에게 '인간의 얼굴을 한 AI 사회'란 가능할 것인가에 대한 근본적 물음을 던질 수 있다. AI는 인간의 파트너로서 인간능력을 보완하고 지원할 수 있지만, 거꾸로 인간 위에 군림하면서 인류를 종말로 몰아넣을 수 있다. 이 지점에서 인간과 기술이 조화롭게 공존할 수 있는 AI 사회란 과연 가능할 것인지를 둘러싼 물음이 제기될 수밖에 없다.

인간과 AI가 공존하기 위한 몇 가지의 조건을 살펴보면 다음과 같다. 첫째, 윤리적 가이드라인 및 규제이다. AI 개발과 사용을 둘러싼 윤리적 기준과 규제를 마련하여 AI가 인간가치를 침해하지 않도록 해야 할 것이다. 이런 가치에는 프라이버시 보호, 차별 방지, 안전성 확보 등을 포함해야 할 것이다. 둘째, AI에 대한 올바른 이해와 활용 방법을 배우는 학습 프로그램을 개발하여 AI 기술을 바라보는 올바른 인식체계를 갖도록 해야 한다. 덧붙여 AI 기술에서 비롯할 수 있는 각종 한계와 위험성은 어떤 것이며 이에 어떻게 대응할 수 있도록 해야 하느냐에 대해 준비할 수 있어야 한다. 셋째, 일자리 변화 흐름에 대한 순발력 및 대응력을 키울 수 있어야 한다. AI가 노동시장에 미치는 영향을 고려하여 새로운 일자리 창출 및 직업 전환을 효과적으로 지원할 수 있어야 하며, 이를 위해 직업 재교육을 포함한 평생교육 시스템을 정비해야 한다. 넷째, AI 기술의 혜택이 특정 집단에 국한되지 않고 모든 계층에게 공평하게 제공될 수 있도록 법적, 제도적 정비를 해야 하며, 이런 노력을 통해 기술격차에 따른 불평등 구조를 완화할 수 있어야 한다. AI 기술사회의 급격한 도래 상황에 걸맞은 우리의 대응력이 어떠한지에 따라 미래는 유토피아일 수도 있고, 혹은 디스토피아일 수도 있기 때문이다.

참고: AI의 긍정적 측면: '21세기 불로초' AI(조선일보, 2025.01.11.)

'감성 인공지능(Affective AI)'은 언어나 표정, 얼굴의 혈류, 동공 등으로 인간의 감정 상태를 측정하는 AI를 말한다. 감성 AI인 '아누라'는 혈류를 측정해 혈압과 심박수 등을 분석한다. AI는 신체 상태를 측정하고 분석하는 데 활용되어 질병의 치료보다 진단과 예측 분야에 활용될 수 있다. 진시황이 영생을 위해 불로초를 찾았다면, 지금은 생명 연장을 위해 AI를 활용한다. 미국 라스베이거스에서 열린 세계 최대 전자 · 정보통신(IT) 전시회 CES 2025에서 가장 많이 볼 수 있었던 AI 제품은 헬스케어와 관련되었다. 이번 CES 혁신상을 받은 제품 458개 중 49개가 헬스

케어 부문에서 나왔고, AI 부문은 55개였다. AI는 질병의 치료보다 진단과 예측 분야에서 활발히 활용되며, 혈압과 혈당, 호르몬 등을 측정하는 영역에 괄목한 성과를 거두었다. 프랑스 헬스케어 스타트업 위팅스의 전시관에서 가장 인기를 끈 것은 전신거울이었다. 사람이 거울 앞에 서면 그가 하루에 몇 걸음을 걸었고, 얼마나 칼로리를 소비했는지, 심박수는 얼마인지, 체지방량은 어느 정도인지에 관한 종합적인 데이터와 함께 이를 분석한 결과와 조언을 함께 보여주었다. 거울 아래에 스마트 체중계가 있고, 이용자의 스마트워치나 스마트링(디지털 기능을 탑재한 반지)과도 연동돼 있다. 이용 경험이 쌓이면 AI가 데이터의 장기 추세까지 분석할 수 있다. 이상이 감지될 경우 내장된 AI 음성 비서가 운동을 권장하거나, 건강 데이터를 의사에게 전달할 수 있다.

AI의 부정적 측면: "30년 안에 AI가 인류 파괴 가능성 최대 20%" (조선일보, 2024.12.28.)

2024년 노벨 물리학상을 받은 인공지능(AI) 대부 제프리 힌턴(토론토대 명예교수)은 "30년 안에 인류가 멸종할 가능성이 있다"며 AI에 대해 강력한 경고에 나섰다. 영국 일간 더 가디언 등 외신에 따르면, 힌턴 교수는 이날 BBC 라디오 방송에 출연해 향후 30년 동안 AI가 인류를 멸망시킬 확률이 10~20%라고 말했다. 그는 인간의 수준을 뛰어넘는 강력한 AI가 향후 20년 이내에 실현되고 인간을 통제할 수 있게 될 것이라고 봤다. 그는 "이 분야 전문가 대부분이 20년 이내에 사람보다 더 똑똑한 AI가 개발될 것이라 전망한다"며 "이는 매우 무서운 것"이라고 말했다. 이어 이같은 강력한 AI 시스템과 비교하면 인간은 3살짜리 아이와 같을 것이라고 했다. 그는 "더 지능적인 존재가 덜 지능적인 존재에 의해 통제된 사례는 거의 없다"며 인간이 AI에 대한 통제력을 잃을 수 있다는 점을 우려했다. 힌턴 교수는 강력한 정부 규제를 촉구했다. 그는 10~20년 후의 인류 삶에 대해서 "우리의 정치 시스템이 AI 기술을 어떻게 활용하느냐에 따라 크게 달라질 것"이라며 "잠재적으로 매우 위험한 기술 개발에 있어서 우리는 매우 신중해야 한다"고 했다. 이어 "AI가 나쁜 목적으로 사용되는 것을 막으려면 규제가 필요한데 현재로서는 그런 시스템이 마련돼 있지 않은 것 같다"고 했다. AI 개발속도 조절의 필요성도 강조했다. 힌턴 교수는 "분야의 변화 속도가 예상보다 훨씬 빠르며 필요한 연구를 완료할 시간이 충분하지 않다"며 "그렇기 때문에 매우 신중하고 사려 깊게 접근해야 한다"고 말했다.

토론거리

1. 한국의 남북분단을 다룬 영화 한 편을 골라 시청해 보고, 남북분단이 한국인에게 미친 영향에 대해 토론해 보시오.

2. "한강의 기적"이 어떻게 가능했는지를 정치적, 경제적 측면에서 검토해 보고, "한강의 기적"이 이후 한국 경제에 미친 영향에 대해 토론해 보시오.

3. AI 사회가 도래함에 따라, 인간 삶에 미칠 영향에 대해 긍정적, 부정적 측면에서 토론해 보시오.

읽을거리

이정덕 · 이성호 편저(2016). 『아시아의 압축근대, 성장 그리고 사회변화』. 논형.
장미혜 외(2017). 『한국 여성 · 가족 · 사회변화 70년』. 한국학중앙연구원출판부.
정용교(2023). 『마을인문학』. 영남대학교출판부.

제 2 장 한국의 가족주의

1. 한국 가족주의의 변화

한국의 현대 사회를 이해하려면 한국의 가족주의에 대한 이해가 꼭 필요하다. 왜냐하면, 한국 사회는 가족주의에 기초하고 있는 사회이기 때문이다. 역사적으로 변화를 거듭한 한국의 가족주의를 살펴봄으로써 한국의 현대 사회에 관한 이해의 폭을 넓힐 수 있을 것이다.

1) 전통 사회에서의 가족주의

전통적 가족주의는 조선 시대에 깊이 뿌리를 내렸다. 국가 이념으로 자리 잡은 유교의 영향 때문이었다. 유교는 가족을 사회의 기본 단위로 보았다. 가족 내의 질서와 조화를 중시해 효(孝)를 강조하고, 이를 국가로 확장해 왕에 대한 충(忠)을 강요했다. 이러한 유교의 기본 가치관이 전통적 가족주의를 강화했다.

조선 시대의 가족은 가부장적 구조에 기초하고 있었다. 따라서 가족 내에서의 가장은 절대적 권위를 행사하는 존재로 군림했다. 가장은 가족을 경제적으로 책임지고, 가문의 존속과 영광을 책임져야 했다. 이를 뒷받침하기 위해 가장은 효를 중심으로 한 유교적 가치관에 근거해 가족 구성원 간의 위계질서를 확립해 나갔다.

또한 전통적 가족주의는 족보(族譜) 같은 문화적 관습을 통해 가족의 연대를 강화했다. 족보는 가족의 역사와 혈통을 기록한 문서로 가족 구성원 간의 연대감을 높이고 상호 책임감을 부여하는 역할을 했다. 나아가 족보를 통한 가문의 역사와 전통의 계승은 개인의 정체성 형성에도 큰 영향을 미쳤다.

그리고 조선 시대의 가족은 사회 안정의 토대로 작용했다. 가족 중심으로 조직된 당시의 사회 구조에서 가족은 경제적 생산의 단위이자 동시에 사회적 안전망의 임무를 맡았다. 가족 구성원 간의 상호 부조와 협력은 농경 사회에서 생존과 번영을 위한 필수적 요소였고, 이러한 현실은 가족주의의 지속성을 보장하는 데 이바지했다.

2) 산업화와 도시화 시대의 가족주의

20세기 한국 사회는 급격한 변화를 경험했다. 일제강점기와 한국전쟁을 겪은 후 산업화를 통해 경제 발전을 이루었고, 거대 도시들이 등장했다. 이런 변화는 전통적 가족주의에도 큰 영향을 미쳤다.

농촌 중심의 대가족 제도는 산업화 과정에서 핵가족 형태로 변화했다. 1960년대 이후 본격적인 경제 개발 과정에서 많은 사람이 농촌에서 도시로 이동하면서 가족의 규모가 축소되었다. 일자리를 따라 옮겨 다녀야 했기 때문에 거주의 이동성이 증가했고, 도시의 좁은 주거공간에서 생활해야 했기 때문에 핵가족화는 자연스러운 변화였다.

산업화와 도시화는 가족 내 성 역할의 변화도 이끌었다. 노동 시장에 참가하는 여성들의 비율이 증가하면서 전통적인 가부장적 가족 구조는 점차 약화하였다. 그 결과 가족 내 의사결정 과정에서의 여성의 역할이 강화되었고, 전통적 가족주의가 개인의 권리와 자율성을 중시하는 방향으로 변화하는 데에도 크게 이바지했다. 이러한 변화는 여성의 교육 수준 향상과 결합하면서 가속화되었다.

또한 경제 발전은 전통적 가족의 대표적인 기능인 경제적 안전망에도 변화를 가져왔다. 가족의 전통적인 상호 부조의 기능은 점차 축소되었으며, 대신 사회복지 제도와 같은 공적 지원 체계가 강화되었다. 국가의 경제 발전으로 가족이 경제적 안전망의 역할을 전담하지 않게 되었다는 것이다. 이는 가족의 경제적 부담을 경감시키고, 개인의 경제적 독립을 촉진하는 역할을 했다.

도시화로 인한 주거 환경의 변화도 가족 구성원의 생활 방식에 영향을 미쳤다.

과거 농촌 중심 사회에서의 가족은 집단 노동과 공동체 생활을 중심으로 조직되었다. 반면에 도시의 주거 환경은 개인의 사생활과 독립성을 강조하는 방향으로 변화하였고, 이러한 변화는 가족 구성원 간의 관계에도 영향을 미쳐 전통적 가족주의의 집단적 가치관이 재구성되는 계기가 되었다.

2. 현대 한국 사회에서의 가족주의

현대 한국 사회에서 가족주의는 여전히 중요한 사회적 가치로 자리 잡고 있다. 하지만 그 형태와 기능은 과거와 비교해 많은 변화를 겪고 있다. 현대 한국 사회에서의 가족주의를 이해하기 위한 주요 내용을 살펴보면 다음과 같다.

1) 가족주의의 현재 모습

오늘날 한국 사회에서 가족주의는 전통적인 모습에서 현대적인 모습으로 변화하는 단계에 있다. 한국의 전통적 가족주의는 가부장적이고 혈연 중심적이었다. 그러나 최근 몇십 년 사이 사회가 급변하고 개인주의가 부상하면서 가족의 형태와 역할은 물론 가치관도 변하고 있다. 핵가족화는 이미 일반적인 현상이 되었고, 경제적 이해와 개인의 삶을 중시하는 가치관이 확산하면서 결혼 연령은 높아지고 출산율은 감소하는 모습을 보인다.

출처: 통계청

또한 다문화 가정과 비혼, 그리고 동거와 같은 다양한 가족 형태의 등장은 전통적 가족주의를 위협하고 있다. 이러한 변화는 가족 구성원 간의 관계와 역할에도 영향을 미쳐, 가부장적 권위를 위축시키고, 가족 내 민주적 의사소통의 필요성을 증가시키고 있다. 특히 사회적 네트워크의 변화와 디지털 기술의 발전은 가족 구성원 간 소통 방식에도 변화를 일으키고 있다. 이를테면 가족 구성원들이 물리적으로 떨어져 있어도 디지털 기기를 통해 지속적으로 관계를 유지할 수 있는 환경이 조성되어 있다.

2) 가족이 개인의 사회적 관계와 정체성에 미치는 영향

현대 사회에서도 가족은 여전히 개인의 사회적 관계 형성과 정체성 구축에 영향을 미치는 중요한 요인이다. 가족은 구성원들에게 정서적 지지와 사회적 안전망의 역할을 제공하는데, 이것은 개인이 사회적 관계를 형성하고 정체성을 형성할 때 밑거름으로 작용한다. 왜냐하면, 가족은 중요한 사회적 자본으로서 개인의 교육과 취업, 그리고 사회적 성공에 영향을 미치기 때문이다. 가족이 제공하는 이러한 지지와 자원은 개인이 사회적 도전에 직면했을 때 이를 극복하는 중요한 지렛대 역할을 한다.

하지만 가족은 개인의 정체성 형성에 양면적인 영향을 미칠 수 있다는 점에서 주의가 필요하다. 한편으로는 가족의 일원으로서의 소속감과 정체성을 강화할 수 있고, 다른 한편으로는 개인의 자율성과 독립성을 제약할 수 있기 때문이다. 특히 전통적인 가족주의 가치관이 강하게 남아 있는 경우, 개인의 선택보다는 가족의 기대와 의무를 중시하는 정체성이 형성될 수 있다. 이렇게 되면 개인이 주도하는 삶의 방향과 선택에 부정적인 영향을 미칠 수 있다. 이는 가족 내에서 발생할 수 있는 갈등의 원인이 되기도 하며, 개인이 자신의 독립적 정체성을 확립하는 과정에서 걸림돌로 작용할 수도 있다.

3) 한국 가족주의의 그늘

현대 한국의 가족주의는 여러 가지 사회적 문제와 도전 과제를 안고 있다. 우선, 가부장적인 전통적 가족 구조와 성 역할은 여전히 일부 가정에서 강하게 남아 있어 성차별과 관련한 사회적 갈등을 일으킬 수 있다. 여성의 사회적 진출이 확대되고 있는데도 가사와 육아의 부담이 여전히 여성에게 집중되는 문제는 가족 내 갈등의 원인이 된다. 이러한 불균형은 여성의 경력 단절 문제와 맞물려 성차별을 심화시키고 있다.

〈표 2-1〉 사유별 경력단절여성 규모 및 비율 (단위: 천 명, %, %P)

	15~54세 기혼여성 (A)	미취업 여성 (B)	B/A	사유별 경력단절여성(C)											
				전체	C/A	결혼	비율	임신 출산	비율	육아	비율	자녀 교육	비율	가족 돌봄	비율
2015	9,561	3,863	40.4	2,073	21.7	767	37.0	505	24.3	618	29.8	82	3.9	103	5.0
2020	8,578	3,420	39.9	1,506	17.6	414	27.5	321	21.3	640	42.5	62	4.1	69	4.6
2021	8,323	3,240	38.9	1,448	17.4	396	27.4	320	22.1	626	43.2	55	3.8	50	3.4
2022	8,103	3,027	37.4	1,397	17.2	368	26.3	318	22.7	597	42.8	50	3.6	64	4.6
2023	7,943	2,837	35.7	1,349	17.0	353	26.2	310	23.0	567	42.0	60	4.4	58	4.3
'15년대비	-1,618	-1,027	-4.7	-725	-4.7	-413	-10.8	-194	-1.3	-51	12.2	-22	0.5	-44	-0.7
'22년대비	-159	-190	-1.7	-48	-0.2	-14	-0.1	-7	0.3	-30	-0.8	10	0.8	-6	-0.3

자료: 통계청, 「지역별고용조사」

주: 1) 비율은 각 연도 전체 경력단절여성 수 대비 해당 사유 경력단절여성 비율(4월 기준)로, 소수 둘째 자리에서 반올림한 값임

2) 경력단절여성 시계열 분석은 '가족돌봄'이 추가된 2014년부터 통계표 작성 가능함

3) 규모는 백 단위에서, 비율은 소수 둘째 자리에서 반올림한 값임

출처: 여성가족부, 「2024 통계로 보는 남녀의 삶」

그리고 가족 내에서의 지나친 기대와 압박은 개인의 정신적 스트레스와 구성원 간 갈등을 초래하고 있다. 예를 들어, 부모의 높은 교육 기대는 자녀에게 심리적 부담으로 작용해 자녀의 정신 건강에 부정적인 영향을 미칠 수 있다. 이는 자살률 증가와 같은 심각한 사회 문제로 이어질 수 있으며, 청소년과 청년층의 심리적 불안정성을 심화할 수 있다.

또한 노인 부양 문제는 고령화가 급속하게 진행되고 있는 한국 사회에서 중요한

사회적 쟁점으로 떠오르고 있으며, 이는 가족 내 갈등을 심화시키고 있다. 전통 사회에서와는 달리 가족의 규모가 축소되고 공동체 의식이 약화한 현대 사회에서 이러한 문제는 사회 복지 시스템과의 연계를 통해 해결해야 할 필요성이 커지고 있다.

3. 한국 가족주의의 다양한 표출 양상

한국의 가족주의는 여러 영역에서 다양한 모습으로 드러난다. 경제 분야에서는 가족 경제의 역할과 가족 기업의 특성, 그리고 경제적 의사결정에 가족주의가 영향을 미친다. 교육 분야에서는 교육열과 부모의 기대, 가족의 교육 투자 전략 및 그 결과로 구체적인 모습을 드러낸다. 젠더 분야에서는 전통적 성 역할의 현대적 변화, 가족 내 젠더 갈등과 조화의 양상으로 나타난다. 대중문화 분야에서는 드라마와 영화 같은 콘텐츠에서 자주 다루어지는 소재로서 가족주의를 반영하기도 하고 새롭게 형성하기도 한다. 종교 분야에서는 기복신앙의 모습으로 나타나기도 한다. 이처럼 여러 영역에서 다양한 모습으로 표출되는 한국의 가족주의를 이해하는 것은 현대 한국 사회를 이해하는 데 크게 도움이 될 것이다.

1) 한국의 가족주의와 경제

(1) 가족 경제의 역할과 가족 기업의 특성

한국 경제에서 가족은 중요한 경제적 단위로 기능한다. 특히 중소기업의 상당수는 가족 기업의 형태를 띠고 있다. 한국 중소기업의 경영형태는 주로 가족 경영형태를 띠고, 가족 승계의 비중도 31%에 달한다(최향미 · 임병권, 2024). 2022년 기준으로 전체 기업 수 가운데 99.9%(804만 2726개)를 차지하고, 전체 종사자 수 가운데 81.0%(1895만 6294명)를 차지하는 중소기업의 규모를 고려할 때 가족이 경제에 미치는 영향은 매우 크다고 할 수 있다(중소벤처기업부, 2024).

가족 기업은 전통적으로 경영의 안정성과 유연성을 동시에 제공한다. 이는 어려운 경제 환경 속에서도 기업의 지속 가능성을 높이는 데 이바지해 왔다. 한국의 가족 기업은 대개 창업자 또는 그의 직계 가족이 소유와 경영을 겸하는 경우가 많다. 이러한 구조는 의사결정의 신속성을 높이고, 장기적인 비전을 추구할 수 있어서 경제 불확실성에 안정적이고 유연한 대응을 가능하게 했다. 그러나 가족 기업은 경영을 둘러싼 가족 내부의 갈등이나 세대교체 과정에서의 어려움에 봉착할 수 있다. 실제로 많은 중소 가족 기업들이 2세, 3세 경영으로 넘어가는 과정에서 경영권 갈등이나 경영 전략의 부재로 인해 어려움을 겪기도 한다.

(2) 가족주의가 경제적 의사결정에 미치는 영향

한국의 가족주의는 경제적 의사결정 과정에서도 큰 영향을 미친다. 개인보다 가족 전체의 이익을 중시하는 가족주의의 경향은 경제적 선택과 행동에 반영된다. 예를 들어, 가족의 번영을 위해 자녀 교육에 집중적인 투자를 하거나, 가족 구성원의 일자리 선택에 가족의 기대가 강하게 반영되는 경우가 많다. 그리고 가족의 경제적 지원과 연대는 개인의 경제적 안정성을 높이는 데 도움이 된다. 이러한 지원은 주택 구매, 창업 자금 마련, 위기 상황에서의 재정 지원 등 다양한 형태로 나타난다. 이로써 가족 구성원은 개인의 경제적 위험을 분산시키고, 경제적 불확실성을 줄이게 된다.

그러나 가족주의의 경제적 영향력은 부정적인 측면을 동반할 수 있다. 가족의 경제적 결정이 종종 비합리적이거나 과도한 부담을 초래할 수 있다는 것이다. 이를테면 가족 기업의 경우 전문성이 부족한 가족 구성원의 경영 참여는 경영 효율성을 떨어뜨릴 수 있고, 가족 간의 경영권 다툼은 기업 운영에 부정적인 영향을 미칠 수 있다. 그 결과 기업의 성장과 혁신을 저해할 뿐만 아니라, 가족 내부의 갈등이 해소되지 않아 기업의 존립 자체가 위협받을 수도 있다. 이러한 문제는 특히 경영에 필요한 전문성이 요구되는 현대 경제 환경에서 더욱 두드러지게 나타난다. 또한 자녀 교육에 대한 과도한 투자는 부모 세대의 노후 문제를 초래할 수 있고, 자녀 진로에 대한 지나친 강요는 자녀의 심리적 부담과 더불어 가족 불화를 일으키기도 한다.

2) 한국의 가족주의와 교육

(1) 교육열과 부모의 기대

세계적으로 유명한 한국의 교육열은 가족주의와 깊이 연결되어 있다. 한국 사회에서 교육은 사회적 이동과 성공의 중요한 수단으로 여겨지기 때문에 가족 전체의 기대와 희망이 교육에 집중되는 경향을 보인다. 부모들은 자녀의 교육이 가족의 미래를 결정짓는 중요한 요소라고 믿고, 자녀의 학업 성취에 대해 높은 기대를 하고 있다.

부모의 기대는 자녀 교육과 관련된 다양한 측면에서 드러난다. 초등학교 입학 전부터 사교육에 투자하는 사례가 많은데, 이는 학령기 전부터 자녀의 학업 준비를 도우려는 부모들의 적극적인 개입이라 할 수 있다. 또한 부모들은 자녀가 명문 학교에 진학하고, 좋은 성적을 거두기를 원하기 때문에 자녀의 과외 활동과 방과 후 학습에 대한 투자에 적극적이다. 2023년 기준으로 초중고 사교육비 총액은 27.1조 원이고, 사교육 참여율은 78.5%이며, 학생 1인당 월평균 사교육비는 55.3만 원으로 조사되었다(통계청, 2024). 이러한 규모는 가계 지출의 20%를 웃도는 것으로서 교육에 대한 부모의 지나친 관심이 반영된 결과로 보인다.

(2) 가족의 교육 투자 전략 및 결과

한국의 가족들은 자녀의 교육을 위해 다양한 전략을 구사한다. 가장 일반적인 전략 중 하나는 앞서 살펴본 사교육이다. 한국에서는 자녀의 학업 성취를 높이기 위해 사교육에 의존하는 경향을 보인다. 사교육이 가족의 교육적 기대를 충족시키는 주요한 수단으로 활용되고 있다. 또한 일부 가정에서는 교육 이민을 선택하기도 한다. 주로 고소득층 가정이 이런 선택을 하며, 영어권 국가(미국, 캐나다, 호주 등)가 선호된다. 이러한 선택은 자녀에게 다양한 교육적 경험을 쌓게 하려는 의도이기도 하지만, 궁극적으로는 국제 경쟁력을 확보해 노동 시장에서 우위를 점하려는 시도라고 할 수 있다.

교육 투자에 따른 결과는 다양한 측면에서 살펴볼 수 있다. 우선, 긍정적인 측면으로는 학업 성취도와 사회적 지위의 향상으로 나타난다. 한국은 국제학업성취도평가(PISA)에서 꾸준히 상위권을 유지하고 있다. 2022년 PISA 결과에 따르면, 조사 대상 81개국(OECD 37개국 포함) 가운데 수학은 3~7위, 읽기는 2~12위, 과학은 2~9위를 차지했다(교육부, 2023). 그리고 한국 사회에서 대학 교육 이수자들의 세대 간 사회경제적 지위 이전이 졸업 대학 특성에 따라 어떤 양상을 보이는지를 연구한 자료에 따르면, 대졸자들의 상향 이동률이 상위권 대학들로 갈수록 높게 나타났다(이수빈 · 최성수, 2020).

다음으로, 부정적인 측면으로는 심리적 부담과 사회적 불평등과 이별 가족 같은 사회적 문제로 드러난다. 자녀들은 부모의 기대에 부응하려는 과정에서 높은 심리적 압박감을 느낄 수 있다. 2023년 중고등학생의 스트레스 인지율은 37.3%로 조사되었고(여성가족부, 2024), 2022년 PISA 보고서에서는 한국의 만 15세 청소년들의 22%가 '삶에 만족하지 않는다'라고 응답했는데 이는 OECD 평균인 18%보다 높은 수준이었다(교육부, 2023). 또한 교육은 사회적 불평등을 심화하는 요인이 될 수도 있다. 경제적 여유가 있는 가정일수록 자녀에게 더 많은 교육 기회를 제공할 수 있는데, 이러한 격차는 사회적 이동의 기회를 제한하고, 세대 간 빈부 격차를 고착화하는 결과를 초래할 수 있다. 또한 자녀들의 조기 유학으로 인해 소위 '기러기 가족'이라 불리는 가족 간 이별 문제도 나타나고 있다.

참고: 기러기 가족(한국민족문화대백과사전)

자녀들을 조기 유학 보내는 과정에서 부인마저도 자녀와 함께 보내고 국내에 홀로 남아 직장생활을 하면서 가족의 생활비 및 교육비를 송금하는 아버지들, 속칭 '기러기 아빠'들과, 외국에서 공부하는 자녀와 이들을 보살피기 위해 따라간 기러기 엄마로 가구 분리 형태를 나타낸다.

기러기 아빠가 등장한 가장 큰 원인은 조기 유학이지만, 그 배경에는 무너진 공교육과 치솟는 사교육비라는 교육 문제가 있다. 자녀에게 좀 더 나은 교육 환경을 제공하기 위해 초중고생 자녀들을 외국으로 유학 보내고, 정작 아버지 자신은 경제적 뒷받침을 위해 국내에 남는 것이다.

기러기 아빠 중에는 자식에 대한 투자만큼 확실한 노후보장이 없다고 주장하며 중년의 솔로 생활을 최대한 즐기자는 사람들도 있지만, 스스로 돈 버는 기계로 전락한 듯한 자괴감을 느끼는 경우가 더 많다. 오랜 시간 떨어져 지내면서 부부 관계가 소홀해져 이혼으로 이어지는 경우도 있고, 서구권 문화에서 유학한 자녀들과 아버지가 문화적 갈등을 일으키는 일도 빈번하여 극단적으로는 가족 붕괴로 이어지는 경우도 있다. 최근에는 정신적 외로움과 경제적 중압감을 견디지 못한 기러기 아빠의 자살이 사회 문제가 되기도 하고, 막대한 외화 유출 역시 기러기 아빠가 빚은 사회 문제의 하나이다.

3) 한국의 가족주의와 젠더

(1) 전통적인 성 역할과 현대의 변화

한국 사회의 전통적인 성 역할은 유교 문화의 영향으로 형성되었다. 유교 문화는 가족의 경제적 책임은 남성에게 지우고, 가사 관리와 자녀 양육은 여성에게 부담시켜 가부장적 체계를 강화했다. 다시 말해 공적 영역에서의 경제적·사회적 활동은 남성의 역할로 규정하고, 사적 영역에서의 자녀 양육과 가사 활동은 여성의 역할로 규정했다. 그 결과 여성은 교육과 직업 선택의 기회를 비롯한 다양한 사회적 활동에서 배제되었다.

그러나 현대 사회에서는 이러한 전통적 성 역할이 급속히 변화하고 있다. 특히 20세기 후반부터 시작된 경제 발전과 함께 여성의 교육 수준이 향상되고, 노동 시장 참여가 증가하면서 가족 내 성 역할의 재구성이 이루어지고 있다. 2024년 기준으로 한국 여성의 고등교육기관 진학률은 76.9%로 남성보다 3.8% 높게 조사되었는데, 2015년 이후 남성과의 격차를 지속적으로 벌리고 있다(지표누리, 2025). 그리고 2023년 기준으로 한국 여성의 고용률은 61.4%였고, 여성의 경제활동참가율은 63.1%로 조사되었다(한국경제인협회, 2025). 물론 OECD 국가들과 비교했을 때는 여전히 낮은 수준(고용률과 경제활동참가율 모두 38개국 중 31위)이지만, 과거보다는 증가한 수치이다. 이러한 변화로 여성은 독립성과 자율성을 강화하고, 가족 내 의사결정 과정에서의 참여를 확대하였다.

또한 현대 사회에서는 부부가 서로 협력하여 가사와 육아를 분담하는 경향이 증가하고 있다. 즉 남성의 가사 참여가 점차 증가하고 있다는 것이다. 이는 일과 가정의 균형을 중시하는 사회적 인식 변화와 맞물려 있다. 육아휴직 같은 정책을 통해 남성의 가사노동 참여를 장려하는 문화도 이러한 변화의 일환이다.

(2) 가족 내 젠더 갈등과 조화

전통적 성 역할의 변화는 가족 내 젠더 갈등을 일으킬 수 있다. 특히 세대 간의 가치관 차이는 가족 내 젠더 갈등의 주요 요인이 될 수 있다. 이를테면 전통적 가치관을 가진 세대와 현대적 가치관을 수용한 젊은 세대 간의 갈등은 가족 내 의사결정 과정에서 충돌을 발생시킬 수 있다. 이러한 갈등은 자녀 양육과 가사 분담, 경제적 책임 분담 등 다양한 측면에서 나타날 수 있다. 물론 가족 내 젠더 갈등은 동시에 조화의 기회를 제공하기도 한다. 현대 사회에서 젠더 평등에 관한 인식이 확산하면서, 가족 구성원들은 서로의 역할과 책임을 재조정하고 협력하는 방향으로 나아갈 수 있다. 이는 가족 구성원 간의 대화와 이해를 통해 갈등을 해결하고, 서로의 차이를 인정하며 조화를 이룰 수 있는 기반이 될 수 있다.

이러한 가족 내 젠더 조화를 촉진하기 위해서는 사회적 지원과 정책적 노력이 필요하다. 정부는 다양한 가족 지원 정책과 젠더 평등을 촉진하는 법적 제도를 통해 가족 내 젠더 조화를 도와야 한다. 예를 들어, 육아휴직 제도는 남성과 여성 모두에게 가정과 직장 생활의 균형을 맞출 기회를 제공하며, 가족 내 젠더 역할 재조정에 긍정적인 영향을 미칠 수 있다. 또한 교육과 미디어를 통한 젠더 인식 개선 노력도 가족 내 젠더 조화를 위해 필요하다. 젠더 평등 교육은 어린 시절부터 성 역할에 대한 고정 관념을 깨고, 남녀 모두가 평등한 기회를 누릴 수 있는 사회를 만드는 데 중요한 역할을 할 것이다. 미디어 역시 다양한 가족의 모습을 보여주고, 젠더 평등의 중요성을 강조함으로써 사회적 인식을 변화시키는 데 크게 이바지할 수 있다.

4) 한국의 가족주의와 대중문화

(1) 대중문화에 등장하는 가족주의

한국의 드라마와 영화는 가족주의의 복잡한 양상을 반영하며, 이를 통해 다양한 사회적 메시지를 전달한다. 가족은 대중문화에서 빈번하게 등장하는 주제다. 대중문화는 가족 간의 사랑, 갈등, 화해 등의 이야기를 통해 관객과 시청자에게 감정적 울림을 준다. 이러한 콘텐츠는 가족의 중요성을 강조하고, 가족 구성원 간의 관계를 깊이 있게 성찰하도록 유도한다.

한국 드라마는 가족주의를 중심으로 한 줄거리를 자주 선보인다. 예를 들어, 인기 드라마 '응답하라' 시리즈는 시대별 가족생활을 배경으로 가족 간의 유대와 사랑을 그린 작품이다. 이 드라마는 가족의 일상적이고 사소한 모습들을 통해 가족의 중요성과 사회적 변화 속에서 가족이 가지는 의미를 재조명한다. 이러한 서사는 시청자들에게 가족의 가치를 상기시키고, 가족 간의 소통과 이해의 중요성을 일깨운다.

[응답하라 시리즈]

출처: 구글 이미지

영화에서도 가족주의가 주요한 주제로 다루어진다. 한국 영화 '기생충'은 생존을 위한 가족 간의 협력과 경쟁을 다루며, 계층 간의 갈등을 통해 가족주의가 현대 사회에서 어떻게 작용하는지를 탐구한 작품이다. 이 영화는 가족이 경제적 어려움 속에서도 서로를 지탱하는 버팀목이 되는 모습을 보여주며 가족의 연대감을 강조한다. 가족주의의 다양한 측면을 조명한 이 작품은 국제적으로 큰 주목을 받았다.

(2) 문화적 표현이 가족주의에 미치는 영향

드라마와 영화는 가족에 관한 이상적이고 현실적인 모습을 모두 보여줘 시청자들이 가족의 복잡한 관계와 역할을 이해하는 데 도움을 준다. 이러한 문화적 표현은 가족주의의 전통적 가치관과 이의 현대적 변화를 동시에 탐구하면서, 사회적 담론을 형성하고 변화시키는 역할을 한다. 좀 더 구체적으로 살펴보면 다음과 같다.

첫째, 대중문화는 가족의 전통적 역할과 현대적 역할을 비교하고 대조하면서 사회적 변화에 대한 인식을 높이도록 한다. 드라마와 영화는 여성의 사회적 역할 확대, 젠더 평등, 다양한 가족 형태의 수용 등을 보여줌으로써 현대 사회의 변화를 반영한다. 이러한 표현은 시청자들이 전통적 가족 구조를 재평가하고, 현대 가족의 다양성을 수용하는 데 이바지할 수 있다.

둘째, 가족을 소재로 한 대중문화는 공동체 의식을 강화할 수 있다. 한국 사회에서 가족은 개인의 사회적 안전망 역할을 하는데, 이러한 모습이 대중문화 속에서 공동체 의식으로 확장된다. 드라마와 영화는 가족 간의 갈등과 화해를 통해 공동체의 중요성을 강조함으로써, 개인주의적 경향이 증가하는 현대 사회에서 공동체 의식을 재조명할 수 있게 한다.

셋째, 대중문화는 가족주의의 긍정적 측면과 아울러 부정적 측면도 조명하며, 이를 통해 사회적 문제를 제기하고 해결을 모색하기도 한다. 가족 간의 갈등, 세대 간의 가치관 차이, 경제적 불평등 등 다양한 문제를 다룸으로써, 이러한 이슈에 대한 사회적 이해와 공감을 형성하며, 시청자들이 가족 내 갈등을 해소하고 조화를 이루는 방법을 모색하는 데 도움을 준다.

넷째, 대중문화는 가족과 관련한 사회적 정책과 제도를 도입하고 변화하는 데도 이바지할 수 있다. 드라마와 영화는 가족의 현실적인 문제를 다룬다. 이렇게 함으로써 정책 결정자들에게 가족 지원 정책과 사회 복지 제도를 개선하는 데 필요한 통찰을 제공할 수 있다. 이처럼 대중문화는 가족과 관련해 사회적 변화를 촉진하는 역할을 할 수 있다.

5) 한국의 가족주의와 기복신앙

(1) 가족주의와 기복신앙의 역사적 배경

한국의 기복신앙은 고대부터 이어져 온 전통적인 신앙 형태다. 이것은 가족주의와 밀접한 관련을 맺고 있다. 따라서 기복신앙은 가족의 건강과 번영을 기원하는 종교적이며 민속적인 다양한 관습을 포함한다. 나아가 가족을 사회의 기본 단위로 간주하던 시대에 기복신앙은 가정의 안녕이 곧 사회의 안정과 번영으로 이어진다는 인식으로 연결되었다.

전통적으로 한국인들은 조상신을 숭배하며, 조상의 영혼이 가족의 번영에 영향을 미친다고 믿었다. 이러한 믿음은 제사와 같은 의식을 통해 구체적인 모습을 드러냈다. 제사는 가족 구성원들이 조상의 은덕을 기리며 가족의 안녕을 기원하는 중요한 행사였다. 이처럼 제사는 전통적 가족주의의 중요한 표현 중 하나로, 가족 구성원들이 함께 모여 조상의 업적을 기리고, 조상의 가르침을 따르는 가족 결속의 기회를 제공했다.

(2) 현대 사회에서의 가족주의와 기복신앙

현대 사회에서도 기복신앙은 여전히 가족주의를 지탱하는 중요한 요소로 작용하고 있다. 산업화와 도시화의 영향으로 전통적인 농경 사회의 관습은 약화하였지만, 가족의 안녕을 기원하는 기복신앙은 다양한 방식으로 여전히 유지되고 있다.

현대 사회에서는 제사와 같은 전통적인 의식이 축소되는 경향을 보인다. 그러나 아직도 많은 가정에서 중요한 행사로 간주하고 있다. 특히 명절(설, 추석)에는 가족들이 모여 조상을 기리는 전통을 유지하고 있는데, 이는 가족 구성원 간의 유대감을 강화하는 역할을 한다. 더불어 외래 종교(불교, 천주교, 기독교 등)를 믿는 사람들 사이에서도 자신들이 믿는 절대적 존재에게 가족의 안녕과 번영을 축원하는 형태로 기복신앙은 여전히 큰 영향을 미치고 있다.

(3) 기복신앙의 역할

기복신앙의 긍정적인 역할을 살펴보면 다음과 같다. 우선, 가족 구성원 간의 유대감을 강화할 수 있다. 기복신앙 의례는 가족이 함께 모여 공통의 목표를 공유하고 서로를 지지하는 기회를 제공하기 때문이다. 다음으로, 기복신앙은 개인에게 심리적 안정과 위안을 제공할 수 있다. 기복신앙을 통해 가족의 안녕을 기원하고 어려운 상황에서도 가족의 지지를 받을 수 있다는 신념을 심어주기 때문이다. 끝으로, 기복신앙은 가족 구성원의 문화적 정체성 형성에 중요한 임무를 수행할 수 있다. 기복신앙의 다양한 의례와 전통은 개인의 정체성을 구성하는 중요한 요소이기 때문이다.

그러나 기복신앙은 부정적인 역할도 수반되는데 그 구체적인 내용은 다음과 같다. 우선, 비합리적인 의사결정으로 문제를 초래할 수 있다. 중요한 결정을 내릴 때 과학적인 근거보다 기복신앙에 의존할 경우, 현실적인 문제 해결이 지연되거나 왜곡될 수 있기 때문이다. 다음으로, 기복신앙은 가족의 경제적 부담을 가중할 수 있다. 기복신앙의 의례와 의식을 제대로 준비하기 위해서는 상당한 시간과 자원과 수고가 필요하기 때문이다. 끝으로, 기복신앙은 세대 간 갈등을 일으킬 수 있다. 기복신앙을 비합리적이고 구시대적인 것으로 생각하는 자녀 세대와 가족의 번영을 위해 이러한 전통을 유지하려는 부모 세대 사이의 틈이 벌어질 수 있기 때문이다.

4. 가족의 형태 변화와 가족주의의 도전

한국 사회는 급격한 경제적, 사회적 변화를 겪고 있다. 그에 따라 가족의 형태와 구조도 다양화되고 있다. 이러한 변화는 가족주의에 여러 도전 과제를 제시하며, 현대 사회에서 가족의 역할과 기능을 재조명하도록 이끈다. 이와 관련해 가족의 다양한 형태와 저출생 및 고령화 사회에서의 가족주의 도전을 중심으로 살펴본다.

1) 가족의 다양한 형태

현대 한국 사회의 가족 형태는 핵가족을 넘어 다양화하고 있다. 이는 사회적 변화와 개인의 가치관 변화에 따라 나타난 현상이다. 먼저, 1인 가구의 증가가 두드러진다. 2023년 기준으로 한국의 1인 가구는 전체 가구 가운데 가장 큰 비중을 차지하는 35.5%(782만 가구)에 달한다(통계청, 2024). 같은 기간 4인 이상 가구는 가장 작은 비중을 차지하는 16.8%에 그쳤다. 1인 가구 비중은 2000년 15.5%였는데, 불과 23년 만에 20%나 급증했다. 이러한 변화는 사회적 안전망과 개인주의적 가치관의 확산이 반영된 결과라 볼 수 있다.

그리고 비혼 동거, 재혼 가족, 다문화 가정 등으로 가족의 형태가 다양화하고 있다. 비혼 동거는 결혼이라는 전통적 제도에 얽매이지 않고, 동거를 통해 가족을 구성하는 형태로, 개인의 자유와 선택을 중시하는 현대적 가치관을 반영한 결과다. 재혼 가족은 이혼 및 재혼의 증가로 인해 나타나며, 가족 구성원의 복잡한 관계를 조정하는 새로운 도전을 제기한다. 다문화 가정의 증가는 국제결혼과 이민자의 증가로 인해 나타나며, 한국 사회의 문화적 다양성을 확대하는 데 이바지하고 있다.

2) 저출생 및 고령화 사회에서의 가족주의 도전

한국 사회는 저출생과 고령화에 직면하고 있다. 이러한 현상은 가족주의의 지속 가능성에 큰 영향을 미치고 있다. 즉 가족의 기능과 역할을 재정립하는 데 어려움을 제기하고 있다. 저출생 문제는 가족의 규모와 구조에 직접적인 영향을 미친다. 한국은 1983년 합계출산율(2.06명)이 처음으로 대체출산율(2.1명) 아래로 내려간 뒤, 지속적으로 감소해 2023년에는 0.72명까지 떨어져 세계 최저 수준을 기록했다(통계청, 2024). 이처럼 출생률 저하로 가족의 구성원 수가 줄어들고, 사회적 인구 구조가 변화하고 있어, 현대 한국 사회에서는 가족주의 자체가 위협받고 있다. 저출생은 경제적 부담, 일과 가정의 양립의 어려움, 개인주의적 가치관의 확산 등 복합적인 요인에 기인하는 것으로 알려져 있다. 이에 대한 사회적인 대처가 필요하다.

고령화는 가족 내 부양 부담을 증가시키는 요인으로 작용한다. 한국은 2024년 12월 기준으로 65세 이상 노인 인구가 전체 인구의 20%를 초과해 초고령사회로 진입했다(연합뉴스, 2024.12.24). 노인 부양에 대한 사회적 지원이 부족한 한국 사회에서 노인 인구의 증가는 노인 부양에 따른 개인의 경제적·정서적 부담을 심화한다. 저출생으로 가족 구성원의 수가 급속히 감소하는 현대 한국 사회에서 이러한 현상은 매우 심각한 문제이다. 이러한 도전에 대응하기 위해서는 사회적 안전망과 가족 지원 정책의 강화가 필요하다. 정부는 출산 장려 정책, 노인 복지 강화, 일과 가정의 양립 지원 등 다양한 정책을 통해 가족의 기능을 지원하려고 노력해야 한다.

토론거리

1. 전통적 가족주의가 현대 사회에서 어떻게 변화하고 있는지, 그 과정에서 어떤 긍정적 혹은 부정적 영향이 나타나는지에 대해 토론해 봅시다.

2. 가족주의가 경제적 의사결정에 미치는 긍정적 측면과 부정적 측면을 비교하고, 가족 기업의 특성과 경영상의 도전 과제를 토론해 봅시다.

3. 1인 가구의 증가, 비혼 동거, 다문화 가정 등의 등장과 이로 인해 가족주의가 직면한 문제와 그 해결 방안에 대해 토론해 봅시다.

읽을거리

김동춘(2020). 『한국인의 에너지, 가족주의』. 피어나.
김경일(2012). 『근대의 가족, 근대의 결혼』. 푸른역사.
조은주(2018). 『가족과 통치: 인구는 어떻게 정치의 문제가 되었나』. 창비.

제 3 장 집단주의와 개인주의

1. 한국 사회에서의 집단주의와 개인주의의 등장

한국 사회에서 집단주의와 개인주의가 등장한 것은 역사적·사회문화적 배경을 가지고 있다. 이러한 배경을 통해 한국 사회의 집단주의와 개인주의를 깊이 있게 이해하려고 한다. 우선, 집단주의의 등장 배경을 살펴보고, 이어서 개인주의의 등장 배경을 살펴본다.

1) 집단주의의 등장

한국 사회의 집단주의는 전통적으로 유교 사상에 깊이 뿌리를 두고 있다(구자혁, 2020). 조선 시대에 국교로 자리 잡은 유교는 가족 중심의 가부장적 사회 구조와 공동체를 중시하는 가치관을 확립하는 데 큰 역할을 했다. 유교의 효(孝) 사상은 가족 내에서의 개인의 역할을 규정하며, 사회 전체가 하나의 큰 가족처럼 행동해야 한다는 인식을 강화했다. 이러한 인식은 공동체의 조화와 질서를 중요시하는 집단주의적 사고로 이어졌다. 그래서 조선 시대에는 성리학을 기반으로 한 예절과 규범이 사회 전반에 걸쳐 적용되었고, 개인보다는 가문과 국가의 안녕을 우선시하는 가치관이 자리 잡게 되었다.

일제 강점기와 한국전쟁을 거치면서 한국 사회는 많은 혼란을 겪었고, 이러한 혼란 속에서 가족은 일차적인 생존의 기반이 되었다. 이로 인해 집단주의적 가치가 더욱 공고해지게 되었다. 예를 들어, 전쟁과 분단의 고통 속에서 가족과 이웃

간의 의존성은 더욱 강화되었고, 이는 사회적 유대감을 강조하는 집단주의를 부추겼다. 하지만 1960년대 이후 시작된 산업화로 인한 급속한 경제 성장은 개인의 역할과 중요성을 부각하는 전환점이 되었다. 산업화와 도시화가 진행되면서 개인의 능력과 성과가 강조되었고, 이는 개인주의적 가치가 서서히 자리 잡는 배경이 되었다.

2) 개인주의의 등장

한국 사회는 전통적으로 집단주의적 성향이 강한 사회로 알려져 있다. 그러나 최근 들어 개인주의적 경향이 두드러지게 나타나고 있다. 이러한 변화는 다양한 사회적, 문화적 요인에 의해 촉진되고 있는데, 특히 소셜 미디어의 확산과 MZ세대의 등장과 밀접한 관련이 있다.

(1) 소셜 미디어의 역할

소셜 미디어는 개인주의적 가치 확산에 중요한 역할을 하고 있다. 페이스북, 인스타그램, 트위터와 같은 플랫폼은 개인이 자기 생각과 경험을 자유롭게 표현할 수 있는 공간을 제공한다. 이것은 개인에게 집단의 규범에 구애받지 않고 자신의 정체성과 의견을 표출할 기회를 제공한다는 의미다. 2023년 기준으로 한국의 소셜 미디어 이용률은 58.1%로 조사되었다(정보통신정책연구원, 2024). 밀레니얼 세대는 90.6%로 가장 높은 이용률을 보였고, Z세대는 87.2%의 이용률을 기록했다. 가장 많이 이용한 플랫폼은 인스타그램으로 소셜 미디어 이용자 2명 중 1명(48.6%)이 이용하는 것으로 나타났고, 페이스북이 16.7%, 네이버 밴드 13.1%, 카카오스토리 10.2%, 틱톡 3.0% 등의 순으로 조사되었다.

또한 소셜 미디어는 개인 간의 연결을 쉽게 하여, 공동체와의 직접적인 상호작용 없이도 다양한 사회적 관계를 유지할 수 있게 한다는 특징을 가진다. 이러한 특징은 개인의 자유로운 선택과 자율성을 강조하는 개인주의적 가치를 강화하는 데 이바지한다. 예를 들어, 온라인 커뮤니티를 통해 개인은 자신과 비슷한 관심사를 가진 사람들과 교류하며, 집단적 규범과는 다른 개인적 취향을 발전시킬 수 있다.

(2) MZ세대의 개인주의적 삶

MZ세대(Millennials와 Z세대)는 개인주의적 삶을 지향하는 경향이 강하다. 이들은 디지털 기술과 글로벌화된 환경을 배경으로 성장한 세대로, 개인의 자유와 자율성을 중시한다. '전화가 무서워' 현상은 MZ세대의 이러한 경향을 잘 보여준다. 이들은 직접적인 대화보다 문자 메시지나 이메일을 더 선호하는데, 이것은 개인의 공간과 시간을 중시하는 개인주의적 성향이 반영된 것이다. 그리고 '단골손님'이 되는 것을 피하는 경향도 개인주의적 가치와 연결된다. 자주 가는 가게에서 주인이 자신을 알아봐 주고 살갑게 대하면 오히려 그 가게를 피하곤 한다. MZ세대는 편리함과 효율성을 중시하고, 불필요한 사회적 상호작용을 최소화하려고 한다. 그래서 자주 가는 가게에서 주인이 자신을 알아봐 주고 살갑게 대하면 오히려 그 가게를 피하려고 하는 것이다. 이러한 경향은 개인의 시간과 에너지를 자신이 원하는 방식으로만 사용하려고 하는 것으로, 개인주의적 생활 방식을 강화한다.

참고: MZ세대(브런치스토리, 2022.09.16.)

밀레니얼 세대와 Z세대를 하나로 합쳐서 만든 단어다. 밀레니얼 세대는 대략적으로 1980년대~1990년대 중반생을 의미하는 세대다. 미국의 작가 윌리엄 스트라우스(William Strauss)에 의해 처음 사용됐으니, 미국에서 수입해 온 단어다. 사실 밀레니얼 세대를 정의하는 개념은 명확하지 않다. 누군가는 1990년대 중반생까지 포함하지만, 넓게 보아 2000년대 초반생까지 포함하는 사람도 있다. 개념적인 의미로는 IT 기술의 발전상을 직접적으로 체감한 세대다. 휴대폰, 컴퓨터, 인터넷을 적극적으로 활용하며 자라났고, 아날로그도 체험한 세대를 의미한다.

Z세대는 1990년대 중후반부터 2010년대생을 의미하는 단어로 쓰인다. 물론 이 역시 밀레니얼 세대처럼 세대를 구분 짓는 기준은 들쭉날쭉하다. 그러나 밀레니얼

세대와 Z세대를 명확히 구분 짓는 기준도 어느 정도 존재한다. 밀레니얼 세대가 아날로그와 디지털을 모두 경험하며 자라난 세대라면 Z세대는 디지털만 경험한 세대라고 할 수 있다. 밀레니얼 세대를 의미하는 단어가 인터넷이라면, Z세대를 의미하는 단어는 스마트폰이다. 그래서 국가별로 디지털 기기가 보급된 시기가 들쭉날쭉하기 때문에 Z세대의 구분도 국가별로 다르다. 대중적으로 사용된 첫 스마트폰인 아이폰은 미국에서 2007년 처음 출시됐지만, 우리나라는 2009년 말이 돼서야 출시됐다. 스마트폰을 주로 사용하게 된 세대의 나이대에 따라 Z세대의 구분은 달라진다.

또한 MZ세대는 정의보다 공정을 중시하는 경향을 보인다. 이들은 사회적 정의보다는 개인의 공정한 대우와 기회를 더 중요하게 여긴다. 이러한 경향은 사회적 규범과 집단적 가치보다 개인의 권리와 책임을 강조하는 개인주의적 관점이 반영된 결과다. 비혼주의도 MZ세대의 개인주의적 경향을 나타내는 것으로 해석할 수 있다. 이들은 결혼을 필수적인 삶의 단계로 보지 않으며, 개인의 선택과 행복을 더 중요하게 생각한다. 2020년 기준으로 한국의 청년세대(만 19~34세) 미혼율은 81.5%로 증가했고, 특히 30~34세 미혼율은 2000년의 18.7%보다 3배 증가한 56.3%를 기록했다(통계청, 2024). 이것은 개인의 삶을 중시하는 경향이 강해지고 있다는 것을 보여준다.

2. 한국 사회에서의 집단주의와 개인주의의 실상

한국 사회의 집단주의와 개인주의의 실제 모습은 다양한 사회적 맥락 속에서 드러난다. 대체로 전통적 집단주의에 반하는 개인주의적 성향이 새롭게 나타나는 양상을 보인다. 이러한 모습을 직장 내 회식 문화, 소비자 행동, 장례 문화, 결혼 문화, 대중문화 등을 통해 살펴본다. 이는 현대 한국 사회를 이해하는 데 큰 도움이 될 것이다.

1) 직장 내 회식 문화

(1) 직장 내 집단주의적 회식 문화

한국의 직장 문화는 오랫동안 집단주의적 성향을 강하게 반영해 왔다. 회사는 단순한 일터가 아니었고, 동료는 가족처럼 여겨졌다. 개인은 가족을 위해 희생하듯이 회사의 목표 달성을 위해 희생하는 것을 당연시했다. 이러한 집단주의는 특히 회식 문화에서 잘 나타났다. 회식은 동료 간의 유대감을 강화하고, 상사와 부하 직원 사이의 위계질서를 재확인하는 자리로 인식되었다. 직원들은 회식을 통해 조직의 일원으로서 소속감을 느끼고, 또 서로의 사생활을 공유하며 집단의 결속력을 다졌다. 그래서 회식은 업무의 연장으로 인식되었고, 참석이 의무화되어 있었다. 회식이 끝날 때까지 사적인 행동은 용납되지 않는 분위기였다.

(2) 직장 내 회식 문화의 변화

그러나 집단주의적 회식 문화는 개인주의적 가치가 확산하면서 변화했다. 2023년 시장조사 전문 회사인 엠브레인(EMBRAIN)의 조사에 따르면, 직장인의 59.9%가 회식은 자기 시간을 쪼개야 하는 것으로 부담스러운 일이라고 응답했다. 특히 20대와 30대 직장인은 64.8%가 같은 응답을 했다. 또한 직장인의 32.1%만이 좋든 싫든 간에 직장 내 회식은 꼭 필요한 문화라고 응답했다. 이 문항에서 20대와 30대 직장인은 각각 28.0%와 26.4%만이 같은 응답을 했다. 젊은 세대일수록 개인의 사생활과 여가시간을 더 중시하기 때문에 이러한 결과가 나온 것으로 보인다. 전반적으로 집단의 결속을 위해 개인의 시간을 희생해야 한다는 기존의 집단주의적 가치관이 회식 문화에서 변화하고 있다.

이러한 변화를 반영해 기업에서는 새로운 형태의 회식 문화를 도입하고 있다. 이를테면 전통적인 저녁 술자리 회식 대신 간단한 점심 회식이나 주중 낮 시간대의 팀별 모임으로 전환해 직원들이 부담 없이 참여할 수 있도록 하고 있다. 또한 회식 참석을 강요하지 않고 자율적으로 선택하도록 하여 개인의 선택권을 존중하는 방향으로 변하고 있으며, 회식 관련 업무를 젊은 세대에게 일임하는 곳도 있다. 또 일부 스타트업 기업은 직원들의 다양성과 창의성을 존중하기 위해 '팀 빌딩 데이'를 도입했다(아시아투데이, 2024.7.26). 이날에는 직원들이 자율적으로 참여할 수 있는 다양한 활동을 제공한다. 일반적인 회식 대신 스포츠, 문화 체험, 봉사 활동 등을 통해 팀워크를 다진다. 이러한 시도는 직원들이 회사 생활에 더 큰 만족감을 느끼고, 개인의 성향과 집단의 목표를 동시에 충족시키려는 의도를 반영한 것으로 보인다.

직원들이 개인 시간을 더 많이 가질 수 있도록 배려하는 조치, 집단의 결속과 개인의 자유를 동시에 고려하려는 시도 등을 통해 회사 내에서 개인의 다양성과 자율성을 존중하면서도, 필요한 경우 집단의 목표를 위해 협력할 수 있는 문화를 조성하고 있다. 이처럼 한국 사회에서는 개인의 다양성을 인정하고 존중하려는 기업 문화의 변화가 일어나고 있다. 이는 개인의 의견과 취향을 중시하는 젊은 세대의 가치관이 기업 문화에 영향을 미치고 있음을 보여준다. 이러한 변화는 직장 문화뿐만 아니라, 다양한 영역에도 영향을 미치고 있다.

2) 소비자 행동

(1) 소비자 행동에서의 집단주의

전통적으로 한국 소비자들은 집단적 유행과 브랜드 이미지를 중시했다. 1980년대와 1990년대에는 특정 브랜드 제품이 인기를 끌면 대다수 소비자가 이를 따라 소비하는 경향이 강했다. 이를테면 당시 '마이마이' 카세트 플레이어는 젊은 층에서 엄청난 인기를 끌었다. 일본 기업 소니(Sony)가 개발한 '워크맨'의 한국 시장 브랜드명으로 소개된 '마이마이'는 삼성전자에서 라이선스를 받아 생산하고 판매했었다. 또한 당시 한국 최고의 인기 배우였던 최진실이 드라마에서 착용한 액세서리나 헤어스타일이 큰 인기를 끌기도 했다. 2005년 방영된 드라마 〈장미빛인생〉에서 그녀의 헤어스타일이 일명 '뽀글파마'로 알려지면서 시청자들에게 큰 주목을 받았다. 이는 사회적 동조를 중시하는 집단주의적 가치가 소비자 행동에도 영향을 미친 결과였다. 심지어 인기를 끄는 특정 패션 브랜드나 전자 제품이 있으면, 이를 소유하는 것이 사회적 지위를 나타내는 상징으로 여겨지기도 했다.

(2) 소비자 행동에서의 개인주의

그러나 최근에는 개인의 취향과 개성을 중시하는 소비자 행동이 두드러지고 있다(이노우에 세히로 · 천혜정, 2024). 한국 사회에서 20대와 30대 소비자들은 이전 세대와는 확연히 구분되는 가치를 지니고 있다. 집단의 가치보다 개인의 가치를 우선하면서 자신이 옳다고 생각하는 것에 적극적으로 의견을 표현하고 행동한다. 동시에 현재의 행복과 즐거움을 추구한다. 이들은 단순히 명품이나 가격대가 높은 제품을 구매하는 것이 아니라, 개성이 잘 드러나는 소비를 지향한다. 이것은 개인주의적 가치가 소비자 행동에 강하게 반영되고 있음을 보여준다. 또한 맞춤형 제품이나 독특한 디자인을 제공하는 중소기업과 스타트업이 주목받고 있는 것도 이러한 경향을 뒷받침한다.

그리고 한국 사회의 온라인 쇼핑 시장은 개인주의적 소비 성향을 잘 반영하고 있다. 2024년 8월 기준, 한국의 온라인 쇼핑 거래액은 전년 동월 대비 1.9% 증가한 19조 5,580억 원으로 집계되었다(통계청, 2024). 이 가운데 모바일 거래액은 5.4% 증가한 14조 9,817억 원으로 온라인 쇼핑 총 거래액 가운데 76.6%를 차지한 것으로 조사되었다. 이러한 통계 자료는 소비자들이 개인의 필요와 취향에 맞는 제품을 쉽게 찾고 구매할 수 있는 환경이 조성되었음을 보여준다. 특히 '1인 가구' 증가와 함께 소량 구매나 맞춤형 제품의 수요가 증가하고 있는 것도 주목할 만하다.

또한 정액제를 통해 물품이나 서비스를 지속적으로 받는 경제 활동을 일컫는 구독 경제(subscription economy)의 확산도 개인주의적 소비의 한 예로 볼 수 있다. 예를 들어 밀키트(Meal kit, 손질된 식재료 및 양념을 포함하는 조리 직전 단계에서 판매하는 간편식), 스트리밍 서비스, 정기 배송 서비스 등 개인의 라이프스타일에 맞춘 다양한 구독 서비스가 인기를 끌고 있으며, 이는 개인의 필요와 편의를 중시하는 소비 패턴의 변화를 반영한 것이다.

참고: 구독 경제(기획재정부)

소비자가 일정 금액을 내고 정해진 기간 동안 원하는 상품이나 서비스를 받는 것을 말한다. 과거에는 신문이나 우유 배달에 그쳤지만, 지금은 자동차와 의류, 게임, 도서, 가전제품, 생필품 등 구독 서비스의 범위가 확대되고 있다.

구독 서비스의 대표 기업으로 넷플릭스를 들 수 있다. 넷플릭스는 DVD를 월정액을 받고 빌려주는 월구독 모델을 1990년대 도입했다. 이후 무제한 동영상 스트리밍 서비스를 제공하며 세계적인 기업으로 발돋움할 수 있었고 구독 서비스는 '넷플릭스 모델'이라고 통용되는 등 혁신적 사업 모델로 자리잡았다. 미국의 IT 선도기업인 마이크로소프트, 애플, 구글, 아마존 역시 구독 서비스를 제공하고 있다.

경제학에서는 구독 경제를 '효용이론'으로 설명하고 있다. 소비자는 원하는 제품을 소유하지 않아도 되고, 저렴한 비용으로 주기적으로 제품을 공급받음으로써 소비자의 만족을 높일 수 있기 때문이다. 또한 구독 경제는 고객에게 최적화된 제품을 추천하고 제공하는 커스터마이징을 통해 고객의 만족도를 더욱 높이고 있다.

소비자 행동에서의 개인주의적 경향은 단순히 서구적 가치의 수용이 아니라, 한국 사회가 개인의 취향과 선택을 더욱 중요하게 여기는 방향으로 나아가고 있음을 보여준다. 한편, 이러한 변화는 일부 사회적 갈등을 초래할 수도 있다. 예를 들어, 전통적 소비 방식을 고수하려는 세대와 현대적이고 개인화된 소비를 추구하는 세대 간의 갈등이 발생할 수 있다. 그러나 이러한 갈등은 대화를 통해 서로의 가치를 이해하고 조화를 이루려는 노력으로 점차 해결되고 있으며, 이는 한국 사회가 더 포용적이고 유연한 방향으로 나아가고 있다는 신호이기도 하다.

3) 장례 문화

(1) 전통적 장례 문화의 집단주의적 성향

한국의 전통적 장례는 가족과 공동체의 일원이었던 고인의 삶을 기리고, 남은 가족이 사회적 지지를 받는 중요한 의식이었다. 그리고 유교 사상이 깊이 뿌리내린 한국 사회에서는 조상의 은덕을 기리고, 가족과 공동체의 연대를 강화하는 것이 장례의 주요 목적 중 하나였다. 이에 따라 장례식은 단순히 개인의 죽음을 기리는 행사가 아니라, 가족과 친지, 지역 사회가 함께 참여하는 공동체적 행사로 자리 잡았다.

장례식은 3일 또는 5일 동안 진행되었으며, 가족과 친지들이 모여 고인의 삶을 회고하고, 조상을 기리기 위한 의례가 엄숙하게 거행되었다. 또한 화장(火葬)에 대한 거부감이 컸고, 매장(埋藏)을 선호했다. 이러한 장례 과정은 가족과 공동체의 결속을 다지는 중요한 기회로 여겨졌으며, 문중이나 친족 간의 협력이 필수적이었으므로 집단주의적 가치를 강조하는 계기가 되었다.

(2) 개인주의적 장례 문화의 부상

그러나 현대에 들어서면서 장례 문화에도 변화의 바람이 불고 있다. 개인주의적 가치가 확산함에 따라, 장례식도 개인의 의사와 취향을 반영하는 방향으로 변모하고 있다. 예를 들어, 전통적인 삼일장(三日葬) 대신 화장 후 간소한 추모식을 진행하거나, 유골을 자연에 뿌리는 자연장 등이 증가하고 있다. 2022년 기준으로 한국 사회의 화장률은 91.7%로 2001년의 38.5%에 비해 약 2.4배 증가했다(보건복지부, 2023). 한국인이 선호하는 장례 방법은 화장 후 납골 시설 안치가 35.2%로 가장 높았고, 그다음이 화장 후 자연장 33.2%, 화장 후 자연에 뿌림 22.6% 등의 순이었다(통계청, 2023). 이러한 변화는 개인의 의사를 존중하고 환경을 고려하는 장례 방식을 선호하는 경향이 반영된 것이라 할 수 있다.

[한국인이 선호하는 장례 방법]

화장 후 납골당 안치

화장 후 자연장

화장 후 자연에 뿌림

출처: 구글 이미지

또한 장례식의 형식도 변화하고 있다. 고인의 생전 영상이나 사진을 활용하여 개인의 삶을 기념하는 방식이 늘어나고 있으며, 가족들이 직접 장례식을 기획하고 주관하는 사례도 증가하고 있다(한겨레, 2021.3.18). 그리고 일부 장례식장에서는 최근 몇 년간 가족 중심의 소규모 장례식을 진행하는 사례가 늘어났다. 이들 장례식장은 개인의 삶을 기념하는 맞춤형 서비스를 제공하여, 가족들이 고인의 개성과 취향을 반영한 장례식을 치를 수 있도록 돕고 있다. 이러한 변화는 전통적인 장례의 형식적 절차에서 벗어나, 고인의 개성과 삶의 이야기를 강조하는 개인주의적 가치가 반영된 것이라 할 수 있다.

이러한 장례 문화의 변화는 한국 사회의 가치관 전환을 반영한 결과다. 장례식에서의 개인주의적 경향의 강화는 한국 사회가 개인의 삶과 선택을 점점 더 중요하게 여기는 방향으로 나아가고 있음을 보여준다. 한편, 이러한 변화는 여전히 일부 사회적 갈등을 초래할 수도 있다. 전통적인 장례 방식을 고수하려는 기성세대와 현대적인 방식으로 간소화하려는 새로운 세대 간의 갈등이 발생할 수 있다. 모든 연령대에서 화장이 선호되고는 있지만, 60세 이상에서는 매장이 13%를 차지할 정도로 비중이 크다는 점을 고려한다면, 장례를 둘러싼 세대 갈등이 현실적인 문제라는 것을 알 수 있다. 그러나 이러한 갈등은 대화를 통해 서로의 가치를 이해하고 조화를 이루려는 노력을 통해 점차 해결될 것으로 보인다.

4) 결혼 문화

(1) 전통적 결혼 문화의 집단주의적 성향

한국의 전통적 결혼은 가족 간의 결합을 의미했다. 개인의 사랑보다는 가문의 결속과 사회적 지위를 중요시했다는 말이다. 즉 결혼은 두 개인의 결합이 아니라 두 가문의 결합으로 여겨졌으며, 이에 따라 결혼 상대는 주로 가족과 친지의 추천이나 중매를 통해 결정되었다. 이러한 집단주의적 성향은 결혼이 가족의 연대와 사회적 안정성을 강화하는 중요한 수단으로 작용했음을 보여준다.

전통적으로 결혼식은 복잡한 절차를 거치며 대규모로 치러졌다. 우선, 결혼을 결정하면 두 가족은 상견례(相見禮)를 통해 서로를 소개하고 결혼 날짜와 세부 사항을 결정하며 이 과정에서 사주단자(四柱單子)를 교환하기도 했다. 그다음에는 신랑 측에서 신부 측에 혼서지(婚書紙)를 보내 결혼 의사를 공식적으로 밝히고, 결혼 예물을 함에 담아 보냈다. 결혼식을 거행하고 폐백(幣帛, 신부가 신랑의 부모와 친척에게 절을 올리며 예를 갖추는 의식)을 보았다. 그리고 결혼식에는 많은 친척과 지역 사회 구성원들이 참석하여 가족의 결속을 확인하고, 가문의 영향력을 과시했다. 이러한 방식으로 가족과 공동체의 유대감을 다졌으며, 사회적 규범을 준수하는 집단적 가치를 강조했다.

(2) 개인주의적 결혼 문화의 부상

현대 한국 사회에서는 결혼 문화에도 개인주의적 가치가 점차 반영되고 있다. 개인의 행복과 자유로운 선택을 중시하는 경향이 강해지면서, 연애결혼이 주를 이루게 되었다. 결혼에 대한 견해도 큰 변화를 보인다(통계청, 2024). 결혼해야 한다고 생각하는 비중은 52.5%였고, 해도 좋고 하지 않아도 좋다고 생각하는 비중은 41.5%로 나타났다. 이혼과 재혼에 대해서도 해서는 안 된다고 생각하는 비중이 각각 26.6%와 16.1%에 그쳤고, 해도 좋고 하지 않아도 좋다고 생각하는 비중이 각각 48.2%와 67.0%로 높게 나타났다. 그리고 남녀가 결혼하지 않더라도 함께 살 수 있다고 생각하는 비중이 67.4%, 결혼하지 않고도 자녀를 가질 수 있다고 생각하는 비중은 37.2%, 외국인과 결혼할 수 있다고 생각하는 비중이 76.1%로 조사되었다. 이는 개인의 의사가 결혼 결정에 큰 영향을 미치고 있음을 보여준다.

그리고 결혼식의 형태도 다양해지고 있다. 전통적인 대규모 결혼식과는 다른 스몰 웨딩, 해외 웨딩, 테마 웨딩 등 개인의 취향을 반영한 결혼식이 인기를 끌고 있다. 특히 스몰 웨딩(소규모 결혼식)을 원하는 커플이 많이 늘어나고 있다. 이는 결혼 비용이나 의식 절차 등이 과도한 편이라고 생각하는 비중이 76.9%로 나타난 조사와 일맥상통한다고 볼 수 있다(통계청, 2024). 이러한 변화는 결혼이 더는 가족과 사회의 기대에 얽매이지 않고, 개인 삶의 중요한 선택으로 자리 잡고 있음을 시사한다. 서울의 한 웨딩플래너는 "결혼 적령기가 늦어지면서 경제적 독립을 이룬 신랑 신부가 주도권을 갖게 됨에 따라 결혼식에 대한 고정관념이 무너지고 있다"라고 말한다(경향신문, 2022.8.27). 2024년 통계청 자료에서 결혼생활은 가족 간의 관계보다 부부 관계가 우선시되어야 한다고 생각하는 비중이 58.9%로 높게 나타난 것도 이런 변화의 단면을 보여준다고 할 수 있다.

5) 대중문화

(1) 대중문화에 드러난 집단주의적 성향

한국 사회는 오랫동안 집단주의 문화를 기반으로 발전해 왔다. 이러한 집단주의는 대중문화 속에서도 뚜렷하게 드러난다. 따라서 한국의 대중문화에서 집단적 가치와 공동체의 중요성을 강조하는 많은 예시를 찾아볼 수 있다.

전통적으로 한국 드라마는 가족 중심의 이야기와 사회적 메시지를 강조하며, 집단주의적 가치를 반영해 왔다. 즉 드라마에서 가족 간의 갈등과 화해, 사회적 책임과 의무를 중요한 소재로 다루며 집단의 중요성을 강조해 왔다. 예를 들어, 드라마 '미생'은 회사 내에서의 인간관계와 팀워크를 중심으로 이야기를 전개한다. 주인공 장그래는 비정규직 사원으로 시작하지만, 동료들과의 협력을 통해 성장해 나간다. 이 드라마는 개인의 성공보다 집단 내에서의 조화와 협력이 얼마나 중요한지를 잘 보여준다.

그리고 한국 음악 산업, 특히 K-pop 그룹에는 집단주의적 성향이 강하게 내포되어 있다. 이들 그룹은 개인보다는 팀으로서의 성장을 더 중요하게 생각한다. 예를 들어, 방탄소년단(BTS)은 멤버 각각의 개성을 존중하면서도 팀으로서의 조화를 매우 중요하게 생각한다. 이러한 팀워크는 팬들에게도 큰 영향을 미쳐, 단합된 공동체 의식이 강한 팬덤이 형성되기도 한다. 그룹들은 다양한 사회적 메시지를 통해 팬덤을 강화하고, 집단주의적 성향을 널리 퍼뜨리고 있다.

또한 한국 영화는 오랜 시간 동안 집단주의적 성향을 다양한 방식으로 표현해

왔다. 이것은 한국 사회에서 가족이나 공동체의 의미가 얼마나 중요한지를 잘 보여준다. 이를테면 많은 한국 영화는 가족을 중심으로 이야기를 전개한다. 영화 '기생충', '세븐 데이즈', '부산행' 등은 가족 간의 유대와 협력이 중심 주제다. 위기 상황에서 가족이 어떻게 서로를 지탱하고 극복해 나가는지를 보여준다. 이러한 영화들은 가족이라는 집단의 중요성을 강조하며, 개인의 문제도 궁극적으로 가족을 통해 해결되어야 한다는 메시지를 전달한다.

(2) 개인주의적 성향이 강화되는 대중문화

그러나 최근 들어 대중문화에서도 개인주의적 성향이 강하게 드러나고 있다. 한국 사회는 전통적으로 집단주의 문화가 강하게 자리 잡고 있었고, 이러한 점이 대중문화에도 영향을 미쳤다. 하지만 한국 사회에서 개인주의적 성향이 강하게 대두되면서 이러한 변화가 대중문화에도 영향을 미치고 있다.

한국의 드라마는 개인의 성장을 중시하는 이야기를 점점 더 많이 다루고 있다. 예를 들어, 드라마 '나의 해방일지'는 개인의 내면적 성장과 자아 발견을 중심으로 전개된다. 주인공들은 각자의 삶에서 독립적이고 자율적인 선택을 통해 행복을 찾으려 한다. 이는 개인의 성취와 자기 발견이 중요한 가치로 부상하고 있음을 보여준다. 또 드라마 '나의 아저씨'도 개인의 고뇌와 자아 찾기를 중심으로 이야기를 전개하며, 개인의 감정과 선택을 중시하는 메시지를 전달한다. 이러한 작품들은 개인주의적 가치를 강조하며, 시청자들이 자신의 삶을 돌아보게 하는 계기를 제공한다.

출처: 구글 이미지

그리고 한국 음악과 예능에서도 개인주의의 부상을 확인할 수 있다. 전통적으로 K-pop은 그룹 활동이 중심이었으나, 최근에는 솔로 활동을 통해 자신만의 음악적 색깔을 표현하려는 아티스트들이 늘어나고 있다. ‘아이유(IU)’나 ‘태연’ 같은 아티스트들은 자신만의 독특한 음악 세계를 구축하며, 팬들과 개인적인 소통을 중시한다. 이러한 경향은 팬들에게 아티스트 개인의 매력과 메시지에 집중하게 만든다. 또 연애 리얼리티 프로그램인 ‘나는 SOLO’는 출연자 개개인의 성격과 선택을 조명하며, 시청자들이 각 출연자의 개별적 매력에 주목하도록 한다. 이러한 프로그램들은 개인의 자아 탐색과 선택을 중심으로 이야기를 전개하며, 개인주의적 트렌드를 주도한다.

또한 한국의 영화 산업에서도 개인의 이야기에 초점을 맞춘 작품들이 증가하고 있다. 영화 ‘버닝’은 개인의 내면적 갈등과 정체성을 탐구하는 서사를 통해 현대 사회에서의 개인주의적 성향을 잘 보여준다. 이 영화는 사회적 맥락보다는 개인의 심리와 경험에 집중하며, 관객들에게 자기 자신을 돌아보게 만든다.

3. 집단주의와 개인주의의 조화

한국 사회에서는 개인의 다양성을 인정하고 존중하려는 새로운 변화가 일어나고 있다. 개인의 의견과 취향을 중시하는 젊은 세대의 가치관이 사회 전반에 영향을 미치고 있기 때문이다. 이러한 변화는 한국 사회가 전통적 가치인 집단주의와 현대적 요구인 개인주의 사이에서 균형을 찾는 과제를 떠안았다는 것을 의미한다. 사실 집단주의와 개인주의는 서로 배타적이지 않고, 오히려 상호 보완적으로 결합할 수 있다. 이를 위해 우선, 개인주의로의 변화에 따르는 긍정적인 측면과 부정적인 측면을 살펴보고, 집단주의와 개인주의의 조화를 위한 구체적인 방법에 대해 제안하고자 한다.

1) 개인주의로의 변화

(1) 긍정적 측면

첫째, 개인의 자율성과 창의성이 강화된다. 개인주의적 가치의 확산은 개인의 독립성과 창의성을 중시하는 환경을 조성한다. 이러한 환경은 개인이 자신의 능력과 잠재력을 최대한 발휘할 기회를 제공해 혁신과 창조를 촉진한다. 둘째, 다양성이 존중받는다. 개인주의는 개인의 취향과 선택을 존중하는 문화적 기반을 제공한다. 이로써 다양한 배경과 관점을 가진 사람들이 서로를 이해하고 수용할 수 있는 사회적 환경을 조성하며, 차별과 편견을 줄이는 데 이바지한다. 셋째, 개인의 권리와 자유가 강화된다. 개인주의적 변화는 개인의 인권과 자유를 보호하는 법적·사회적 제도의 강화로 이어진다. 이는 사회 구성원들이 더 나은 삶의 질을 추구할 수 있도록 돕고, 개인의 목소리를 중요한 사회적 자산으로 인식하게 한다.

(2) 부정적 측면

첫째, 사회적 고립감이 증가할 수 있다. 개인주의가 강조되면서 사회적 유대감과 공동체 의식이 약화할 수 있다. 이러한 변화는 사회적 고립감을 증가시키고, 개인이 외로움과 불안감을 느끼게 할 수 있다. 전통적인 사회 구조에서 제공하던 심리적 · 정서적 지원이 부족해질 위험이 있기 때문이다. 둘째, 공동체의 협력이 약화할 수 있다. 개인의 이익을 중시하는 개인주의의 성향으로 공동체의 목표와 협력이 약화할 수 있다. 이는 사회적 연대와 협력이 필요한 상황에서 효과적인 문제 해결을 어렵게 만들 수 있으며, 사회적 갈등을 증가시킬 가능성도 있다. 셋째, 경쟁과 스트레스가 증가할 수 있다. 개인의 성과와 능력이 중시되면서 경쟁이 심화하고, 이로써 개인은 과도한 스트레스와 압박을 받을 수 있다. 아울러 개인주의 사회에서는 성공과 실패를 개인의 책임으로 간주하기 때문에, 실패에 대한 두려움이 커질 수도 있다.

2) 집단주의와 개인주의의 조화

개인주의와 집단주의가 조화를 이루는 것은 사회의 다양한 가치와 요구를 충족시키기 위해 중요하다. 두 가지 체계는 상호 배타적이지 않으며, 적절한 접근을 통해 서로 보완할 수 있다. 다음은 개인주의와 집단주의가 조화를 이루기 위한 몇 가지 방법이다.

(1) 균형 잡힌 교육 시스템

개인주의와 집단주의의 조화를 위해 균형 잡힌 통합적 교육이 필요하다. 교육 시스템 내에서 개인의 창의성과 독립성을 존중하는 동시에, 사회적 책임과 공동체 의식을 강조하는 교육을 제공해야 한다. 이를 통해 학생들은 개인적 목표와 사회적 책임을 균형 있게 이해할 수 있게 된다. 또한 비판적 사고를 통해 개인의 의견을 형성하는 능력을 기르면서도, 협력 학습을 통한 타인과의 협력을 배우고 실천할 수 있도록 교육해야 한다.

(2) 포용적 사회 정책

개인주의와 집단주의의 조화를 위해 사회적 포용 정책이 필요하다. 사회 정책은 개인의 권리와 자유를 보장하면서도, 동시에 사회적 유대감과 공동체 참여를 촉진하는 방향으로 설계되어야 한다. 예를 들어, 참여형 정책 결정 과정을 통해 개인의 목소리를 반영하면서도, 집단적 이익을 고려할 수 있다. 또한 개인의 필요를 충족시키면서도, 공동체의 발전을 지원하는 복지 시스템을 구축해야 한다. 이는 사회적 안전망과 공동체 지원을 통해 이루어질 수 있다.

(3) 기업과 조직 문화

개인주의와 집단주의의 조화를 위해 협력적 리더십이 필요하다. 조직 내에서 개인의 성과를 존중하면서도, 협력과 팀워크를 강조하는 리더십 모델을 개발해야 한다. 이로써 조직원들이 개별적으로 성장하면서도, 조직의 목표 달성에 이바지할 수 있는 환경을 조성할 수 있다. 또한 다양한 배경과 관점을 가진 개인을 포용하고, 이들이 협력할 수 있는 기업 문화를 만들어야 한다. 이러한 문화는 집단적 목표를 달성하면서도 개인의 다양성을 존중하는 데 이바지할 수 있다.

(4) 커뮤니티와 사회 활동

개인주의와 집단주의의 조화를 위해 다양한 커뮤니티와 활발한 사회 활동이 필요하다. 지역 사회 활동에 개인이 자발적으로 참여할 기회를 제공해야 한다. 이를 위해 다양한 커뮤니티의 활동을 보장해야 한다. 다양한 커뮤니티에서의 활발한 활동은 개인이 자신의 능력을 발휘하면서도, 공동체의 일원으로서 이바지할 수 있게 한다. 또한 다양한 문화와 집단 간의 교류와 협력을 장려하여, 서로 다른 가치관과 생활 방식을 이해하고 존중할 기회를 제공해야 한다.

(5) 기술과 소셜 미디어

개인주의와 집단주의의 조화를 위해 적극적 참여 플랫폼의 개발과 온-오프라인의 조화가 필요하다. 소셜 미디어와 디지털 기술을 활용하여 개인이 자신의 의견을 자유롭게 표현하면서도, 사회적 문제 해결을 위한 집단적 참여를 독려하는 플랫폼을 개발해야 한다. 또한 온라인상에서의 개별적 활동과 오프라인의 공동체 활동을 조화롭게 연결하여, 개인의 자유로운 표현과 공동체 의식 형성을 동시에 촉진해야 한다.

토론거리

1. 한국 사회에서 집단주의와 개인주의가 어떻게 공존하고 있으며, 이러한 가치관이 사회 전반에 어떤 영향을 미치는지에 대해 토론해 봅시다.

2. MZ세대가 개인주의적 성향을 띠게 된 배경과 그로 인한 사회적 변화에 대해 토론해 보고, 또 이들이 집단주의적 가치관과 어떻게 조화를 이루거나 갈등을 빚고 있는지에 대해 논의해 봅시다.

3. 현대 한국에서 장례와 결혼 문화가 개인주의적 가치에 따라 어떻게 변화하고 있는지에 대해 토론해 보고, 또 이러한 변화가 가족 및 사회에 미치는 영향과 세대 간의 갈등을 어떻게 해결할 수 있는지에 대해 논의해 봅시다.

읽을거리

구자혁(2020). 『한국인의 에너지, 집단주의: 현대화를 이끈 '나'와 '우리'의 변증법』. 피어나.
문유석(2015). 『개인주의자 선언』. 문학동네.
한승혜(2021). 『함께 살기 위한 개인주의 연습: 다정한 무관심』. 사우.

제 4 장 한국인의 의사소통

1. 고맥락 문화와 저맥락 문화

한국인이 잘 쓰는 말 중에 "척하면 삼천리"라는 말이 있다. 이 말은 상대편의 의도나 돌아가는 상황을 재빠르게 알아차림을 비유적으로 이르는 말이다. 즉 상대가 말하지 않아도 그 의도를 미리 알아차릴 수 있음을 말한다.

에드워드 홀(Edward T. Hall)은 그의 저서 'Beyond Culture'에서 모든 문화가 커뮤니케이션의 의존 정도에 따라 '고맥락(High Context) 문화'와 '저맥락(Low Context) 문화'로 구분될 수 있다고 했다. 고맥락 문화는 의사소통에서 맥락(문맥, 관계, 환경)과 비언어적 요소에 크게 의존하는 문화이다. 말보다는 몸짓, 상황적 암시, 눈빛 등이 더 중요하다. 비언어적 요소가 주요 소통 방식이다 보니 집단주의적 성향이 강하며, 가족, 공동체, 조직 내의 관계를 중요하게 생각한다. 암묵적으로 인정하는 규범과 전통을 중요하게 생각하며, 새로운 규칙보다는 기존의 규범과 관습을 중히 여긴다. 고맥락 문화권은 한국, 일본, 중국 등 아시아권 나라들이다.

저맥락 문화는 명시적이고 직접적인 의사소통을 중심으로 하며, 대부분 언어를 통한 소통방식에 의존한다. 소통의 중심을 언어에 두다 보니 관계보다는 계약, 규칙, 프로세스를 중요하게 생각하며, 집단보다 개인의 권리와 책임을 더 중요하게 생각한다. 명시적인 규칙과 절차를 중요하게 생각하며, 투명성과 효율성을 강조한다. 저맥락 문화권은 미국, 독일, 북유럽 국가들이다.

거디쿤스트와 마츠모토(Gudyknust & Matsumoto)는 서양과 동양의 문화권을 개인주의 문화권과 집단주의 문화권으로 나누고, 각 문화권에 따라 개인들의 의사소통 방식이 다르게 나타난다고 했다. 벼농사를 지은 아시아권 나라들은 오랜 정착 생활과 힘든 노동을 통해 개인보다는 집단을 중요하게 생각하였다. 이렇게 형성된 집단문화는 말 안 해도 척하면 알아듣는 고맥락 의사소통을 가능하게 만들었다. 반면, 유럽은 잦은 전쟁과 이동을 겪으면서, 언어를 통한 정확한 의사소통을 중요시하였다. 특히 원주민이 아닌 이주민들이 세운 국가들은 문화적 배경과 언어가 다른 토착 원주민들과의 정확한 관계를 정립하기 위해서 구체적인 언어의 사용 빈도를 높였고, 이를 통한 문서작성과 기록을 남기고자 하였다.

다시 말해 내용을 전달하기 위해 말이나 문자에 대한 의존도가 높을수록 저맥락 문화이며, 간접적인 수단으로 내용을 전달하거나, 말하는 것보다 숨겨진 의도가 더 많다면 고맥락 문화이다. 특히 돌려 말하는 것을 미덕으로 여기는 문화가 있다면 고맥락 문화로 볼 수 있다.

2. 한국인의 감추기

1) 말하지 않아도 알아차리는 초능력: 눈치(Nunchi)

“김 대리! 일을 못 하면, 눈치라도 있어야지 말이야.” 한국 드라마에서 직장 상사에게 혼나는 장면에서 흔히 나오는 대사이다. 눈치는 주변의 시선이나 분위기를 의식하게 되는 감정, 또는 그에 따라 움직이는 것을 말한다. 즉 스스로 분위기 파악을 해서 행동하는 것을 말한다. 앞서 말한 ‘척하면 삼천리’와 비슷하다. 직접 말하지 않아도 화자의 분위기와 태도를 보고 알아차리고 행동하기를 바라는 것이다. 불교에서 말하지 않아도 마음으로 통한다는 의미로 ‘염화시중(拈華示衆)’이라는 말이 있다. 석가모니가 영산회(靈山會)에서 연꽃을 따서 들고 대중에게 보였더니, 모두 그 의도를 몰라 의아해했다. 그때 석가모니의 연꽃을 보고 제자 가섭이 빙그레 미소를 보였다. 석가모니는 자신이 연꽃을 든 이유를 알아차린 가섭에게 불교의 진리를 전해주었다고 한다. 이와 비슷한 단어로 말하지 않고 눈빛만으로 마음과 마음이 서로 통한다는 뜻의 '이심전심(以心傳心)'이 있다. 한국뿐만 아니라 해외에서도 유명한 초코파이 포장지에는 '情'이라는 한자가 쓰여 있다. 당시 광고 시그널의 가사는 "말하지 않아도 알아요"이다. 한국인이라면 누구나 공감하는 고유한 정서 '情'과 초코파이를 접목시킨 이 광고 덕분에 국민 빵으로 굳건한 1위를 차지할 수 있었다.

영국 일간지 '데일리 메일'에서는 한국인만이 가지고 있는 '말하지 않아도 안다'라는 초능력을 '눈치'라고 설명했다. '데일리 메일'은 한국인의 눈치를 '다른 사람의 생각과 느낌을 순간적으로 파악하는 절묘한 기술'이라고 했다. 눈치 보는 법만 잘 터득하면 한국에서 일과 연애를 성공적으로 할 수 있지만, 눈치가 없으면 비호감으로 찍히게 되며, 사회생활이 힘들어진다고 설명하고 있다. 이렇게 눈치를 잘 보는 사람을 눈치가 좋다가 아니라, 눈치가 빠르다고 표현하는 것도 특이하다고 설명했다. 다른 사람의 태도와 상황을 빠르게 파악해야 하는 '눈치'라는 단어는 서양에는 없다. 그래서 우리 발음 그대로 'Nunchi'라고 써서 소개했다(기호일보, 2020.6.22).

상대가 눈치 있게 빠른 상황 파악을 원하는 한국인들은 '목적어'를 빼고 말하는 경우가 많다. 예를 들어 "그거 좀 알아봤어?" "그때 거기 어디였지?"라는 식이다. 화자가 던진 이 질문을 받은 사람은 눈치뿐만이 아니라, 코치까지 동원해서 그것이 무엇인지, 그때는 언제를 말하는 것인지를 생각해 내야 한다. 이 질문에 대답을 잘하면 눈치가 빠른 사람이 되고, 사회생활 잘하는 사람이 되며, 잘 알아내지 못하면 눈치 없는 사람이 되는 것이다.

인지언어학자 유승민의 〈감정 문해력 수업〉에서 이러한 한국인의 눈치를 통한 의사소통 문화는 변화될 필요가 있다고 했다. "그거 좀 알아봤어?"라고 질문하지 말고, 한두 문장만 더 곁들여서 말하라고 한다. "지난주 과제로 냈던 내용은 알아봤어?"라고 말이다. 한두 문장만 곁들이면 눈치 보느라 소비되는 불필요한 감정 에너지를 줄일 수 있다고 했다.

2) 아는 사람만 아는 그들만의 의사소통: 거시기

2003년 개봉한 영화 '황산벌'은 660년 신라와 백제의 황산벌 전투를 배경으로 한다. 극 중 백제의 계백 장군은 백제 군사들을 모아놓고 이렇게 얘기한다. "내가 출정 전에 갑옷에 대해서 거시기한 거 까먹지들 말고 병사들에게 잘 거시기하라고 단단히 거시기혀." 신라에서 보낸 첩자는 3번이나 강조한 이 '거시기'가 무슨 뜻인지 도무지 못 알아낸다. 백제 계백장군이 말한 뜻은 '내가 출정 전에 갑옷을 단단히 꿰매라고 한 것을 잊어버리지 말고 병사들에게 잘 전달하고, 단단히 확인해라.'라는 뜻이다. 영상을 보면 이 '거시기'가 무엇을 말하는지 이해가 되나, 문장 자체만 봤을 때는 전혀 이해할 수 없다.

국어사전에서 '거시기'는 이름이 얼른 생각나지 않거나 바로 말하기 곤란한 사람 또는 사물을 가리키는 대명사, 곧 하려는 말이 생각나지 않거나 바로 말하기 거북할 때 쓰는 '군소리'라고 명시하고 있다. 그러나 전라도 사투리인 '거시기'는 상황에 따라 복잡 다양하게 쓰인다. '거시기'를 아무리 복잡 다양하게 사용하더라도 전라도 사람들은 얼추 그 뜻을 이해할 수 있다.

전라도 사람들은 그들만이 가진 문화와 전통을 통해 깊은 이해와 비슷한 생활방식을 가지게 되었고, 이를 통해 상대방이 말하는 '거시기'의 의미를 쉽게 유추할 수 있다. 그러나 깊은 이해와 공동체성이 부족하면, 그들이 말하는 '거시기'를 이해하기는 쉽지 않다. (신라 김유신 장군이 계백 장군의 '거시기'의 뜻을 알고는 약간 어이없어하는 장면이 영화에서 나온다.)

최근 유튜브에서는 그 지역민만 알 수 있는 사투리를 현대식으로 풀어 소통의 대중화를 선보이고 있다(중앙일보, 2024.10.31). MZ세대에게 사투리는 더는 그 지역민만이 아는 외계어가 아니라, 배우고 싶고 알고 싶은 색다른 의사소통으로 인식되고 있다.

3) 겉과 속이 다른 한국인의 의사소통: '빈말'

한국인의 일상적인 인사표현 중 가장 많이 쓰는 말은 "밥 먹었어요?"와 "언제 밥 같이 먹어요."이다. 대화는 이렇게 나누지만, 언제 어디서 밥을 먹을지에 대한 구체적인 대화는 나누지 않는다.

한국에서는 앞서 말한 눈치와 비슷하지만 다른 '빈말'이라는 단어가 있다. 인사치레로 한 말에 "그럼 언제 밥 먹을까요?"라고 물으면 말 그대로 눈치 없는 사람이 된다.

국어사전에서 '빈말'은 실속 없이 헛된 말을 말하며, 화자가 겉으로 하는 말과 속으로 생각하는 말의 뜻이 확연히 다른 경우를 말한다. 인터넷판 유머 코너에 실린 시어머니와 며느리 간의 대표적인 빈말을 소개한다.

	며느리가 시어머니에게 하는 빈말	시어머니가 며느리에게 하는 빈말
1	벌써 가시게요? 며칠 더 쉬시다 가세요.	나는 너를 내 딸로 생각한단다.
2	용돈 적게 드려 죄송해요.	내 생일상은 안 차려도 된다.
3	어머니 음식이 제일 맛있어요.	내가 얼른 죽어야지

출처: 홍성맘들 모여요 인터넷 네이버 카페

마음속 말을 직접 표현하지 않는 것은 고맥락 문화의 특징이다. 한국인은 화자가 상대방의 마음을 배려하고 관계를 돈독하게 하기 위한 소통 수단으로 '빈말'을 사용한다. 한국에서 많이 쓰는 대표적인 빈말이 있다(문금현, 2009).

상황	빈말	속마음
만남	다음에 밥 한 끼 해요. 어디 가세요?	단순 인사치레
생일 선물	뭘 이런 걸 다, 마음만 받을게요.	선물이 뭘까? 궁금하네.
물건을 안 사고 나올 때	다음에 또 올게요.	그냥 나오기 머쓱하네.
식사 초대	차린 거 없지만, 맛있게 드세요. 집이 엉망이네요.	많이 차렸어. 손님 온다고 청소도 했어.

한국인의 인사에는 밥과 관련된 표현들이 많다. '아침, 점심, 저녁' 매 끼니마다 식사 여부를 묻고, 헤어질 때는 다음에 꼭 밥 같이 하자는 표현으로 마무리한다. 농경 국가이면서, 밥 한 끼 제대로 먹기 힘든 어려운 보릿고개를 겪었기 때문이기도 하지만, 밥은 한국인에게 情이고, 상대에 관한 관심의 표현이기 때문이다. 또, 헤어질 때 주고받는 "다음에 밥 한 끼 해요."라는 말은 당신과의 관계를 계속 유지할 것이라는 기대심을 상대에게 주는 의미이기도 하다.

'빈말'은 오랜 전통과 경험상, 단어 그대로 '비어있는 말'이라는 것을 한국인 대부분 알고 있다. 필요에 따라 빈말을 하기도 하고, 상대방에게 빈말을 듣기도 하기에 그 행위에 별로 기분 나빠하지 않는다. 한국인은 '빈말'이 자신을 낮춤으로 상대를 높이고, 자기 체면도 지켜주는 소통법이라는 것을 알고 있기 때문이다. 하지만 한국인의 이런 빈말 소통을 경험하지 못한 외국인들에게는 사뭇 생소하고 오해의 소지를 불러일으킬 수 있다.

한국 문화에 익숙하지 않은 외국인들은 한국인들이 약속을 잘 지키지 않는다고 말한다. 실제 한국 연수 중 교수님이 "밥 한번 먹자"라고 해서 기다렸는데, 결국 귀국할 때까지 연락이 오지 않아 서운했었다. 그러나 나중에 그게 '빈말'이라는 걸 알았고, 애정 있는 한국식 소통이란 걸 알았다는 외국인 인터뷰도 있다(디지털타임스, 2024.07.18).

한국인은 왜 자신을 낮추면서 체면치레를 하려는 걸까? 왜 마음에도 없는 말을 상대에게 하는 걸까?

4) 체면과 조화를 생각하는 의사소통: 감추기

한국인의 의사소통과 생활 방식의 기본이 되는 문화적 배경은 '유교'이다. 유교에서는 인간의 4가지 본성에서 우러나오는 마음과 7가지 감정을 가리켜 사단칠정(四端七情)이라고 했다. 인(仁), 의(義), 예(禮), 지(智)의 착한 본성에서 측은지심(惻隱之心: 타인의 불행을 아파하는 마음), 수오지심(羞惡之心: 부끄럽게 여기고 수치스럽게 여기는 마음), 사양지심(辭讓之心: 타인에게 양보하는 마음), 시비지심

(是非之心: 선악시비를 판별하는 마음)의 네 가지 마음이 나온다고 봤다. 인간에게는 희(喜, 기쁨), 노(怒, 화남), 애(哀, 슬픔), 구(懼, 두려움), 애(愛, 사랑), 오(惡, 악함), 욕(欲, 욕심)의 7가지 감정이 있다. 유교에서는 인(仁), 의(義), 예(禮), 지(智)에 의한 사단(四端)은 장려하는 반면, 인간의 감정과 느낌을 의미하는 칠정(七情)은 억제하였다. 오랫동안 유교 영향을 받은 한국은 슬픔과 기쁨, 화남의 감정을 직접 드러내는 것을 좋지 않게 봤다. 유교 공동체 속 인간관계 또한 오륜(五倫)에 의해 그 역할과 지위가 정해져 있다. 군신유의(君臣有義), 부자유친(父子有親), 부부유별(夫婦有別), 장유유서(長幼有序), 붕우유신(朋友有信)으로 구분된 역할과 지위 때문에 감사와 고마움을 표현해야 할 일도 상대가 마땅히 해야 할 역할로 치부되어 잘 표현하지 않는다. 이런 유교 영향으로 한국인은 자신의 의견을 겉으로 드러내기보다는 돌려 말하고, 감정을 직접 드러내는 칭찬을 어색해한다. 나보다 상대방의 체면이 중요하고, 상대에게 내가 어떻게 보이는가를 더 신경 쓴다.

한국인의 겸손은 곧 미덕이며 예의라는 생각 때문에 칭찬을 들으면 불편해하고, 애써 별것 아니라며 치부하기 일쑤이다. 자신의 자랑거리도 직접 말하면 잘난척한다는 인식을 줄 수 있기에 상대가 대신 말해 칭찬해 주길 원하고, 막상 칭찬받으면 애써 그 사실을 부인한다.

한국인은 거절을 표현할 때도 최대한 상대의 기분이 상하지 않게 거절할 수 있는 우회적인 거절 표현을 사용한다. 우회적 거절은 내 의견을 전달하면서, 상대방의 체면도 보존시켜 관계를 계속 유지할 수 있다. 대표적인 우회적 거절 표현이 '괜찮다'와 '됐다', '좀 그렇다'이다. '거절하겠습니다'보다 부드럽고 공손하게 거절 의사를 전달할 수 있는 우회적 표현이다(이지선, 2014).

3. 한국인의 드러내기

1) 소통을 위한 단어: 우리

농경 문화권은 공동노동이 합리적인 형태이다. 거주민들은 공동노동을 통한 공동 의식주가 이루어졌다. 이러한 공동생활로 인해 '나'보다 '우리'라는 단어가 더 익숙하다. 한국은 전통적으로 농경을 기반으로 한 공동체 사회를 오랫동안 유지해 왔다. 또 다른 민족의 유입, 융합의 역사가 없는 한민족의 형태로 거의 유지되었기에 '나'보다 '우리'가 더 자연스럽다. 한국인은 집도 가족이 개별 거주하는 구조가 아니라 가족이 다 함께 거주했기에 '나의 방'이 아니라 '우리 방'이라고 불렀다. 우리 집, 우리 방에서 태어나 가족 공동체 안에서 자라고, 효(孝)를 기반으로 하는 가족관계와 지위에 충실한 삶을 살아왔다. 이런 집단적 인간관계 속에서 나보다 우리를 중요하게 생각한다. 한국인은 가족을 소개할 때 나의 엄마, 나의 아들이 아니라 우리 엄마, 우리 아들이라고 표현하는 것도 이 때문이다.

한국인들은 이런 공동체 의식 때문에 개인의 목표를 얘기하기보다 집단(공동)을 빗대어 표현하는 것을 편하게 생각한다. 예를 들어 점심시간이 되었을 때 "저는 점심 먹겠습니다."라기보다 "우리 이제 점심 먹을까요?"라며 '우리' 안에 개인을 넣으려고 하는 경향이 크다.

경상도 사람들이 자주 쓰는 말 중 하나가 "우리가 남이가?"이다. '우리는 남남이 아니라 하나이다'라는 의미이며, 같은 목적을 가지고 일하거나, 친한 사이일 때 주로 쓰는 말이다. '우리'라는 단어가 지니는 정겨움과 하나라는 동일성도 있지만, 역으로 우리에 속하지 않으면 남이라는 의미를 주기도 한다. 특히 한국에서는 지역색과 지역 문화를 통한 '우리'가 강하며, 이로 인한 정치적 갈등이 존재한다.

2) 소통을 위한 문화: 술 권하는 사회

술은 일부 민족을 제외한 대부분의 민족이 마시며, 그 전통을 유지하고 있다. 술에 함유된 알코올은 사람을 취하게 하기도 하고, 제사나 의례에 사용되어 상징적 의미를 지니기도 한다. 술은 물에 담근 곡류에 공기 중에 떠다니는 효모균이 떨어져 만들어졌으리라 본다. 물에서 어느 순간 기분을 좋게 만드는 걸쭉한 술이 만들어지는 것을 보며, 이는 신이 내린 축복이라고 생각했을 것이다. 그래서 지금도 즐거운 일이나 축하할 일이 생기면, 신에게 감사 인사를 하듯, 제일 먼저 하는 말이 "술 한잔해야지"이다. 이는 모든 행위에 늘 신이 함께하고 있음을 의미한다.

1920년 '세계 알코올 대사전'에서 한국인의 음주문화를 역사적·문화적·지리적 환경과 연관을 지어 설명하였다. '세계 알코올 대사전'에서 한국인은 술 마시기를 매우 좋아하고, 타인의 음주 행위에 매우 관대하다는 평가를 했다(세계일보, 2016.07.20).

블랙핑크의 멤버 로제가 브루노 마스(Bruno Mars)와 함께 부른 아파트(APT)가 빌보드 차트에 오르면서 전 세계적인 인기를 얻었다. 이 노래는 로제가 한국의 술 게임 '아파트'에서 영감을 얻어서 만든 노래라고 한다. 한국에서 술은 비언어적 커뮤니케이션의 중요한 매체이며, '함께' '같이' 마시는 것 자체가 타인과의 원활한 커뮤니케이션이라고 생각한다. 즉 여러 차례 잔을 부딪치며 건배를 하고, 술을 함께 마시는 행위가 공동체적 유대감을 표현하고 강화하는 중요한 가치로 여겨진다. 이런 이유로 한국은 '자작자음(自酌自飮)' 문화가 아니라, 다른 이의 잔을 채워주고, 술을 권하는 권주(勸酒) 문화이다. 서양은 각자 마시고 싶은 술을 스스로 따라 마시고, 일본과 중국은 완전히 잔을 비우지 않고 첨잔하는 문화이다. 그러나 한국은 상대의 빈 잔을 확인하고, 직접 잔을 채워주는 것을 예의라고 생각한다. 공동체적 유대감을 토대로 n차 술자리를 거치면서, 각자의 이성적인 틀을 깨고, 적당히 흐트러진 모습과 술자리를 끝까지 함께했다는 것만으로 공동체 유대감이 더욱 굳건해진 것으로 본다. 이런 술 문화 때문에 폭탄주, 믹솔로지(Mixology), 소맥이 나오게 되고, 술을 권하는 술 게임이 나오게 되었다(hidoc, 2024.10.23).

이러한 한국의 술 문화는 한국인의 주식인 '밥'과도 연결된다. 가마솥에 정성껏 지은 밥을 다 같이 나누어 먹음으로 인해 공동체성이 강화되고 정(情)이 돈독해진다. 이처럼 정성을 다해 만든 항아리 속 술을 같이 나누어 마시는 공유문화를 통해 공동체성은 더욱 강화되었을 것으로 보았다.

한국에서 "언제 술 한잔해요"라는 말은 당신과 친해지고 싶다는 말과 같다. 한국과 같은 고맥락 커뮤니케이션 문화를 가진 곳에서는 직접적인 표현보다는 다른 매체를 통한 소통을 편하게 생각한다.

이런 한국의 술 문화는 술을 못 마시는 이들에게는 곤욕이기도 하다. 한국인은 술자리에서 술잔을 권하는 것을 일종의 미덕이라고 생각한다. 술이 소통의 매개가 되는 술 권하는 한국 사회에서 술을 못 마신다는 것은 때론 불통으로 인식된다.

2024년 롯데 멤버스가 전국 성인 2,000명을 대상으로 주류 소비 트렌드 설문조사를 진행한 결과, 10명 중 8명(77.4%)은 '기분이 좋아질 정도로만 마신다'고 답했으며, '취하려고 마신다'고 응답한 사람은 36.45%에 지나지 않았다(매경헬스, 2024.07.11). 코로나 19 이후 술 권하는 사회에서 술 권하지 않는 사회로 음주문화가 바뀌고 있음을 알 수 있다.

3) 호칭을 통환 관계 형성: 이모, 언니, 선배

한국인은 상대방과의 관계에 따라 '이모님', '언니', '사장님', '선생님' 등 다양한 호칭을 사용한다. 한국에 온 외국인들은 한국의 모든 식당에는 '이모님'이 계시고, 미용실에는 '선생님'이 계신다고 우스개로 말한다(식품외식경제, 2015.11.27). 한국인은 사회체계를 가족성 속성으로 이해하려는 경향이 있는데, 이 때문에 다른 나라 사람들보다 가족애나 가족성을 강하게 드러낸다. 이런 속성이 확장되어 사회 또한 가족성으로 묶으려는 성향이 있다. 식당에서 종업원을 이모님 또는 어머니라고 부르는 이유가 사회 또한 가족같이 대하는 확장성 때문이다(뉴스펌, 2017.02.20). 모르는 연장자에게는 할아버지, 할머니라는 호칭을 쓰는 것도 그 이유다.

국립국어원의 표준국어대사전에 의하면 아줌마는 아주머니를 낮추어 이르는 말이며, 중년 여성을 일컫는 호칭이다. 아저씨는 부모와 같은 항렬에 있는 아버지의 친형제를 제외한 남자를 이르는 말이다. 예전에는 '아줌마', '아저씨'를 자주 사용했지만, 상대에게 이 호칭을 들었을 때 비하감과 적대감을 느끼는 경우가 많아서 사용 빈도가 점차 낮아지고 있다. 최근 퇴근길 전동차 안에서 '아줌마'라는 말에 격분한 여자가 시민 3명에게 칼부림을 한 사건도 있었다.

참고: "아줌마라고?" 열차 안 '칼부림' 난동…30대女 구속기소 (서울신문, 2023.03.22.)

퇴근길 수인 분당선 전동차 안에서 '아줌마'라는 말에 격분해 흉기를 휘둘러 시민 3명에게 상해를 입힌 30대 여성이 재판에 넘겨졌다. 서울중앙지검 형사1부(부장 박혁수)는 22일 '죽전역 칼부림 사건' 피의자 김 모(35) 씨를 특수상해죄로 구속기소 했다.

김 씨는 피해자 중 1명이 자신을 "아줌마"라고 부르며 휴대폰 소리를 줄여달라고 말하는 등 기분 나쁘게 했다는 이유로 흉기를 휘두른 것으로 조사됐다.

가족도 아닌데, 이모, 오빠, 언니라는 호칭도 불편하고, 겉으로 보이는 것만으로 할아버지, 할머니라고 부르기도 애매할 때, 아줌마, 아저씨라는 호칭도 불편할 때 쓰는 통상적인 표현이 있다. '저기요', '여기요'가 그것이다. '저기요', '여기요'는 가장 중립적인 호칭이며, 소통의 호칭이 애매할 때 쓰기 좋은 표현이다.

토론거리

1. 감정을 감추는 문화가 인간관계나 조직문화에 어떤 영향을 미치는가?
2. 한국인의 감추기 문화는 정말 상대에 대한 배려인가? 감추기 문화가 오히려 갈등을 키우거나 오해를 유발한 경험이 있는가?
3. 감정을 잘 드러내지 않는 문화가 국제 사회와의 소통에서 긍정적 또는 부정적으로 작용한 경험과 사례가 있는가?

읽을거리

문금현(2008). 「한국어 빈말 인사표현의 사용 양상과 특징」. 숙명여자대학교.
이지선(2014). 「한국어의 우회적 거절 표현 연구」. 한국외국어대학원.
정경조(2019). 「한국 언어문화 속의 의사소통방식에 대한 고찰」. 한국사상문화학회.

제 5 장 세대별 문화이해

세대(Generation)는 인간이 태어나서 다시 자식을 낳을 때까지 걸리는 대략 30년 주기를 뜻하는 세(世)와 먼저 태어난 사람과 나중에 태어난 사람이 교대한다는 뜻의 대(代)가 합쳐져서 만들어진 단어이다. '세'와 '대'는 전통사회에서 가계의 체계를 구성하는 핵심 개념으로서 앞서 있는 선대와 뒤를 잇는 후대의 연속성을 그 중요한 의미로 하였다. 그러다가 1960년대 서양의 사회학 이론이 들어오면서 연령층별 현상을 의미하는 '세대'로 전환되었다(구본현, 2021). 세대라는 용어에는 자신이 속한 '어느 집단과의 공통점과 그 밖의 다른 집단과의 차이점'이라는 의미가 내재되어 있다(박재홍, 2005).

세대의 의미는 크게 4가지로 구분할 수 있다(Kertzer, 1983). 첫째, '부모 세대와 자식 세대, 둘째, 나이를 먹음에 따라 연령층을 함께 이동하는 동시 출생집단을 의미하는 경우(386세대, X세대, 밀레니얼 세대, Z세대, 알파 세대), 셋째, 생애주기의 어느 단계에 있는 사람들을 통틀어 지칭하는 경우(청(소)년 세대, 중장년 세대, 신중년 세대, 노년 세대), 넷째, 역사적 특정한 사건을 겪은 세대(6.25 전쟁 세대)이다.

각 세대가 겪은 문화적, 시대적 경험은 세대별 가치관, 행동 양식과 규범에 차이를 가져오며, 이는 각 세대를 구분하는 특징이기도 하다.

1. 부모 세대와 자식 세대의 문화이해와 차이

지금으로부터 4000년 전쯤(기원전 2025-1700년경) 이집트의 한 서기관이 쓴 '두아케티의 교훈'에는 아버지 두아케티가 아들 페피에게 남긴 글이 남아있다.

"구리 세공사가 되면 손가락이 악어처럼 변하고, 몸에서 물고기 똥 같은 냄새가 난단다. 목수는 야근을 밥 먹듯이 해야 하고, 보석상은 허리 한번 제대로 못 펴고 온종일 구술을 꿰어야 해. 이발사는 일찍 출근하고 늦게 퇴근해야 하며, 손님을 찾느라 온종일 돌아다녀야 하지. 도자기 만드는 직업은 온몸이 흙투성이가 되고, 벽돌공은 오물을 늘 뒤집어쓰고 있단다. 하지만, 서기관(이집트 문자를 쓰고 읽는 공무원)은 이런 괴로움을 겪을 필요가 없고, 돈도 많이 번단다. 아버지가 좋은 서기관 학교를 알아놨으니, 공부 열심히 해서 꼭 서기관이 되었으면 한다."

먼저 인생을 살아 본 아버지는 아들이 잘못된 직업 선택으로 인해 힘들까 염려한 나머지 여러 직업에 대한 고충을 늘어놓으며, 최상의 직업인 서기관을 추천하고 있다. 아버지 두아케티는 진심을 담은 충고와 염려의 말이었지만, 듣는 아들 페피에게는 잔소리로 들렸을지도 모른다.

2019년 리서치 기업 엠브레인에서 만 19세~69세 성인남녀를 대상으로 부모 세대와 자식 세대의 인식 차이에 관한 설문조사를 했다. 부모 세대는 현재 자녀와 대화 및 소통 수준을 묻는 말에 자녀와 대화를 자주 하고 있다(64.6%), 대화가 잘 통한다(66.2%), 자녀에게 자주 연락한다(68.5%)라고 응답했다. 반면, 자녀 세대는 부모님과 자주 대화한다(54%), 부모님과 대화가 잘 통하는 편이다(57.2%)로 응답해 부모 세대보다 대화와 소통 수준이 낮았다.

상대방의 의견을 존중해 주냐는 질문에 부모 세대(73.9%)는 자녀 세대가 자신의 의견만 옳다고 주장한다고 답했고, 자녀 세대(10명 중 7명)는 부모 세대가 자신의 의견만 옳다고 주장한다고 답했다. 같은 가족이기 때문에 상대방을 더 잘 알고 배려할 것 같겠지만, 실상은 각자가 살아본 방식대로만 상대방을 이해하려 한다는 것을 알 수 있다(리서치N라이프, 2019.5.13).

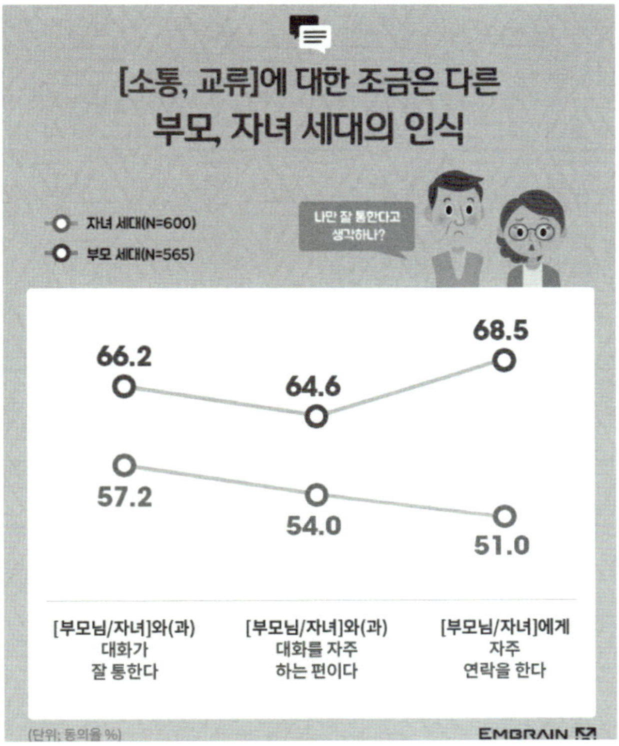

출처: 엠브레인 트렌드 모니터

끊임없는 시대 변화는 세대별 가치관의 변화와 성장을 가져다주었고, 이로 인해 세대 간 갈등도 심화되었다.

대부분의 부모 세대는 주어진 대로 묵묵히 일해야 하는 시대를 살아왔다. 경제적 안정이 곧 행복이라는 생각을 가졌으며, 직업관 또한 이에 국한되었다. 부모 세대의 이런 삶의 경험과 직업관이 자녀 세대에도 이어지길 바란다. 안타깝게도 자녀 세대는 안정적 직장에서 묵묵히 일하면 경제적 안정성을 보장받을 수 있는 세대가 아니다. 2008년 글로벌 금융위기를 겪은 세대이며, 정규직의 안정성을 보장받을 수 없는 불안한 세대이다. 태어날 때부터 이미 인터넷의 영향을 받은 세대이며, 이를 통해 전 세계와 교류하는 세대이다. 평생 한 우물을 파서 경제적 안정을 추구한 부모 세대와는 달리 자녀 세대는 여러 우물을 파야 하고, 워라밸(work 일+life 삶의 balance 균형)과 행복과 성장을 치열하게 경쟁해야 하는 세대이다. 앞서 이집트 아버지가 아들에게 남긴 긴 당부의 글에서 봤듯이 동서고금을 막론하고 자식 걱정하는 부모의 마음은 똑같으나, 이를 받아들이는 자녀 세대에게 그 마음이 오롯이 전달되지 않는다. 부모 세대와 자녀 세대는 다른 시대를 살았기에 부모 세대의 경험과 걱정 어린 교훈이 자녀 세대에게는 잔소리로 들리며 공감을 얻기 힘들다.

세대 차이로 인한 갈등을 극복하려면 상대를 이해하려는 노력이 필요하다. 자녀 세대는 부모 세대가 직접 겪은 인생의 경험을 바탕으로 하는 조언을 진심으로 받아들여야 한다. 부모 세대는 나와는 다른 시대를 살고 있는 자녀 세대를 이해하려고 노력해야 하며, 격변하는 시대 흐름에 의해 현재의 가치관에 따라 자녀 세대를 바라봐야 할 것이다.

설, 추석 명절이 다가오면 그간 만나지 못했던 가족, 친척들을 만나 담소를 나누는 즐거움보다는 명절 스트레스를 호소하는 이들이 많다. 특히 자녀 세대는 부모 세대로부터 듣는 잔소리(입시, 결혼, 취업 등)로 인해 명절이 두렵다고도 하며, 이를 '명절 증후군'이라고 부른다.

애정 어린 잔소리는 카카오페이로 받겠습니다.	
대학은 어디 가려고 생각 중이니?	5만원
살은 언제 뺄래?	5만원
군대는 언제 가?	10만원
취업 준비는 잘 되고 있니?	10만원
연봉은 얼마나 되니?	10만원
모아둔 돈은 좀 있니?	20만원
결혼해야 하지 않겠니?	25만원
애는 언제 낳을거니?	50만원
둘은 낳아야 안 외롭지	50만원

출처: 조선일보, 2025.01.31.

최근 '명절 잔소리 메뉴판(가격표)'가 프린팅된 명절용 티셔츠를 무료로 나눠준다는 이벤트를 열자 수십만 명이 신청했다고 한다(조선일보, 2025.01.31).

참고: "아직도 노니?" 50만 원, "결혼 안 해?" 100만 원…궁금하면 돈 내요 (조선일보, 2025.01.31.)

초등학생과 중학생들이 2019년 투표해 만든 잔소리 가격표에 따르면 "편식하지 말고 골고루 먹어라"라는 6만 원, "반에서 몇 등 하니?" 7만 원, "핸드폰 그만해라" 11만 원, "뭐가 되려고 이러니?" 12만 원이었다. 요즘엔 "아이돌이 밥 먹여주니?" "어릴 땐 귀엽더니…." "친구 많아?"도 추가됐다. 실컷 참견해 놓고 자신의 이름을 잘못 부른 친척에겐 1억 원의 과태료를 부과하겠다는 주장이 있다.

고교생과 대입 수험생에게 "모의고사 몇 등급이야?" "어느 대학 갈 거니?"처럼 대놓고 학업 성취 수준을 물을 겨우 5만~20만 원이 매겨진다. "우리 딸 전교 1등인데" "누구네 아들은 의대 붙었다던데"처럼 남과 비교하며 떠보는 말은 '분노 할증'이 더 붙는다.

옛 유교적 농경사회처럼 집안의 대소사를 집안 어른이 책임지고 해결해 주는 시대는 지났다. '강제 각자도생(각각 스스로 살기를 꾀한다)' 시대를 사는 자녀 세대에게 부모 세대가 해줄 수 있는 것은 다름을 인정하고, 쓰러지지 않도록 의지할 존재가 되어주는 것이다.

2. 동시 출생집단의 문화이해와 차이

나이를 먹음에 따라 연령층을 함께 이동하는 동시 출생집단(cohort)의 개념으로 60년대생, 70년대생, 80년대생, 90년대생, 모래시계 학번, X세대, 밀레니엄세대, MZ세대 등 다양하게 불리고 있다. 이들은 비슷한 시기에 탄생하여 역사적, 문화적 공통적 경험을 바탕으로 다른 세대와 다른 그들만의 연령 효과를 보인다.

1) 386세대, 모래시계 학번(1960년대생)

386세대라는 용어는 1990년대 중반에 등장한 386 컴퓨터에서 따왔으며, 30대의 나이, 80년대 학번, 60년대 출생인 사람들을 지칭하는 말이다. 모래시계 학번이라는 용어는 1995년 방영된 SBS 드라마 '모래시계'에서 유래되었다. 1970년대부터 1980년대까지 한국 현대사 속 정치 사회적 격변기를 배경으로 세 친구의 엇갈린 운명과 사랑을 그린 드라마이다. 386세대, 모래시계 학번은 주로 5공화국 전두환 정권에 맞선 1980년대 반독재, 민주화 운동을 경험한 세대이다. 이들은 사회 정의와 민주주의를 위해 목소리를 높였으며, 사회변화를 이끄는 데 중요한 역할을 했다. 또한 급격한 경제성장과 사회변화를 경험하면서 개인의 가치관과 정체성에 대한 고민을 깊이 했다. 개인의 자유와 개성을 추구하면서도 사회적 책임과 역할에 대해 고민도 했다. '모래시계 학번'은 1960년대생 학번들이 겪었던 시대적 경험과 고민을 이해하고 그들의 삶을 되돌아볼 수 있는 대표 명사이다.

2) X세대(1960년 후반-1970년대생)

X세대(Generation X)는 베이비 붐 세대와 밀레니엄세대의 중간 세대이다. 한국 사회에서는 1980년대부터 1990년대를 청년기로 보낸 세대를 의미한다. 이들은 격변하는 사회 속에서 다양한 사회, 문화적 경험을 통해 독특한 특징을 지녔다. X세대는 1980년대 민주화 운동을 통해 획일화된 사회 분위기를 거부하고 개인의 자유로운 의사 표현과 개성을 추구하는 경향이 강하다. 1980년대 경제성장을 경험하며 물질적인 풍요를 누린 세대이며 한국의 소비문화를 이끌었던 주역이기도 하다. 소비에 대한 긍정적인 인식을 형성했으며 패션, 음악, 영화 등 다양한 분야의 유행을 선도했다. X세대는 디지털 문화의 초기 경험자이기도 하다. PC통신, 인터넷 등 초기 디지털 기술을 접하며 새로운 문화를 만들었다. 디지털 기술을 활용하여 정보를 공유하고 소통하는 새로운 방식을 경험했으며 이는 다음 세

대에도 큰 영향을 미쳤다. X세대는 전통적인 가치관과 새로운 가치관이 혼재하는 과도기적인 시대를 경험하며 다양한 삶의 방식을 모색했으며, 개인의 자유와 개성을 추구하면서도 사회적 책임과 공동체 의식에 대한 고민도 함께했다.

얼굴만 빼놓고 톡톡 튀는 X세대

지난해 10월 매니저와 함께 방송국을 찾았던 가수 박진영(24)은 자신을 단순한 방문객으로 착각한 PD 때문에 적잖이 당황했다. 시커먼 얼굴에 우락부락하게 생긴 박진영이 가수일 거라고는 상상도 못한 PD가 실수를 저지른 것이다.

겉모습만 보면 박진영은 전혀 연예인같지 않다. 여자보다 더 예쁘장하게 생긴 남자가수들이 인기를 얻는 요즘 현실에 비춰보면 더욱 그렇다.

스타와 함께

그러나 박진영은 최근 청소년들에게 가장 인기있는 가수다. 데뷔곡 「날 떠나지마」는 지난해 11월 발표된지 3개월만인 요즘 각종 방송가요차트 상위권에 올랐고 음반도 20여만장 이상 팔렸다. 엉덩이를 살살 돌리는 힙춤도 요즘 디스코테크에서 선풍적인 붐을 일으키고 있다. 또 박진영이 방송에 자주 입고 출연하는 검은색의 헐렁한 바지와 속이 훤히 비치는 망사 티셔츠는 압구정동 멋쟁이들의 화제의 대상이다.

물론 그의 인기비결은 톡톡 튀는 재능이다. 데뷔음반 수록곡중 「날 떠나지마」등 6곡은 직접 작사·작곡한 작품이고 안무와 패션도 스스로 하는 재주꾼. 노래와는 전혀 관계없는 공부(연세대 지질학과 4년)를 하면서 독학으로 작곡이론을 깨우친 음악성도 그의 진가를 엿볼 수 있게 하는 대목이다.

「국민학교때 미국 뉴욕에서 3년간 지낸게 도움이 된 것같아요. 학교 운동장에서, 아파트 앞마당에서 흑인아이들과 어울려 노래부르고 춤추며 자연스럽게 음악을 익혔거든요」

비록 짧은 기간이지만 미국에서 생활을 한 탓인지 박진영의 사고방식은 그 또래에 비해 유난히 개방적이다. X세대를 뛰어넘어 Z세대라 불러도 될 만큼 자기주장도 강하다. 가수가 된뒤 친구들의 반응도 「평소 튀는 행동을 자주 하더니 그럴줄 알았다」는 것이 대부분.

엉덩이춤 인기폭발
직접 작사·작곡 "실력파"
"가수는 2년만" 주장 뚜렷

이를테면 연예인이 된 이후 불편한 점이 뭐냐니까 거리낌없이 「길거리에서 여자친구와 뽀뽀할 수 없다」거나 「술마시면서 신나게 놀 수 없다」고 대답할 정도이다. 「인기」라는 달콤한 환상에 집착하지 않고 「가수는 딱 2년동안 시한부로 하겠다」고 잘라 말한다.

박진영의 장래희망은 놀랍게도 「훌륭한 가장」이다.

「아직 결혼하고 싶은 여자는 없지만 아이도 낳게 될거고 그럴 경우 최고의 아버지가 되고 싶다」는 것.

72년 1월13일생. 1남1녀중 막내다. 별명은 「타이슨」과 「킹콩」. <[illegible]기자>

엉덩이를 살살 돌리는 힙춤으로 폭발적인 인기를 얻고있는 가수 박진영. <[illegible]기자>

출처: 경향신문, 1995.01.29.

3) MZ세대(1980년대 초반~2000년대 초반 출생)

MZ세대는 1980년대 초반부터 2000년대 초반에 태어난 세대로 21세기 초반에 성인이 되면서 사회적 주역으로 떠올랐다. 이들은 이전 세대와는 다른 다양한 특징과 성향을 보이며 사회 전반에 걸쳐 큰 영향을 미치고 있다. 이들은 어릴 때부터 인터넷, PC통신 등 디지털 기술을 접하며 성장했으며 스마트폰, 소셜 미디어 등 디지털 기기를 능숙하게 사용하며 정보를 얻고 소통하는 것이 익숙하다. 이러한 영향으로 획일적인 전통적 가치관보다는 개인의 개성과 다양성을 존중하는 경향이 강하다. 자신만의 스타일을 추구하고 다양한 문화와 가치관에 개방적인 태도를 보인다. 이들은 높은 연봉과 안정적인 직장보다는 자신의 개성을 발휘하여 여가를 충분히 즐길 수 있는 일명 '워라밸'을 추구한다. MZ세대는 물건을 소유하는 것보다 경험과 가치를 중요하게 생각한다. 이들은 여행, 문화생활, 자기 계발 등에 돈을 아끼지 않으며, 자신의 가치관에 맞는 제품이나 서비스를 구매하는 '가치 소비'를 추구한다. 가치 소비를 추구하는 사람들은 가격이나 품질이 절대기준인 기존 형태와 달리, 윤리적 신념이나 개인 취향에 따라 기꺼이 지갑을 여는 '착한 소비'를 한다.

2020년 3월 우리 농가 돕기의 목적으로 판매한 강원도 감자가 SNS를 중심으로 퍼져나가 순식간에 품절되었고, 환경을 생각하는 의류 브랜드 '파타고니아'의 플리스 재킷이 선풍적인 인기를 끈 것도 가치 소비라고 할 수 있다. '나 하나로 세상이 바뀌겠어?'라는 기성세대와 달리 MZ세대는 '세상에서 제일 중요한 건 나 자신이니깐, 변화를 위해서는 나부터 시작해야 해'라는 인식이 강하다(한국일보, 2020.11.11).

MZ세대에 '돈쭐내다'라는 말이 있다. '돈'과 '혼쭐내다'의 합성어로 SNS에 올라온 착한 가게나 기업에 소비를 늘려 일명 돈으로 혼쭐내 주겠다는 표현이다. 이러한 자신의 신념을 주위에 드러내는 것을 '미밍아웃(Meaning+Coming Out)'이라고 한다.

2018년 임홍택 작가의 "90년대생이 온다"의 표지를 보면 "간단함, 병맛, 솔직함으로 기업의 흥망성쇠를 좌우하는 90년대생이 온다"로 90년대생의 특징을 간단하게 설명했다. 이 책은 1990년대에 태어나 30대가 된 이들의 문화와 소비 트렌드를 설명한 책으로 출간되자마자 베스트셀러가 되었다. 이는 다른 세대가 MZ세대를 틀림이 아니라 다름의 시각으로 이해하려는 시도로 볼 수 있다.

출처: YES24

최근 동일 작가가 2023년 초합리, 초개인, 초자율의 탈회사형 AI 인간 "2000년생이 온다"를 출간했다. 이 책에서 디지털 사고방식이 익숙한 2000년대생 디지털 AI 인간의 특징을 말하고 있다. '하면 된다'를 외치며 노력하면 안 될 게 없다는 1970년대 X세대와 달리 2000년대생은 '프로그래밍적 사고방식'을 한다고 한다. 이는 코딩과 비슷해서 정확한 지시와 기계가 이해할 수 있는 언어로 프로그램을 설계해야 기계가 작동되듯이 2000년대생에도 정확한 지시와 언어가 필요하다는 것이다. "개떡같이 말해도 찰떡같이 이해한다"라는 말은 2000년대생에게는 통하지 않는다. 2000년대생은 '하면 된다'가 아니라 '되면 한다'가 더 이해되는 세대이다.

4) 알파 세대(2010년 초반~2020년대 중반에 태어난 세대)

Z세대 다음 세대이자 현재 세계적으로 가장 나이가 어린 세대 구성원이기도 하다. 알파 세대는 스마트폰이 대중화된 이후 태어나 디지털 환경에 매우 익숙하며, 정보 검색, 학습, 소통 등 다양한 활동을 온라인으로 처리한다. 특히 유튜브, 틱톡 등 영상 플랫폼을 선호하며, 숏폼 콘텐츠에 익숙하다. Z세대 이후 세대 명칭에 알파벳 대신 그리스 문자 '알파'를 붙인 이유는 이들은 이전과는 완전히 다

른 세상에서 사는 첫 번째 그룹이 될 것이라는 점을 강조하기 위해 A로 돌아가지 않고 알파라는 이름을 붙였다고 오스트리아 출신 인구학자 마크 맥크린들(Mark McCrindle)이 말했다. 대부분 밀레니얼 세대의 자녀인 알파 세대를 대표하는 단어는 '디지털'이다. 미국의 시장조사업체 와이펄스(YPulse)에 의하면 밀레니얼 부모의 79%는 자녀가 SNS를 사용하고 있고, 44%는 매주 스마트폰으로 동영상 콘텐츠를 본다고 답했다. 이들은 코로나19 팬데믹 시기에도 화상 수업을 통해 비대면 온라인 상호작용에 익숙한 세대이다. 알파 세대의 범위를 규정한 맥크린들은 "알파 세대는 AI와 인간의 경계가 흐릿한(blurring) 세계만 알고 있다"라고 말했다(연합뉴스, 2024.01.02).

5) GG세대

대한상공회의소는 2025년 1월 30일 'GG(Grand Generation)마켓 공략 보고서'를 발간했다. GG세대는 1950~1971년생으로 은퇴를 앞두고 있거나 이미 은퇴한 이후에도 활발한 경제 활동을 하는 시니어를 의미한다. 대한상공회의소 보고서에 의하면, GG는 스스로를 시니어로 인지하지 않고, 신체 나이를 10년 이상 젊게 여기며, 라이프 스타일도 그것에 맞게 누리고 있다고 했다. 시니어를 크게 가난한 시니어, 보통의 시니어, 부유한 시니어로 구분하고 있다. 가난한 시니어는 주로 의료와 케어 관련 마케팅을 중점으로 하고, 부유한 시니어는 니치 마켓 관련 마케팅에 초점을 맞춘다. 가난한 시니어와 부유한 시니어 중심은 보통의 시니어이다. 이들은 새로운 가치관과 생활 방식을 가진 고령자로서 이들을 위한 적극적인 마케팅은 부족하다고 말하고 있다. 65세 이상 인구 1,000만 명 시대를 앞두고 시니어들이 소비시장의 블루오션으로 떠오르고 있다(경향신문, 2025.01.30).

3. 생애주기에 따른 세대별 이해와 차이

1) 청년 세대

출처: YES24

청년 세대는 일반적으로 만 19세-34세까지의 인구를 말하며, 사회의 역동적인 변화를 경험하며 성장하는 중요한 세대이다. 작가 이묵돌은 그의 저서 ≪그러니까, 우리 갈라파고스 세대≫에서 복잡한 특징을 가진 청년 세대를 한 문장으로 정의 내리기 힘든 세대라고 말하고 있다. 현재의 청년 세대가 이런 복잡 다양한 특징을 가지게 된 까닭은 대한민국의 과도한 경쟁 때문이라고 한다. 무한 반복되는 치열한 경쟁에 지친 청년들은 타인과의 경쟁에서 패배자가 될 바에 아예 시작도 하지 않기를 선택한다.

2023년 통계청 자료에 의하면, 최종학교 졸업생 452만 명 중 '청년 백수'는 무려 126만 명에 이른다. 청년 세대는 높은 실업률과 불안정한 고용 환경, 비정규직, 파트 타임 등 불안정한 고용 형태의 증가로 경제적 어려움을 겪고 있다. 높은 집값과 전세금으로 인해 주거 문제에 어려움을 겪고 있으며, 이런 경제적 부담으로 인해 결혼과 출산을 미루는 경우도 많다. 부모의 경제력과 사회적 배경 등에 따라 출발선이 달라지는 상대적 사회적 빈곤으로 인해 좌절감을 맛보기도 한다. 윗세대는 이런 청년 세대를 보고 노력하지 않는 세대, 깡이 없는 세대, 어려움 없이 자란 세대라고 비판한다. 과거보다 삶의 질은 높아지고 풍요로워졌으나, 모두가 그 혜택을 오롯이 누리지는 못한다. 청년 세대는 우리 사회의 미래를 짊어질 중요한 자산이다. 청년 세대가 겪는 어려움을 해결하고 그들의 잠재력을 최대한 발휘할 수 있도록 사회적인 지원과 관심이 필요하다.

2) 중장년 세대

중장년 세대는 일반적으로 40대부터 64세까지의 인구를 지칭하며 사회의 중추적인 역할을 담당하는 중요한 계층이다. 중장년 세대는 사회. 경제 활동의 중심에서 핵심적인 역할수행을 하며, 기업의 중간 관리자, 전문직 종사자, 자영업자 등 다양한 분야에서 활약하며 사회 발전에 기여한다. 가정에서는 배우자, 자녀, 부모를 돌보는 역할수행을 하며, 가족의 화목과 안정을 위해 노력하며 자녀의 교육, 결혼, 취업 등의 문제에 깊이 관여하여 가정 경제를 책임지는 경우가 많다.

중장년 세대는 정년퇴직, 구조조정 등으로 인해 고용 불안을 느끼는 세대이며, 재취업을 원하지만, 나이, 경력, 기술 부족 등의 이유로 어려움을 겪는 경우가 많다. 자녀 양육, 결혼, 주택 구입 등 경제적 부담이 큰 시기이며, 노후 대비를 위한 저축과 갑작스런 질병이나 사고에 대한 대비도 필요한 세대이다. 자녀가 성장하여 독립하거나, 은퇴 후 사회적 역할을 잃게 되면서 심리적인 어려움과 사회적 고립감을 느끼는 경우가 있다. 특히 가족과 소원해진 관계로 인한 외로움을 느낄 수도 있다. 일에 쫓겨 취미도 노후 설계도 하지 않고 퇴직을 맞은 사람을 일본에서 '젖은 낙엽족'이라고 부른다.

참고: 시니어 에세이, 낙엽을 밟으며(조선일보, 2014.11.06.)

도쿄 대학 어느 교수가 이름을 붙였다는 젖은 낙엽족(族)이라는 말이 떠올랐다. 일본에서는 젖은 낙엽을 '누레오치바'라고 부른다. 모두가 알다시피 젖은 낙엽은 길바닥에 눌어붙어 빗자루로 쓸어도 바람이 불어도 잘 떨어지지 않는다. 치워버리고 싶지만 쉽게 치워지지 않아 골치가 아프다. 그래서 생겨난 말이 '젖은 낙엽족'이다. '젖은 낙엽족'이란 은퇴한 사람을 말한다. 더 이상 경제 활동을 하지 못하는 노년의 남자, 쓰고 싶지만 돈이 없고, 그러나 할 일은 없고, 아내가 나가려고 할 때마다 같이 붙어 나가겠다고, 아내와 떨어지면 큰일이라도 나는 것처럼 딱 달라붙는다. 제대로 노후 준비도 못 한 남자가 아내의 그늘로 파고들어 아내를 졸졸 따라다니니 아내로서도 미칠 일이다. 아무리 떨어내려 해도 절대 떨어지지 않으려는 노년의 남자.

3) 신중년 세대

신중년이라 불리는 5060세대(50세~64세)는 이른바 '100세 시대'를 맞아 인생 2모작을 맞이해야 할 세대이다. 과거의 노인 세대와 달리 건강하고 활동적인 삶을 추구하며, 사회 경제적으로 중요한 역할을 담당하고 있다. 은퇴한 이후에도 경제 활동과 사회 참여도를 높여야 하는 세대라는 점에서 기존 노년 세대와는 구분된다. 신중년층은 대략 1,500만 명으로 인구의 29%를 차지한다(한겨레신문, 2020.10.12).

신중년 세대는 과거에 비해 높은 교육 수준을 갖추고 있으며, 사회생활과 직장 경험이 풍부하다. 이러한 경험과 지식을 바탕으로 다양한 분야에서 전문성을 발휘하고 있다. 이들은 은퇴 후에도 사회봉사, 재취업 등을 통해 사회참여를 이어가고 있으며 자신이 가진 역량을 사회에 이바지하고자 하는 욕구가 강하며 사회활동을 통해 삶의 의미를 찾기도 한다. 신중년 세대는 새로운 기술을 배우거나 취미활동을 통해 자기 계발을 이어가는 경우가 많으며, 변화하는 사회에 적응하기 위해 끊임없이 배우고 성장하려는 의지가 강하다. 국가도 활동성이 강한 신중년 세대의 재취업 및 사회참여를 지원하기 위한 다양한 맞춤형 교육 프로그램을 제공하고 있다.

2020년 한국보건사회연구원의 '신중년의 노후 인식 실태와 시사점' 보고서를 보면 신중년층의 52.6%는 노인 연령 기준을 70~74살로 생각한다고 답했고, 20.8%는 75~79살이라고 응답했다. 노령연금과 지하철 경로 우대기준인 65살보다 훨씬 높게 노인 기준을 잡고 있음을 알 수 있다.

4) 신노년 세대

2024년 12월 우리나라 65세 이상 노인 인구 비율이 전체 인구의 20%를 넘는 '초고령 사회'에 진입하였다. 2017년 '고령 사회'로 진입한 지 7년 만에 초고령 사회로 진입하면서 이대로라면 세계 최대 노인 국가가 될 거라는 전망까지 나왔다. 2024년 기준 65세 이상 주민 등록 인구는 1,024만 4,550명으로 전체 등록 인구

(5,122만 1,286명)의 20.0%를 차지했다. 통계청에 따르면 2035년에는 노인 인구가 30%를 넘어서고, 2050년에는 40%에 진입할 것으로 전망했다.

‘신노년’ 세대는 6.25 전쟁 이후 태어난 베이비붐 세대(1955~1963년생)를 중심으로 기존의 노년 세대와는 차별화된 특성을 가진 집단이다. 기존 노년 세대는 일제 강점기와 전후 복구에 전력을 다한 세대이다. 이들은 고등교육을 받을 기회가 부족했고, 먹고 살기 위한 활동에 전념한 세대이다. 저학력 저소득층인 노년 세대와 달리 신노년 세대는 노년 세대로부터 물려받은 강한 책임감과 부모 봉양과 자녀 양육을 모두 책임져야 하는 희생정신이 투철한 세대이다.

신노년 세대는 자신이 일궈놓은 재산을 바탕으로 문화생활을 누리며, 경제적 자립을 추구하는 경향이 강하다. 자식들의 부양을 기대하지 않지만, 부모를 봉양해야 하는 세대이기도 하다. 길어진 생애주기로 인해 건강에 관한 관심이 높고, 부족한 노후 생활자금을 위해 완전한 은퇴가 늦어지기도 한다. 2022년 기준 OECD 회원국 가운데 65세 이상 노인 고용률(36.2%)은 1위이며, 이는 2위 일본(25.1%)을 훨씬 웃도는 결과이다.

토론거리

1. 젊은 세대와 기성세대 간 SNS 사용 방식의 차이는 무엇인가?
2. 젊은 세대의 워라밸 추구가 기성세대에게 어떻게 받아들여지고 있나?

읽을거리

구본현 · 이윤석(2021). 「한국문화에 대한 세대간 인식과 특성 분석」. 경기연구원.
김해진 · 이동훈(2021). 「한국인의 세대별 문화성향 차이와 대인간 의사소통능력의 특성」. 강원대학교 사회과학연구원.
윤혜진 · 김영문 · 김은희(2016). 「세대별 여가 인식, 활동 그리고 행복의 관계」. 한국관광레저학회.

제 6 장

한국 사회와 흥 문화(1)

한국인의 시위 문화에는 노래가 빠지지 않는다. 한국인은 사회문제에 대해 저항운동을 할 때도 노래를 부른다. 최근에는 콘서트장을 방불할 정도로 '응원 봉'을 흔들며 노래하는 시위 문화가 형성되었다. 한국의 시위 문화는 외국인들 눈에는 마치 K-pop 콘서트처럼 비추어진다. 이는 한국인의 내면에 자리 잡은 '흥'이 역동적으로 표출되었기 때문이다. 한국인이 쓰는 단어 중에 '흥부자', '흥이 절로 난다', '흥을 돋운다', '흥겹다', '흥이 폭발한다' 등 흥과 관련된 표현들이 있다. 예술이론가 심광현은 흥을 기쁨이나 재미, 쾌감 같은 일반적 의미와는 달리 역동적이며, 즐거움이 솟구칠 때 일어나는, 신체 내부에서 외부로 넘쳐 나가는 기운의 프랙털한 생태학적 변화를 함축하고 있는 의미심장한 용어로 정의하였다(심광현, 2005).

이러한 흥이 외부로 폭발하듯 표출되는 것을 '신명난다'고 표현하기도 한다. 일상에서도 '신바람', '신들린 ○○' 등의 표현이 자주 사용된다. 과거 한국인은 '한의 민족'이었다. 한(恨)은 몹시도 억울하고 원망스러움이 오랫동안 쌓여 형성된 감정 상태라 할 수 있다. 예를 들자면 가난의 '한', 나라 잃은 '한' 등이다. 이러한 한(恨)을 한국인은 흥으로 승화시켰다. 문화평론가 이어령 교수는 한국 문화를 '푸는 문화, 신바람의 문화'로 표현하였다(이어령, 2003). 한국인들은 부정적인 요인을 풀어내어 긍정화하는 것에 익숙하다. 가령, 한국의 전통춤인 살풀이춤은 나쁜 기운을 풀어내어 악재를 날려 보내는 춤이다. 이렇듯 답답하거나, 불안한 요소를 풀어내어 신바람 나는 환경을 만들어 내는 데 큰 재주가 있는 것이 한민족이다. 한민족의 '한'을 '흥'으로 풀어낸 것을 '흥 문화'라 할 수 있다. 이는 전통 음악, 춤, 축제, 그리고 일상생활 속에서 다양한 방식으로 나타낸다. 흥 문화는 한국 사회와 문화에서 중요한 요소로, 삶의 다양한 측면에서 표현되는 즐거움과 열정을 의미한다.

이 장에서는 흥 문화를 통한 한국 사회의 구조와 특성을 알아보고, 흥 문화로 형성된 사회적 관습을 알아보도록 한다.

1. 전통 음악에 드러난 흥

한국인의 흥은 특히 전통 음악과 춤에서 두드러지게 나타난다. 전통 음악인 판소리, 사물놀이, 농악 등은 흥을 표현하는 대표적인 예이다. 이러한 공연 예술은 청중과 공연자 모두에게 강한 감정적 교감을 불러일으킨다. 또한 이는 한국인의 공동체 의식을 강화하고 스트레스를 해소하며, 삶의 긍정적인 측면을 강조하는 데 기여하였다. 현대 사회에도 계승되어 널리 알려진 판소리와 농악을 사례로 과거 한국 사회의 흥 문화에 대해 살펴본다.

1) 판소리

판소리는 조선 시대 후기부터 유행하였던 대표적인 전통 음악이다. 판소리에 담겨 있는 주요 요소는 사회적 메시지 전달, 인물의 희화화, 일상 속의 유머 등으로 볼 수 있다. 판소리는 공연 당시 사회의 부조리와 권력자들의 위선을 풍자하는 내용을 담고 있다. 지금까지 대중의 사랑을 받는 춘향가와 심청가를 예로 들면, 고위관리인 양반의 아들 이몽룡과 은퇴한 기생의 딸 성춘향의 신분을 초월한 사랑 이야기를 다룬 '춘향가'는 당시 신분제 사회의 문제점을 풍자하였다. '심청가'는 공양미 삼백 석을 시주하면 맹인인 아버지 심학규가 눈을 뜰 수 있다는 말에 공양미 삼백 석을 마련하기 위해 자신을 희생한 효녀 심청의 이야기이다. 심청가는 판소리로 이야기를 표현함으로써 인간의 욕심과 불의를 꼬집는다. 소리꾼은 판소리를 통해 시대를 풍자함으로써 억눌린 서민들의 감정을 대변하였으며, 관중은 공연을 관람함으로써 사회적 메시지를 공유할 수 있었다.

판소리의 주요 요소 중 하나인 인물의 희화화는 관중을 판소리 마당으로 이끄는 견인 역할을 한다. 판소리에서는 인물을 과장되게 묘사하여 웃음을 유발한다. 특히 '흥부가'는 익살스러운 장면이 많다. '흥부 박타령'과 '놀부 박타령'에서는 흥부와 놀부의 성격을 극단적으로 대비시켜, 놀부의 탐욕스러움을 희화화한다. 이러한 인물의 희화화는 인간의 본성을 극적으로 드러내고, 관중에게 웃음을 선사하는 동시에 권선징악의 교훈을 이들에게 전달한다. 이는 조선 시대의 유교의 권선징악적 세계관과 관계가 깊다고 볼 수 있다.

판소리의 또 다른 특징 중의 하나는 일상생활에서의 소소한 일들을 유머러스하게 풀어내기도 한다는 점이다. 소리꾼들은 재치 있는 표현과 언어유희를 구사함으로써 청중이 이야기 속 상황에 몰입도를 높여 쉽게 공감하고 웃을 수 있도록 한다. 이러한 일상 속의 유머는 이야기의 흥미를 더하고, 관중의 몰입도를 높인다. 판소리의 이러한 풍자와 해학적 요소는 단순한 재미를 넘어서, 사회적 메시지를 전달하여 신분제에 억눌린 민중의 한을 흥으로 승화시키는 역할을 하였다. 조선 시대 후기부터 유행하기 시작한 판소리는 조선 시대 유교적 사상을 내포하고 있어 인간의 본성을 성찰하게 만드는 중요한 역할을 하였다. 예로부터 한국인들은 전통 음악인 판소리를 통해 흥을 발현하는 동시에 민중에게 사회적 메시지를 전달하였음을 알 수 있다.

참고: 심봉사 눈뜨는 대목(국립국악원 국악 사전)
https://www.gugak.go.kr/ency/topic/view/811

2) 농악

농악은 놀이, 제의, 연극, 음악, 무용 등이 종합적으로 결합된 공연 예술이다(김정헌, 2009). 이는 공동체의 축제나 행사, 농사와 관련된 의식에서 자주 연주되며, 사람들을 모으고 흥을 돋우는 역할을 한다. '농악'은 농경사회에서 대다수를 차지했던 농민들이 창조하고 발전시킨 대중적 종합 예술이라는 의미가 내포되어 있다. 농악에 관한 최초의 기록은 1890년경 황현의 『매천야록』이다. 이 기록에 의하면, 노동의 능률을 올리기 위한 음악의 기능에 대해 설명하고 있다. 또 다른 기록은 1890년대 최덕기가 일기 형태로 쓴 『갑오기사』이다. 이 기록에 의하면 농악이 화적을 물리치는 싸움에서 군악의 형태로 쓰였음을 알 수 있다.

농악에서 쓰이는 악기는 풍물놀이에서 쓰이는 타악기(꽹과리 · 징 · 장구 · 북 · 소고)와 태평소, 나발 등 관악기를 포함하기도 한다. 악기마다 그 역할이 있다. 가령 징은 농악의 전체 흐름에서 박자를 조절하는 역할을 한다. 장구는 다양한 가락과 기교로 흥을 돋우는 역할을 하며, 북은 박자의 기본 장단을 맞추는 역할을 한다. 관악기인 태평소는 농악 악기 중 유일하게 선율을 연주하는 가락악기이다. 태평소는 소리가 매우 크고 높아 군대 행진곡이나 신호용으로 사용된다. 농악에 쓰이는 각 악기는 고유의 역할과 소리를 통해 전체적인 조화를 이룬다.

농악의 중요한 특징은 연주와 춤이 결합된 공연 예술이라는 점이다. 즉 농악 연주자들은 행진하면서 악기를 연주하고 춤사위를 곁들이기도 한다. 이들은 흑백의 전통 의상 위에 노랑, 초록, 빨간색 등 화려한 색상의 띠를 두르고, 모자에 장식을 더한 화려한 연주 의상으로 공연의 효과를 높인다. 농악 공연에는 다양한 형태의 깃발이 등장한다. 공연 마무리는 관중과 연주자가 함께 어우러져 흥을 한껏 돋운다.

농악은 한국 전통사회에서 풍년 기원과 나쁜 기운을 막는 제의를 할 때, 농사일의 시작과 끝을 알릴 때 행하여졌다. 이러한 농악의 역할은 정월 대보름, 4월 초파일, 5월 단오, 7월 백중, 8월 추석 등 각종 세시 명절에 잘 드러났다. 농악은 공연자들의 공연만 관람하는 것이 아니라, 관중과 공연자가 함께 어우러져 공연을 완성하므로 구성원의 공동체 의식을 강화하는 동시에, 고된 농사일을 잠시 잊고 즐길 수 있도록 하여 잠시나마 삶의 여유를 찾도록 하는 역할을 하였다.

농악은 민중 공연 예술이라는 특징을 가지고 있다. 한국은 영남지역과 호남지역의 지역 특색이 뚜렷한데, 이러한 지역의 특색은 농악에서도 고스란히 반영된다. 광활한 평야 지역인 전라도 남서부지역의 호남우도농악은 가락이 화려하고, 넓은 공연장이 제공되므로 공연자들이 고깔을 쓰고, 둥글게 원을 그리며 공연하는 진풀이가 다양하게 구성된다. 반면 같은 호남지역이라도 산간 지역인 전라도 북동부지역의 호남좌도농악은 힘차고 맺음이 확실한 가락으로 연주되며, 공연자들은 고깔 대신 상모를 쓴다. 좁은 공간에서 공연이 행해지기 때문에 상모돌리기가 발달되었다. 영남농악의 특징은 북의 활용이다. 영남농악은 힘찬 가락을 선호하는 지역민의 요구에 맞춰 다른 지역에 비해 크기가 큰 북을 사용하며, 북을 활용한 다양한 북놀이가 발달하였다.

농악은 전통사회에서 현대에 이르기까지 행하여지는 공연 예술로 1966년부터 다양한 지역의 농악이 국가무형문화재 및 시·도문화재로 지정되어 보존·전승되고 있다. 또한 2014년 '유네스코 인류무형문화유산 대표목록'으로 농악이 등재되었다. 농악은 마을 신이나 농사 신을 위한 제사, 액을 쫓고 복을 부르는 축원, 봄의 풍농 기원과 가을의 풍농 축제 등 한국인의 삶 속에서 늘 함께하는 것이었고, 공동체의 여러 행사에서 연주되며 신명을 끌어내고 화합하고 단결하게 하는 역할을 하고 있다(국가유산포털, 2025). 최근 농악은 국내외에서 공연을 통해 한국의 전통문화를 알리는 데 중요한 역할을 하고 있다. 농악은 한국인의 삶과 밀접하게 연결된 문화유산으로, 사람들에게 흥과 기쁨을 전해주는 예술 형태이기도 하다.

참고: 영상 자료 출처: 김천금릉빗내농악보존회 채널

https://www.youtube.com/watch?v=xUNOssQiHMk&t=2025s
http://www.youtube.com/@binnae4468

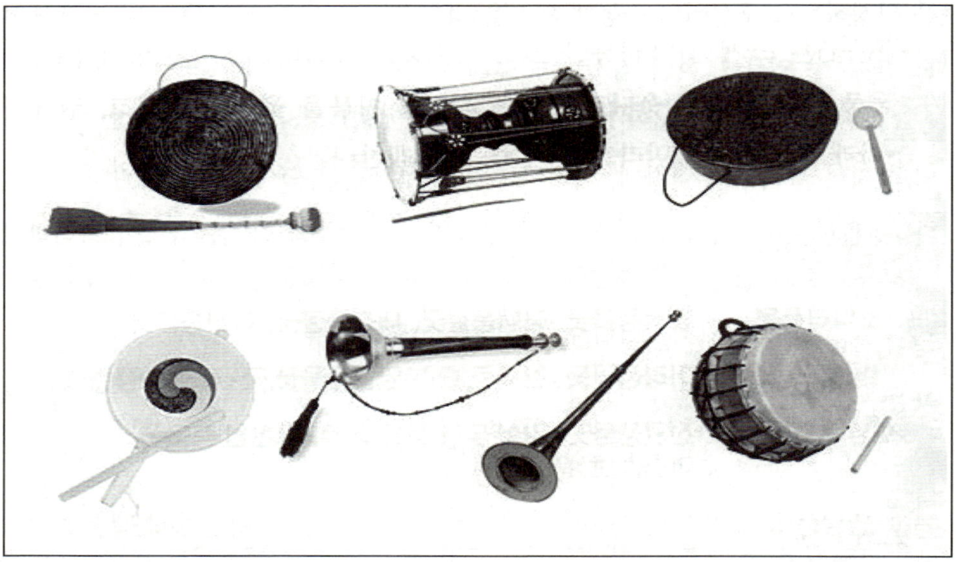

출처: 우리문화신문, “농악 악기”, 2013.12.01.

2. 전통춤에 투사된 흥

춤은 인간의 사적 감정을 표현하는 수단이 되기도 하고, 의례나 제의 속에서 얻어낸 사회적 한 형식이기도 하기에 문화적으로 그 존재 가치를 평가할 수 있는 하나의 유형이 될 수 있다(신효영, 2020). 따라서 전통춤을 통해 한국 사회의 구조와 특징을 알아볼 수 있다. 한국의 전통춤은 크게 집단무와 독무(홑춤)로 나뉠 수 있다. 독무는 단독으로 추는 춤으로 살풀이춤, 승무가 대표적이다. 흰색 한복을 입고 추는 살풀이춤은 나쁜 기운을 풀어낸다는 무속신앙에서 기원을 찾을 수 있다. 현대의 살풀이춤은 무대에서 살풀이 가락에 맞춰 추는 전통춤을 말한다. 승무는 승려가 추는 춤이 아니라 승복을 입고 추는 춤을 말한다. 살풀이춤과 승무의 공통점은 인간의 기쁨과 슬픔을 매우 섬세한 춤사위로 표현한다는 점이다. 집단무는 여러 명의 공연자가 각기 역할을 배분하여 추는 형태로 전승 과정은 체계적인 교육을 통해서라기보다는 입에서 입으로 또는 다른 이의 춤을 모방하는 형태가 일반적이었다.

한국의 여러 집단무 중 전통 가면극인 탈춤에 내포된 한국 사회의 구조와 특징은 다음과 같다. 탈춤은 탈바가지(가면)를 쓰고 추는 춤으로 연극의 요소를 가미한 공연 예술이다. 기록에 의하면 탈춤은 삼국시대에 처음 언급되었고, 조선 후기에 다양한 사회적, 정치적, 종교적 요소를 풍자하는 수단으로 사용되었다. 탈춤의 내용은 사회적 풍자와 해학을 담고 있으며, 각 지역의 독특한 스타일과 이야기를 가진다. 탈춤에서 중요한 요소 중 하나는 탈(가면)이다. 탈에는 인물의 특징과 표정이 표현되어 있다. 탈은 탈춤 공연자의 역할이 드러나도록 각 인물의 성격과 계급을 상징하는 요소가 포함되어 있다. 가령, 양반탈은 겉과 속이 다른 양반의 모습을 표현하고, 각시탈은 한쪽 눈을 가늘게 표현하여 얼굴을 살짝 돌리면 윙크하는 것처럼 표현하였다. 탈을 쓴 공연자들은 익명성을 가지게 된다. 탈을 씀으로 사회적 풍자나 비판을 자유롭게 표현할 수 있었다. 탈을 쓴 배우들이 권력자나 사회적 문제를 풍자함으로써 민중에게 해방감과 카타르시스를 제공한다.

탈춤의 주제는 주로 인간의 욕망과 허영, 계급 간 갈등, 사회적 풍자 등이다. 봉산탈춤을 예로 들면 양반, 승려, 무당 등 다양한 계층의 사람들을 풍자한다. 특히 양반층의 위선과 부패를 조롱하며, 권력층에 대한 비판적 시각을 담고 있다. 배우와 관객 간의 상호작용이 중요한 요소로 작용하는 탈춤의 이야기 전개는 짜인 대본대로가 아닌 즉흥적인 부분도 다수이다.

한국의 탈춤은 지역의 다양성이 내포되어 있다. 한국 각 지역에는 고유의 탈춤이 존재하며, 예를 들어 하회탈춤, 봉산탈춤, 양주별산대놀이 등이 있다. 한국 탈춤의 지역별 특징을 살펴보면, 중부지방의 산대놀이와 황해도의 탈춤은 과장이 세분되어 있고 극적인 성격이 강하며, 영남지방의 야류(野遊, 들놀이)와 오광대는 과장이 단순하며, 놀이적 성격이 강하다. 그 외에 북청, 하회, 강릉, 예천의 탈놀이는 제의와 연관된 굿탈놀이의 성격을 지닌다.

오늘날 탈춤은 다양한 축제와 행사에서 공연된다. 탈춤은 한국 전통문화의 중요한 부분으로, 사람들에게 즐거움과 동시에 사회적 메시지를 전달하는 역할을 하고 있다. 한국의 탈춤은 1964년 양주별산대놀이 등 다양한 지역의 탈춤이 국가무형유산과 시・도무형유산으로 지정되어 보존・전승되고 있으며, 2022년 18개

종목이 '유네스코 인류무형문화유산 대표목록'으로 등재되었다(국가유산청, 검색일 2025.02.15).

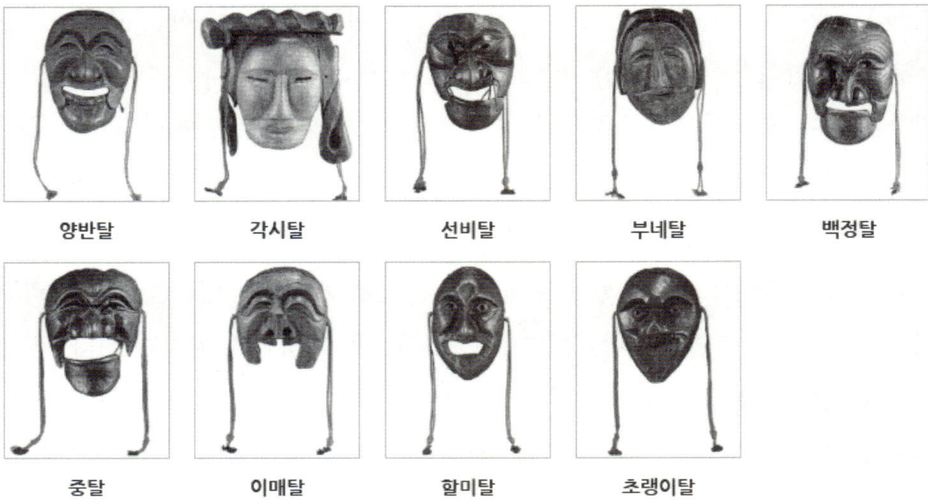

출처: 안동하회마을 홈페이지

참고: 봉산탈춤(국가유산포털)
영상자료 https://www.youtube.com/watch?v=LqPlpOLEd7k

3. 현대 음악과 춤을 통해 본 흥 문화

2000년대, 대형 기획사에 의해 양성된 한국의 아이돌(Idol)그룹이 해외에서 성공을 거두면서 K-pop(Korean Popular Music)은 한류 문화의 상징이 되었다. 이 시기 한국 사회는 IT산업의 급속한 발전과 함께 한국 경제가 꾸준히 성장한 시기였다. 삼성, LG 등 대기업들이 글로벌시장에서 두각을 나타내면서 한국 경제의 국제적 위상이 높아졌다. 인터넷과 모바일 기술의 발전은 한국 사회의 디지털화와 정보화에 크게 기여하였다. 이는 한국인의 흥 문화가 세계로 전파되는 데 큰 몫을 하였다. 세계인에게 'K-pop'으로 알려진 한국의 현대 대중음악과 춤을 통해 한국인의 일상에서 현대 한국 사회의 흥 문화를 살펴본다.

1) 현대 음악: K-pop

K-pop은 한국의 대중음악 장르로, 강렬한 비트, 매력적인 멜로디, 화려한 비주얼과 안무가 결합된 형태이다. BTS, 블랙핑크, 엑소, 트와이스 등 다양한 아이돌 그룹과 솔로 아티스트들이 세계적인 인기를 얻고 있다. K-pop 스타들은 한국뿐 아니라 전 세계에 팬덤(Fandom)을 형성하며, 국제적인 음악 차트에서 높은 순위를 기록하고 있다. K-pop은 '한류'라는 신조어를 생성하면서 전 세계에 한국 문화를 전파하였다. 또한 K-pop은 세계 각국에 다양한 사회적, 문화적 영향을 미치고 있다. 다음은 한국의 현대 음악과 관련된 주요 사회현상들이다.

첫째, 글로벌 영향력을 들 수 있다. K-pop을 포함한 한국의 현대 음악은 아시아를 넘어 북미, 유럽, 중남미 등에 유튜브, 인스타그램 등 소셜 미디어 플랫폼을 통해 빠르게 전파되고 있다. K-pop 스타들의 팬덤 커뮤니티가 글로벌하게 형성되어 한국 문화를 세계에 알리는 데 큰 역할을 하고 있다. 이는 한국 문화의 국제적 위상을 높이고, 한국을 글로벌 문화의 중심지로 인식시키는 것에도 기여도가 높다. BTS, 블랙핑크와 같은 그룹들은 국제무대에서 성공을 거두며, 한국 음악의 글로벌 영향력을 입증했다.

둘째, 팬덤 문화를 들 수 있다. K-pop은 세계 각국에 강력한 팬덤 문화를 형성했다. 팬덤 문화란 특정한 대중문화 작품이나 인물, 예술가, 스포츠팀 등에 열광적으로 지지하고 참여하는 집단적 현상을 말한다. 팬덤은 팬(fan)과 접미사 -dom(영역, 상태)을 결합한 말로, 팬들이 모여서 형성하는 문화와 공동체를 의미한다. 팬들은 음악 소비를 넘어 팬클럽을 통해 자신이 좋아하는 가수를 지원하고 홍보하는 적극적인 역할을 한다. 이러한 팬클럽 활동은 소셜 미디어를 통해 더욱 확산되며, 팬들이 주체적으로 문화 콘텐츠를 생산하고 소비하는 새로운 형태의 문화 참여를 이끌었다. 특정 가수의 팬덤에 속하는 것은 개인에게 소속감을 주고, 팬클럽 활동을 통해 자신의 정체성을 표현하기도 한다.

셋째, 디지털 플랫폼과 음악 소비 방식의 변화를 들 수 있다. 스트리밍 서비스와 유튜브와 같은 디지털 플랫폼의 확산은 음악 소비 방식을 크게 변화시켰다. 특히 K-pop Music Video는 독창적인 퍼포먼스로 유명하다. 이러한 K-pop Music Video는 유튜브나 숏폼 등과 같은 플랫폼을 통해 한국 아티스트들의 음악을 국경을 넘어 쉽게 전파할 수 있게 하였다. 이는 글로벌 팬들과의 소통을 강화하는 데 기여하였다.

넷째, 문화적 다양성과 협업을 들 수 있다. 한국의 현대 음악은 다양한 장르와 스타일을 수용하며, 세계 각국의 아티스트와 협업을 통해 새로운 음악적 실험을 시도하고 있다. 예를 들면 BTS, 블랙핑크, 몬스타엑스 등 많은 K-pop 아티스트는 할시, 레이디 가가, 스티브 아오키 등 세계적인 아티스트와 협업하여 음악을 제작하였다. 특히 블랙핑크의 멤버인 로제(ROSE)와 부르노 마스(Bruno Mars)가 협업하여 제작한 APT. 뮤직비디오는 10억 뷰를 돌파하였다(2025년 2월 기준). 이는 문화적 다양성을 확대하고, 음악을 통한 글로벌 교류를 촉진하는 역할을 한다.

다섯째, 사회적 메시지와 영향력을 들 수 있다. 현대 음악은 단순한 엔터테인먼트를 넘어 사회적 메시지를 전달하는 수단으로도 활용된다. 예를 들어, BTS의 "Love Yourself" 시리즈는 자기 사랑과 자기 수용의 중요성을 강조하며, "Fake Love"는 진정한 자아를 찾는 과정을 이야기하고 있다. 이러한 곡들은 음악을 통해 청소년과 젊은 성인들에게 긍정적인 자아 인식을 장려하는 메시지를 전달하였다. "Silver Spoon(Baepsae)" 같은 곡은 세대 간의 불평등과 사회적 불공정을 언급하였다. 이는 음악을 통해 청소년 문제, 사회적 불평등, 정신 건강 등의 이슈를 다루며, 팬들에게 긍정적인 영향을 미치고 있다.

이러한 요소들은 한국의 현대 음악이 단순한 문화 상품을 넘어 사회적, 문화적 현상으로 자리 잡는 데 중요한 역할을 한 것으로 볼 수 있다. 이는 또한 한국 사회가 글로벌 사회와 더욱 긴밀히 연결되는 데 기여한 것으로 평가할 수 있다.

2) 현대춤: K-pop 안무

K-pop의 안무에서 주목할 점은 군무의 발달이다. 군무는 복잡하고 정교한 동작으로 구성되어 있으며, 음악의 매력을 더욱 극대화한다. 많은 K-pop 안무는 노래의 가사와 주제를 반영하여 스토리텔링의 역할을 한다. 춤 동작을 통해 노래의 감정이나 메시지를 전달하며, 이를 통해 팬들이 음악을 더 깊이 이해하고 공감할 수 있도록 한다. K-pop 안무는 팬들이 따라 하기 쉽도록 설계된 경우가 많다. 많은 팬이 아이돌그룹의 안무를 따라 하며, 커버댄스 영상 등을 통해 참여하고 있다. 팬들이 직접 안무를 배우고 따라 추는 커버댄스는 팬 문화의 중요한 부분이다. 팬들이 아티스트와 더욱 가까워지도록 하는 커버댄스는 전 세계적으로 K-pop의 인기를 확산시키는 데 기여하고 있다. 춤은 단순한 춤 이상의 사회적 영향력을 가지고 있으며, 다양한 방식으로 사회에 긍정적인 영향을 미치고 있다. 다음은 한국의 현대 음악과 관련된 주요 사회현상들이다.

글로벌 커버댄스 열풍을 들 수 있다. K-pop 안무는 전 세계 팬들 사이에서 커버댄스 열풍을 일으켰다. 유튜브와 SNS를 통해 팬들은 자신들의 커버댄스를 공유한다. 각국의 팬들은 자신들만의 해석을 덧붙여 K-pop 안무를 재현함으로써 문화적 다양성을 보여주고 있다. K-pop 안무를 통해 많은 사람이 한국 문화를 접하고 이해하게 되면서 세계인의 한국에 관한 관심과 호기심을 높이며, 이는 한국 관광, 유학으로 이어지고 있다. 커버댄스 열풍은 청소년 문화에 영향을 미치기도 한다. 청소년들이 K-pop 아이돌의 안무와 스타일을 모방하는 과정에서 청소년들 사이에서 새로운 트렌드를 만들고, 그들의 문화적 소비 패턴을 변화시키고 있다. 이는 청소년들이 자신들의 정체성과 개성을 표현하는 도구가 되기도 한다.

참고: 한류의 매력을 춤으로 전하다: 주영한국문화원, K-팝 댄스 워크숍 개최(한국문화원 보도 자료, 2025.01.24.)

- '원밀리언 댄스 크루' 출신 김영재, 주영한국문화원 워크숍 강사로 참여

주영한국문화원(원장 선승혜, 이하 문화원)은 2025년 K-팝 아카데미의 첫 번째 활동으로 〈K-팝 댄스 워크숍〉을 1월 22일과 23일 양일간 성공적으로 개최했다. 이번 워크숍은 세계적으로 유명한 안무가 김영재(Jay Kim)가 특별 강사로 참여하며, 이틀간 40여 명의 K-팝 팬들이 열정적으로 참여했다. 선승혜 주영한국문화원장은 "한국 문화의 지금! 지속 가능한 한류는 모두의 즐거움을 나눌 때 생겨납니다. K-pop 워크숍으로 한영 문화 교류의 기본을 탄탄하게 만들어서 보람됩니다."라고 행사의 의의를 강조했다.

이번 프로그램의 특별 강사인 김영재는 대한민국의 대표적인 댄스 스튜디오 '원밀리언 댄스 크루' 출신으로, 박재범(Jay Park), 더보이즈(The Boyz), 마미손 등 다양한 K-팝 아티스트와 협업을 진행해 왔다. 김영재는 59개국 124개 도시에서 댄스 워크숍과 심사 활동을 이어가며, 글로벌 K-팝 팬들에게 춤의 매력을 전파하고 있다. 그의 안무 스타일은 정교하면서도 창의적이라는 평가를 받고 있고, 전 세계적으로 많은 수강생을 보유하고 있다.

이번 워크숍은 현지 K-팝 팬들에게 한국 문화를 더 깊이 이해하고, 새로운 댄스 스킬을 배울 기회를 제공했다. 참가자들은 김영재 강사의 전문성을 가까이에서 경험하며 한류의 다양성을 직접 느낄 수 있었다는 점에서 큰 의미를 두고 있다. 참가자 중 한 명은 "이 워크숍은 제게 새로운 춤의 가능성을 열어줬고, K-팝에 대한 사랑을 더욱 키울 수 있는 계기가 됐다"라고 소감을 밝혔다…….

참고 영상

1. 글로벌 커버댄스
   IVE 아이브 'I AM' dance cover by LUMINANCE
   https://www.youtube.com/watch?v=5DjbGfNlnhg
   NewJeans (뉴진스) 'Attention' - Dance Cover by KD Center from Poland

https://www.youtube.com/watch?v=wte4FS2D2ww
2. 댄스 챌린지
2024 인기 댄스챌린지 모음
https://www.youtube.com/watch?v=7ZmiScVqqdA
사랑스러워(김종국)챌린지 https://www.youtube.com/shorts/pBm2Jv4bp7c

한국의 현대 음악과 춤은 문화적 다양성과 독창성을 바탕으로 계속해서 발전하고 있으며, 이는 한국의 문화적 위상을 높이는 데 큰 역할을 하고 있다. 한국인은 친구나 가족과의 모임, 노래방에서의 노래, 스포츠 경기 관람 등 다양한 상황에서 일상적으로 흥을 즐긴다.

토론거리

1. 각 나라의 현대 음악과 춤에는 어떠한 사회상을 표현하는지에 대해 토론해 보자.
2. 팬덤 문화의 긍정 및 부정적 영향에 대해 토론해 보자.

읽을거리

마크 더핏(2016). 『팬덤 이해하기』. 김수정 외 옮김. 한울아카데미.
신효영(2020). 「한국의 고대 제천의식에서 보여지는 집단무(集團舞) 연구」. 한국무용예술학회.
오윤지 · 김치호(2022). 「K-Pop 팬덤 콘텐츠의 유형 연구」. 건국대학교 글로컬문화전략연구소.

제 7 장 한국 사회와 흥 문화(2)

한국인의 일상생활에는 음악이 빠지지 않는다. 한국인은 각종 모임이 무르익으면 노래방에 가거나, 모임 자리에서 돌아가며 노래를 부르면서 흥을 돋운다. 가정에서도 음악방송을 통해 음악을 일상 생활화하고 있다. 한국의 음악방송은 연령대별로 편성한다. 예를 들면, 싱어송라이터나 밴드가 출연하는 음악방송과 아이돌 K-pop 등은 10~20대를 겨냥하여 편성하고, 20~30대를 겨냥한 심야 시간대 방송, 그리고 중장년층을 대상으로 한 전통가요 방송으로 장르를 확실히 나누어 편성하는 것이 특징이다. 한국인의 음악사랑은 수많은 경연프로그램을 만들어 내었다. 특히 2020년 '내일은 미스터트롯' 오디션 프로그램은 전 국민을 트롯 열풍에 몰아넣었다. 한국은 각 지역의 특색에 맞는 다양한 축제가 열린다. 이 장에서는 한국 사회의 축제와 놀이문화를 통해 일상생활에서의 흥 문화를 알아보고, 한국의 흥 문화의 글로벌적 영향을 탐색해 본다.

1. 축제를 통해 본 흥 문화

한국의 흥 문화는 다양한 축제를 통해 잘 나타난다. "흥"은 한국 문화에서 기쁨, 열정, 에너지 등을 의미하며, 이는 축제의 핵심 요소이기도 하다. 한국의 축제는 전통과 현대를 아우르며, 지역 사회와 사람들을 하나로 묶는 중요한 역할을 한다. 지역 축제는 외부에 지역 사회를 알리는 역할을 하기도 한다. 최근 인구 감소로 인해 활력을 잃어가는 지역에 활력을 불어넣음과 동시에 생활 인구 유입에도 큰 역할을 하고 있다. 한국의 대표적인 전통 축제와 현대 축제를 알아보며,

이를 통해 축제의 사회적 기능이 어떠하며, 또 이러한 기능이 한국인의 흥 문화와 어떤 관련이 있는지를 살펴본다.

1) 전통 축제

(1) 단오제

한국의 전통 축제는 주로 농경사회에서 시작된 것들이 많다. 예를 들어, 설날과 추석 같은 명절은 가족과 함께 전통 음식을 나누고 조상을 기리는 시간을 갖는다. 또 다른 전통 축제인 단오나 정월 대보름에는 다양한 민속놀이와 춤, 음악이 포함되어 있어 지역 공동체의 결속을 다진다. 공동체의 결속을 다지는 지역 축제 중 단오제는 지역마다 독특한 전통과 풍습을 반영하여 다양한 형태로 행해진다. 단오제는 한국뿐 아니라 중국, 일본에서도 음력 5월 5일에 지내는 명절이다. 한국의 단오는 3세기 무렵 고대 마한 때 씨를 뿌리기가 끝난 5월에 군중이 모여 제례를 지내고 음주 가무를 했다는 기록이 있다. 단오의 대표적인 민속놀이에는 씨름과 그네뛰기가 있다. 남성들은 씨름을, 여성들은 그네뛰기를 했다. 단오의 전통 풍습 중 하나는 창포물에 머리 감기인데, 창포물에 머리를 감아 더위를 물리치고 건강을 기원하는 행사이다. 축제 기간에 많은 사람이 이 풍습에 참여한다. 대표적인 지역별 단오 축제는 강릉과 경산지역에서 엿볼 수 있다.

먼저, 강릉단오제에 대해 알아본다. 강원도 강릉에서 열리는 단오 축제로, 천년의 전통을 이어오고 있다. 매년 음력 5월 5일을 전후로 열리며 해마다 50만 명 이상 관광객이 찾고 있다. 이 축제는 단오를 기념하는 행사 중 가장 규모가 크고, 1967년에 중요무형문화재 제13호로 지정되었으며, 2005년에는 유네스코 인류무형문화유산으로 등재되었다. 강릉단오제는 전통문화의 정수인 '제례'와 신과 사람이 소통하는 '굿판', 전국 최대 규모의 난장이 펼쳐지고, 국가 지정 문화재 행사, 시민참여 행사, 민속놀이 행사 등 풍성한 프로그램이 마련되어 있다(한국관광공사, 2025). 강릉단오제의 다양한 체험 행사 중 전통 단오 음식 맛보기가 인기가 높다. 이때 쑥과 쌀가루로 만든 수리취떡이나 단오떡을 맛볼 수 있다.

다음으로, 경산자인단오제가 있다. 경산자인단오제는 국가무형유산으로 지정된 신라 시대부터 전해 내려온 한국의 가장 오래된 전통 축제이다. 이 축제는 경상북도 경산시 자인면에서 전승되고 있는 고을 수호신인 한 장군에게 행하는 제례이다. 이 행사는 제사와 가장행렬 여원무로 이어진다. 여원무는 천산성에 기거하며 자인현 주민들을 괴롭히던 왜구들을 산 아래의 버들못(柳堤)으로 유인하기 위해 한장군이 그의 누이와 함께 꾸며낸 춤을 말한다. 자인현 읍지에서 의병을 일으킨 하나의 수단으로 평가하였던 것을 보면 많은 인원이 동원된 독특한 놀이판이었음을 알 수 있다(경산시청, 2025). 옛날에는 전쟁터까지 가서 여원무를 추고 사당에 올라가 제사를 지냈으나, 지금은 시장의 넓은 광장에 모여 한장군 묘를 향해 행렬을 하는 데서 시작된다. 가장행렬의 순서는 동서남북과 중앙을 뜻하는 오방기가 맨 앞에 서고 농기 · 여원화관 · 무부들 · 희광이 · 여장동남 · 군노 · 사령 · 까치사령 · 포군 · 영장 · 기생 · 중군 · 익공 · 통인 · 일산 · 도원수 · 수배 등이 열을 짓는다. 가장행렬은 한장군 묘를 한 바퀴 돌아 광장으로 내려가고, 제사를 주관하는 제관들은 제를 지낸다.

경산자인단오제는 다른 민속놀이와 달리 이색적인 가장행렬로 이루어졌으며, 화관의 높이가 3m나 되고 춤사위도 매우 독특해서 예술적인 가치가 높다. 또한 오랜 역사를 지니면서 주민들의 확고한 신앙이 놀이의 정신적 지주가 되어 있다는 점에서 그 의의가 있다(국가유산청, 검색일 2025.02.15).

출처: 문화관광청, “강릉단오제”

출처: 경산시청, "여원무와 화관"

각 지역의 단오 축제는 지역마다의 특성과 전통을 반영하여 다채롭게 열리며, 전통문화체험을 통해 방문객들에게 지역 문화를 이해하는 기회를 제공한다.

(2) 정월 대보름 축제

정월 대보름은 음력 1월 15일에 한 해의 첫 보름달을 보며 풍요와 건강을 기원하는 행사다. 전통사회의 한국인들은 설날부터 정월 대보름까지 15일 동안 정월 대보름 축제를 즐겼다. 새해를 맞는 설날이 가족 중심의 명절이라면, 정월 대보름은 집단적이고 개방적인 마을공동체로 진행된 명절이었다. 이때 열리는 정월 대보름 축제는 지역마다 다양한 전통 행사를 통해 전승되고 있으며, 그 대표적 활동은 다음과 같다.

첫째, 달맞이 행사이다. 정월 대보름의 핵심 행사로, 보름달이 뜨는 것을 보며 소원을 비는 풍습이다. 이 행사는 보통 달이 잘 보이는 높은 언덕이나 산에 올라가서 진행된다. 달맞이는 점풍(占豊) 의례 풍습으로 행해졌다. 『동국세시기(東國歲時記)』에 "초저녁에 횃불을 들고 높은 곳에 오르는 것을 달맞이라 하며, 먼저 달을 보는 사람이 길하다."라는 기록이 있어서 달맞이 풍습이 오래전부터 있었음을 알 수 있다(국립 민속 박물관, 2004). 달맞이는 개인적인 소원 빌기뿐만 아니라, 현대에는 지역민이 함께 모여 축하하고 즐기는 행사로 발전하였다. 이때 전통 음악이나 춤, 다양한 문화 공연이 함께 이루어진다.

둘째, 쥐불놀이 행사이다. 들판에서 불씨를 담은 깡통을 돌리는 놀이이다. 이 놀이는 농작물의 해충을 없애고 토양을 비옥하게 한다는 의미가 있다. 이는 한 해의 풍요로운 수확을 기원하는 상징적인 행위이다. 어린이와 어른 모두가 참여하여 공동체의 결속을 다지며 즐기는 놀이이다.

셋째, 부럼 깨기와 오곡밥 먹기 행사이다. 정월 대보름 아침에 견과류(밤, 호두, 땅콩 등)를 깨물어 먹는 풍습으로, 그해의 부스럼을 예방하고 치아가 건강해지기를 기원하는 의미가 있다. 부럼 깨기와 더불어 다섯 가지 이상의 곡식으로 만든 오곡밥과 여러 가지 나물을 먹는다. 이는 건강과 풍요를 기원하며, 더위를 타지 말라는 의미를 담고 있다.

넷째, 지신(地神)밟기 행사이다. 지신밟기는 영남지역의 대표적인 정월 대보름 행사다. 정월 대보름에 마을의 평안과 복을 기원하며 각 집에 방문하여 지신(地神)을 달래는 풍습이다. 이 행사는 농경사회에서 땅의 신에게 감사와 복을 기원하는 의미를 담고 있다. 보통 마을의 주민들, 특히 풍물패(농악대)가 중심이 되어 진행된다. 풍물패는 북, 장구, 꽹과리, 징 등의 전통 악기를 준비하여 각자 역할을 맡아 전통 음악과 춤을 곁들인다. 이들은 마을의 각 가정을 방문하며 흥겨운 농악을 연주하고, 집주인과 가족의 건강과 행복을 기원한다. 방문한 집에서는 떡이나 술, 음식을 대접하며 감사의 마음을 전하며, 곡식을 내어놓기도 한다. 이때 모은 곡식은 마을의 공동경비로 사용된다. 지신밟기는 신분제 사회였던 전통사회 구성원들의 결속을 다지는 공동체 행사의 성격이 짙다.

마지막으로, 줄다리기 행사를 들 수 있다. 줄다리기는 남녀노소 누구나 함께 즐길 수 있는 전통 놀이이다. 일부 지역에서는 줄다리기를 통해 공동체의 화합과 풍년을 기원한다. 줄다리기는 단순한 놀이가 아니라 풍년을 기원하는 상징적인 의미가 있기 때문이다. 줄다리기에서 이기는 쪽에 그해 풍년이 들 것이라는 믿음이 전해 내려왔다. 따라서 인접 마을 대항 행사 때 힘을 보탤 수 있는 모든 구성원이 참여하여 공동체의 결속을 강화하는 기능을 수행하였다. 또한 이 행사는 주민들 간의 유대를 높이는 중요한 역할을 한다.

정월 대보름 축제는 흥겨운 음악과 춤이 어우러져 마을주민 누구나 참여할 수 있는 지역 사회의 화합을 도모하는 공동체 행사이다. 이 행사는 풍요를 기원하는 농경사회의 풍습이 현대에는 지역민이 함께 즐기는 공동체 문화축제로 거듭나고 있다. 신분제 사회였던 전통사회에서 억눌린 민중들에게 정월 대보름 행사는 신분제의 굴레와 고된 농사일에서 잠시 벗어나 여흥을 즐길 수 있도록 하였다.

참고: 정월 대보름 금기 사항(농민신문, 2022.02.06.)

정월 대보름 축제는 오래된 농경사회 문화를 반영한 축제이다. 이날 절대로 하면 안 되는 재미있는 금기 사항이 있다. 이날 찬물을 먹으면 안 된다고 한다. 찬물을 마시면 모를 심을 때 비가 오지 않는다고 믿었다. 또 이날 밤에 잠들면 안 된다. 잠이 들면 눈썹이 하얘진다는 속설이 있는데 어른들이 장난을 치려고 잠든 아이들 눈썹에 밀가루를 발라 놀라게 하기도 했다. 또 비린 음식 먹지 않기, 다른 집에 방문하지 않기, 숭늉 마시지 않기 등 여러 금기가 있다. 비린 음식을 먹으면 파리가 들끓고, 다른 집에 방문하면 농작물이 잘 자라지 않고, 숭늉을 마시면 그해 게으름을 피운다고 믿었다. 오늘날엔 허무맹랑해 보일지 모르지만, 농경사회에선 사소한 미신도 따랐을 만큼 농사를 중요하게 여겼다는 것을 알 수 있다.

2) 현대 축제

현대에 접어들어서도 한국에서는 전통 축제뿐 아니라 다양한 주제로 여러 형태의 축제가 행해지고 있다. 한국에서 각 지역마다의 축제는 각 지역의 문화자산을 배경으로 지역민과 방문객이 함께 즐기는 행사로 구성된다. 이러한 지역 축제는 방문객 유치를 통해 지역 경제를 활성화하고, 지역 외 주민 유치를 통해 생활인구 유입 및 지역 홍보의 수단으로 활용되기도 한다. 이들 축제에서는 지역의 문화자산을 활용한 전통적인 요소와 현대적인 엔터테인먼트가 결합되어 있어 다양한 연령층이 함께 어울리며 즐길 수 있다. 몇 가지 대표적인 지역 축제를 소개하면 다음과 같다.

먼저, 진주남강유등축제(경상남도 진주)를 들 수 있다. 이 축제는 매년 가을에 진주 남강을 중심으로 아름다운 유등(흐를 유(流), 등불 등(燈))을 띄우는 축제이다. 진주남강유등축제는 임진왜란 당시 진주대첩에서 유래된 것으로 알려져 있다. 당시 조선군이 남강에 유등을 띄워 왜군을 혼란에 빠뜨린 역사적 사건을 기념하는 의미도 담고 있다. 다양한 등불과 함께 문화 공연, 체험 프로그램이 마련되어 있어 많은 관광객이 방문한다.

출처: 진주남강유등축제 홈페이지

다음으로, 부산국제영화제(BIFF, 부산광역시)를 들 수 있다. 1996년에 처음 개최된 이후 해마다 가을에 부산에서 열리는 아시아 최대 규모의 영화제이다. 이 영화제는 세계 각국의 영화인들이 참여하여 다양한 작품을 상영한다. BIFF는 영화 상영뿐만 아니라 포럼, 워크숍, 마스터 클래스 등 다양한 프로그램을 통해 관객의 참여를 장려한다. 이 축제에도 K-pop은 빠질 수 없다. BIFF 기간에 펼쳐지는 K-pop 스타들의 공연은 축제의 분위기를 고조시키며, 세계 각국의 팬들을 영화제로 이끄는 역할을 하기에 충분하다.

마지막으로, 안동국제탈춤페스티벌(경상북도 안동)을 들 수 있다. 매년 9~10월경 개최되는 전통 탈춤을 중심으로 한 축제이다. 이 축제는 '하회마을 별신굿 놀이'를 현대적인 축제로 발전시킨 것으로서 한국의 다양한 탈춤뿐만 아니라 세계 각국의 탈춤 공연을 즐길 수 있다. 탈춤페스티벌은 국내외 다양한 탈춤 공연을 소개하며, 전통 악기 연주는 관중들의 신명을 깨워 공연자와 관중이 함께 즐기는 축제로 자리 잡고 있다. 이 축제는 쉽게 접하기 어려운 세계 각국의 탈춤 공연을 접할 기회를 제공함으로써 관중들이 다양한 문화를 이해할 수 있도록 한다. 또한 이 축제는 2024년 기준으로 148만 명이 방문하여, 숙박업, 요식업 등의 지역경제 활성화를 이끄는 동시에 800년 이상의 역사를 가진 전통문화의 보존에도 일조하고 있다.

출처: 2025 안동 국제탈춤페스티벌

대부분의 축제는 지역 사회와 깊은 연관을 맺고 있다. 지역 주민들이 중심이 되어 축제 준비와 진행을 기획하며, 이를 통해 지역 경제에 활력을 불어넣으며 지역의 문화자산을 널리 알리는 계기를 제공한다. 이러한 축제에서는 풍물놀이, 사물놀이 같은 전통 음악은 물론, 케이팝 공연 등 현대 음악 공연을 통해 관중의 흥을 돋우고 함께 참여하도록 한다. 이처럼 한국의 축제는 사람들에게 다양한 즐거움을 제공함으로써, 흥을 발산하도록 하여 일상생활에서 활력을 제공한다.

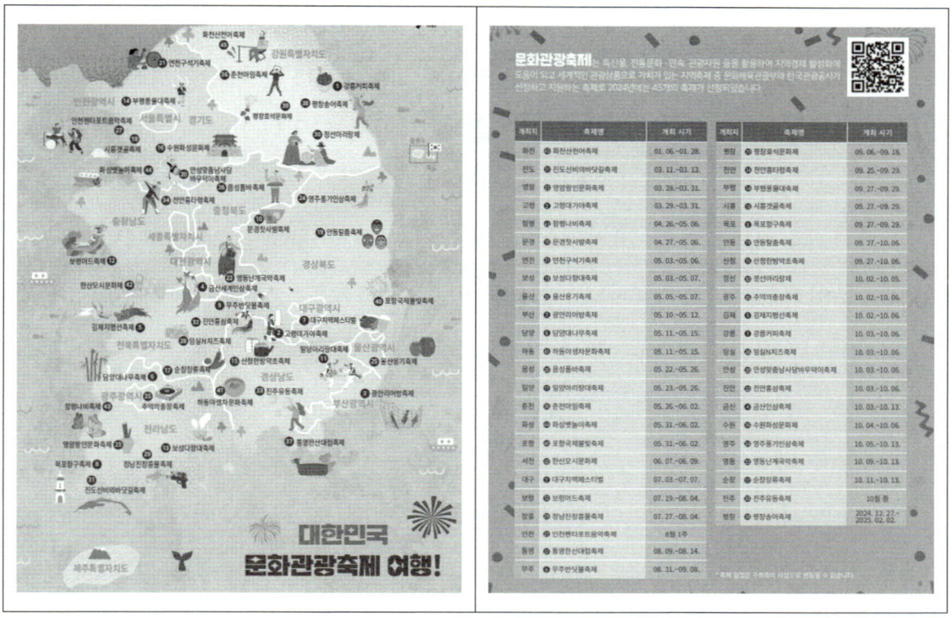

출처: 문화관광청, “한국의 문화관광축제 지도”

2. 놀이에 드러난 흥 문화

한국의 흥 문화는 놀이를 통해서 표현되기도 한다. 2021년에 방영된 ‘오징어 게임’의 인기와 더불어, 이 드라마에 등장한 ‘무궁화꽃이 피었습니다’, ‘줄다리기’, ‘구슬치기’, ‘오징어 게임’, ‘딱지치기’ 등 한국의 놀이가 세계인의 관심을 끌었다. 많은 한국 전통 놀이는 공동체가 함께 참여하는 형태로 구성되었다. 예를 들어, 윷놀이, 줄다리기, 강강술래 등은 여러 사람이 함께 즐기며 협동과 경쟁을 경험할 수 있는 놀이이다. 이는 농경민족이었던 전통사회 구성원이 공동체의 결속을 매우 큰 가치로 여겼음을 알 수 있다.

1) 전통 놀이

한국의 다양한 전통 놀이 중에서 현대까지 이어져 온, 누구나가 다 즐길 수 있는 윷놀이와 강강술래를 통해 전통 놀이문화 속의 한국인의 흥에 대해 알아보도록 한다. 먼저, 윷놀이는 한국의 전통 놀이로 2022년 11월 국가무형문화재로 지정되었다. 윷놀이는 설날부터 정월 대보름까지 가족 단위나 마을공동체를 중심으로 행하여져 왔다. 문헌에서 '윷'의 유래와 역사를 살펴보면 삼국시대와 고려 시대 문헌에서는 윷에 관한 직접적인 용어를 발견하지 못하였으나, 윷을 '저포(樗蒲)'와 동일한 것으로 보거나 혼용하여 지칭하기도 하였다(국가문화유산청, 2022). 저포는 윷놀이와 비슷한 놀이로서, 중국의 저포(樗蒲)라는 것이 있어 윷노래를 「저포송(摴蒲頌)」이라고 이름을 붙였다. 「저포송」은 윷을 놀다가 꼭 필요한 패가 나왔을 때 춤을 추며 부르는 노래로 지금도 안동시 북후면 도촌리와 남선면 신흥리 등에서 전승되고 있다(한국학중앙연구원-향토문화전자대전). 윷놀이에는 치밀한 전략과 운이 따라주어야 한다. 윷가락을 던져 나오는 경우인 도, 개, 걸, 윷, 모에 따라 말을 움직일 수 있으므로 환호와 아쉬움, 응원의 소리가 어우러져 흥을 돋운다. 윷놀이는 단순한 여가 활동이 아니다. 이 놀이는 팀 게임이므로 같은 편끼리 응원과 위로를 주고받으며 공동체성을 다지는 효과까지 꾀할 수 있다. 현대에는 마을의 공용공간인 마을회관에서 일상생활 놀이로 자리 잡은 것도 이러한 공동체성 강화의 긍정적인 영향으로 볼 수 있다.

윷말은 윷판에 그려진 화살표 방향을 따라 이동하며, 자기 말이 상대방의 말이 있는 칸에 도착하면 상대방의 말을 잡을 수 있다. 이때 잡힌 말은 윷판에서 제거되며, 상대의 말을 잡은 팀은 한 번 더 윷을 던질 기회를 획득한다. 자기 말이 이미 놓여 있는 칸에 도착하면 말을 업어서 함께 이동할 수 있다. 업은 말은 함께 움직이며, 상대방에게 잡힐 때도 같이 잡힌다.

누구나 쉽게 규칙을 익힐 수 있는 윷놀이는 단순한 놀이를 넘어선다. 여러 사람이 하나의 팀을 이루기 때문에 승리를 위해서는 팀의 결속력과 집단지성이 요구된다. 윷판의 말을 움직이기 위해 끊임없이 소통이 이루어져야 하며, 윷을 던졌을 때 원하는 경우가 나오길 기원하는 과정에서 자연스럽게 구성원 간의 결속력을 다질 수 있다. 이러한 의미에서 오랜 기간 이어져 온 윷놀이는 개인주의가 팽배한 현대 사회에서 사라져서는 안 될 전통 놀이 중 하나이다.

다음으로, 강강술래는 노래, 춤, 놀이가 어우러진 원시 종합 예술이다. 놀이참가자들은 옆 사람과 손을 잡고 둥글게 원을 그리며 노래를 부르고 춤을 춘다. 강강술래라고 부른 이유는 노래의 매 소절 '강강술래'라는 후렴 소리를 붙이기 때문이다. 강강술래의 말뜻은 정확히 밝혀진 바는 없다. 전통적으로 강강술래는 우리나라의 대표적인 세시 절기인 설, 대보름, 단오, 백중, 추석, 9월 중구 밤에 연행되었으며 특히 팔월 추석날 밤에 대대적인 강강술래 판이 펼쳐졌다(국가유산청, 2025). 춤을 추는 여성 중에서 노래 잘하는 이가 앞소리를 하면 모든 사람이 뒷소리(강강술래)를 받는 선・후창의 형태이다. 이 놀이는 노래와 춤, 그리고 북이나 장구 등 한국의 전통적인 농악기로 반주하여 흥을 더한다. 강강술래는 1966년 국가무형문화재로 지정되어 보존・전승되고 있으며, 2009년 '유네스코 인류 무형유산 대표목록'으로 등재되었다. 강강술래 노랫말 예시는 다음과 같다.

〈강강술래〉 딸아 딸아 막내딸아 강강술래 발을 벗고 샘에 가냐 강강술래 텃논 팔아 신 사주랴 강강술래 텃밭 팔아 종 사주리 강강술래	신도 싫고 종도 싫고 강강술래 저 건네 묵은 밭에 강강술래 검은 석포라 달려주게 강강술래 -중 강강술래(중중모리) 출처: 사단법인 한국판소리 보존회

강강술래는 현대 사회에서는 남녀노소 누구나 즐길 수 있는 놀이이다. 그러나 옛날에는 여성들만 즐기는 놀이였다. 이 놀이의 기원에 관한 다양한 설이 있지만, 강강술래는 원시시대의 부족이 달밤에 축제를 벌여 노래하고 춤추던 풍습에서 비롯된 놀이라고 보는 것이 타당하다. 강강술래 놀이는 바깥출입이 자유롭지 못했던 전통사회 여성들에게 달밤에 손을 맞잡고 노래를 부르며, 몸을 움직이는 것은 몸과 마음의 해방을 주기에 충분하였을 것이다. 이 놀이는 놀이나 노래에 일정한 순서가 없고, 이끌어 가는 사람에 따라 자유롭게 놀이가 진행될 수 있다. 또한 한 번으로 끝나는 것이 아니라 초저녁에 시작하여 밤늦게까지 놀기 때문에 여러 사람이 선창하며, 이에 따라 놀이도 다양하게 전개될 수 있다.

출처: 전통문화 포털, “강강술래 대형”

2) 현대 놀이

한국의 현대 놀이문화는 온라인 게임과 보드게임, 술 게임, 노래방 등의 오프라인 놀이가 다양한 형태로 나타나고 있다. 현대에도 전통 놀이는 여전히 중요한 문화적 요소로 남아있지만, 사회변화에 따른 새로운 형태의 놀이가 등장하여 사람들의 여가 생활을 더욱 풍요롭게 하고 있다. 청소년들의 온라인 게임 과몰입은 사회적 문제로 대두되기도 하였지만, 온라인 게임을 즐기는 상당수의 사람은 가상 현실 세계에서 상호작용을 통해 타인과의 관계를 형성하기도 하고, 가상 현실의 관계를 현실 세계까지 이어가기도 한다. 온라인 놀이를 즐기는 사람들에게 이는 스트레스 해소 수단이 되기도 하고 여가를 즐기는 수단이 되기도 한다. 그러나 본 장에서는 폭넓은 층이 즐기는 오프라인 놀이문화를 중심으로 한국인의 일상생활 속의 흥 문화를 살펴보도록 한다.

COVID-19 이후 젊은이들은 온라인 놀이뿐만 아니라 오프라인 놀이를 즐기는 경향이 두드러지게 나타났다. 특히 노래방은 남녀노소 누구나 즐기는 놀이이며, 동전노래방은 10대들의 선호도가 높다. 노래방은 일본의 가라오케에서 왔지만,

이제는 한국 문화로 인식될 정도로 한국 사회에 자리 잡았으며, 옥스퍼드 사전에 'noraebang'으로 등록된 것을 계기로 해외에서도 많은 주목을 받고 있다. 이는 음주·가무를 즐기는 한국인들의 흥 문화와 밀접한 관계가 있는 것으로 보인다.

한국인의 흥은 지난 2019년부터 시작한 '내일은 미스터 트롯' 프로그램을 통해서도 알 수 있다. '미스터트롯'은 2025년 현재 '시즌3'이 진행 중이다. 시즌1은 전 국민을 트롯 신드롬에 빠트릴 정도로 폭발적인 사랑을 받았으며, 무명의 가수 임영웅이 국민가수로 탄생할 수 있었다. 한국의 트롯은 한국 전통 음악의 요소를 바탕으로 한 대중음악으로서, 특히 중장년층에게는 어린 시절의 추억과 연결되어 있어 많은 사람에게 향수를 불러일으킨다. 또, 트롯 멜로디는 비교적 단순하고 쉽게 따라 부를 수 있어 대중적인 접근성이 좋다. 이는 다양한 연령층에서 쉽게 즐길 수 있도록 한다. 트롯은 주로 사랑, 이별, 그리움 등 인간의 감정을 진솔하게 표현하는 가사로 구성되어 있어, 많은 사람이 자신의 감정을 대변할 수 있다고 느끼게 한다. 트롯은 그 특유의 경쾌한 리듬과 서정적인 가사로 인해 일상에서의 스트레스를 해소하는 데도 도움을 준다.

참고: 전 세대가 즐기는 노래방(핀포인트뉴스, 2025.01.27.)

27일 국내 노래방 업계 매출 1위 TJ미디어(티제이미디어)에 따르면, 한국만의 노래방 문화가 영어권에서 관심을 받고 있고, 해외에서의 노래방 인기가 역으로 한국에서 재조명되고 있다. 이런 영향으로 노래방이 국내에서도 젊은 층뿐만 아니라 가족 단위로 찾는 이용객이 늘어나는 등 가족 문화공간으로 진화하고 있다.

노래방이 가족형 문화공간으로 거듭나고 있는 것은 10대의 놀이문화 영향도 크다. 10대들 사이에서 '마라탕-탕후루-코인노래방-인생네컷'으로 이어지는 코스가 놀이 문화로 자리매김했고, 이 영향으로 자녀들과 함께 노래방을 찾는 가족 단위의 손님 역시 늘어나고 있기 때문이다.

특히 코인노래방(코노)은 부르는 만큼 곡당 이용료를 지불하는 과금 방식인 데다 고급스러운 인테리어에 고성능 음향시설까지 갖춘 편리하고 쾌적한 시설이다. 국내 코노의 대다수를 차지하는 TJ노래방은 반주뿐만 아니라 영상까지 전 세대를 아우르는 고품질 콘텐츠가 다량 탑재되어 있어 불경기인 요즘, 온 가족이 건강하고 즐겁게 즐길 수 있는 합리적인 문화공간으로 평가받는다.

TJ미디어 관계자는 "한동안 뜸했던 가족 단위 손님 증가와 음향시설 및 인테리어 고급화 등의 요인으로 노래방이 즐거운 문화공간으로 거듭나고 있다"며 "다가오는 설에는 가족들과 함께 노래방을 찾아 즐거운 추억 만들어보시길 바란다"라고 말했다.

"아파트, 아파트, 아파트, 아파트, 아파트, 아파트"로 시작하는 블랙핑크 멤버 로제의 노래 APT.는 국내외에서 선풍적인 인기를 끌었다. 이 노래가 커다란 파장을 일으키면서 세계인은 한국의 술 게임에도 관심을 보였다. 로제가 자신의 노래 APT.는 술 게임에서 영감을 얻었다고 밝혔기 때문이다. 문화평론가 하재근은 "흥겹고 중독성 있는 멜로디와 새로운 문화가 융합돼 외국인들이 술 게임에 재미를 느낀 것 같다."라고 말했다.

"아파트" 게임은 한국의 술자리에서 자주 즐기는 간단한 게임 중의 하나로서 주로 손동작과 음성의 크기를 조절하는 방식으로 진행된다. 이 게임은 참여자들의 집중력과 주의력을 시험하면서도 많은 웃음을 자아낼 수 있게 한다. 아파트 게임은 단순하지만, 반복적인 리듬과 음성 크기의 변화로 인해 참여자들에게 큰 재미를 준다. 게임을 통해 자연스럽게 술자리의 분위기를 돋울 수 있으며, 참여자들 간의 친밀감도 높일 수 있다.

술 게임은 단순히 술을 마시는 것 이상으로, 참여자들 간의 유대감을 형성하고 흥겨운 시간을 갖도록 하는 데 중요한 역할을 한다. 게임의 규칙은 상황에 따라 다양하게 변형될 수 있으며, 술자리의 분위기에 맞춰 유연하게 응용될 수 있다. 수백 개로 추정되는 술 게임의 공통점은 따라 하기 쉬운 중독성 있는 멜로디가 반복된다는 것이다. 이러한 술 게임은 단순히 술을 마시기 위한 게임이 아닌, 술자리의 어색함을 해소하여 친밀감을 높일 수 있는 도구 중 하나이다. 최근 개인의 사생활을 중시하는 사회적 분위기에 의해 조직사회에서 술자리 문화가 많이 사라졌지만, 사적 모임에서는 여전히 성행되고 있다는 점에서 술 게임은 공동체를 중시하는 한국 사회의 일면을 보여준다고 할 수 있다.

로제의 아파트가 인기를 얻으면서, 외국인들이 술게임인 아파트 게임을 하는 챌린지를 소셜네트워크서비스에서 공유하고 있다. 로제 인스타그램 캡처

출처: 중앙일보, 2024.11.02.

토론거리

1. 정월대보름축제가 전통사회의 구성원에게 어떠한 기능을 하였는지에 대해 토론해 보자.
2. 나라마다 다양한 놀이 문화가 존재한다. 각국의 전통 놀이를 소개해 보자.
3. 한국의 흥 문화가 K-컬처의 글로벌화에 미친 영향에 대해 토론해 보자.

읽을거리

고려대학교민족문화연구소(1982). 「세시풍속 · 전승놀이」. 한국민속대관 4.
국립 민속 박물관(2004). 『한국 세시 풍속 사전』.
한국민속대백과사전(folkency.nfm.go.kr). 「정월대보름」, 「강강술래」, 「쥐불놀이」, 「줄다리기」.

제 8 장

한국인의 연애와 결혼

1. 연애와 결혼관의 변화

1) 한국의 결혼제도의 변화

세계 어느 나라든 각 나라에는 고유한 결혼 풍습이 있으며, 연애관 또한 조금씩 다르다. 한국 역시 예외가 아니다.

먼저, 한국의 결혼 제도가 어떻게 변화했는지에 대해 살펴보도록 한다. 한국의 결혼 문화는 삼국시대에서 현대까지 시대별로 큰 변화를 겪어왔다. 각 시대의 정치, 경제, 사회적 배경이 결혼 문화에 큰 영향을 미쳤으며, 이를 통해 한국 사회의 결혼 문화의 변천사를 이해할 수 있다. 삼국시대부터 최근까지 시대별로 결혼 문화의 특징과 변화가 어떻게 진행되었는지에 대해 알아본다.

삼국시대의 결혼 제도는 부족 간의 연합이나 정치적 동맹을 강화하는 수단으로 활용되었다. 특히 왕족과 귀족 계층에서는 정략결혼이 일반적이었다. 고구려는 중매혼이 일반적이었고, 백제에는 일부다처제의 풍습이 있었고, 신라 시대에는 화랑도와 같은 조직을 통해 젊은 남녀가 자연스럽게 만나 교류할 기회가 있었다.

고려 시대에는 일부일처제가 일반화되었지만, 귀족 계층에서는 일부다처제가 허용되기도 했다. 또한 왕실에서는 근친혼이 성행했고, 혼인 풍습에는 불교적 요소가 강하게 반영되었다. 고려 시대에는 여성의 재혼이 비교적 자유로웠고, 또 사회적 지위도 상대적으로 높았던 것으로 알려져 있다.

조선 시대에 들어와서 유교적 가치관이 결혼 문화에 큰 영향을 미쳐 계급과 나이에 따라 다양한 제한이 있었다. 특히 남성 중심의 가족 제도가 확립되었으며, 결혼은 두 가문의 결합으로 여겨졌다. 중매결혼이 일반적이었으며, 혼인 예식도 매우 엄격했다. 여성은 남성에게 복종해야 했으며, 혼인 후에는 시가(남편의 가족)를 중심으로 생활해야 했다.

출처: 경주향교

일제강점기에는 전통적인 유교적 결혼 문화와 서구식 결혼 문화가 공존했다. 일부 계층에서는 연애결혼이 등장하기 시작했지만, 대부분은 중매결혼이 여전히 일반적이었다. 서구 문물이 유입되면서 결혼 문화에도 변화가 생겼지만, 서민층의 대부분은 여전히 전통적인 방식을 고수했다. 이 시기에는 신식 교육을 받은 젊은이들 사이에서 연애결혼이 점차 퍼지기 시작했고, 1930년대 후반부터 오늘날과 같은 예식장에서 혼례를 올렸다.

해방과 한국전쟁 이후, 경제적 어려움 속에서도 전통적인 중매결혼이 주로 이루어졌다. 가족 간의 합의가 중요했으며, 결혼은 경제적 안정을 위한 하나의 수단이기도 했다. 1970~1980년대에는 산업화와 경제 성장으로 인해 젊은이들이 도시로 대거 이주하면서 연애결혼이 증가했다. 그러나 여전히 가족의 의견이 중요했고, 혼수와 예물 문화가 발달했다. 1990~2000년대부터 개인주의적 가치관이 확산하면서 결혼은 개인의 선택으로 여겨지기 시작했다. 또한 여성의 사회 진출이 활발해지면서 결혼 연령이 점차 높아졌다.

2010년대 이후 비혼, 만혼, 동거 등 새로운 트렌드가 등장했다. 이러한 현상으로 인해 경제적 부담, 직장생활의 불안정성 그리고 개인주의적 가치관 등이 확산하면서 결혼을 미루거나 포기하는 사람들도 늘어나게 되었다.

한국의 결혼 문화는 삼국시대의 정치적 동맹, 고려 시대의 불교적 영향, 조선 시대의 유교적 가치관, 일제강점기의 전통과 서구문화의 혼재, 현대의 새로운 결혼 트렌드 등 시대별로 다양한 변화를 겪어왔다. 특히 최근에는 경제적 어려움과 개인주의적 가치관이 확산하면서 결혼에 대한 전반적인 사회적 가치와 인식이 크게 바뀌었다. 이러한 변화는 한국 사회의 발전과 함께 앞으로도 계속될 것으로 보인다.

2) 한국인의 연애와 결혼관의 변화

최근 한국인의 연애와 결혼관은 큰 변화를 겪었다. 이런 변화는 사회적, 경제적, 문화적 요인들이 복합적으로 작용한 결과이기도 하다. 과거에는 연애가 결혼의 전 단계로 여겨졌으며 중매결혼이 일반적이었다. 현대에 접어들면서 연애가 개인의 선택으로 인식되며 다양한 형태의 결혼으로 발전하고 있다. 예를 들어, 동거, 비혼, 만혼 등이 점차 일반화되고 있다. 특히 젊은 세대들은 결혼 전 다양한 연애 경험을 중요시하며, 결혼을 서두르지 않는 경향을 드러낸다.

한국인의 평균 초혼 나이는 지속적으로 상승하고 있다. 통계청 자료에 따르면, 2022년 기준 남성의 평균 초혼 나이는 33.7세, 여성은 31.3세로, 1990년대에 비해 약 5~6세가량 높아졌다. 이는 결혼을 위한 경제적 부담, 교육 기간의 연장, 개인적 자유 추구 등이 복합적으로 작용한 결과에서 비롯한 것으로 볼 수 있다. 과거 결혼이 필수적인 삶의 과정으로 여겨진 때도 있었지만, 현재는 결혼을 개인의 선택에 맡기는 경향이 강해졌다. 특히 비혼이나 독신 생활을 선택하는 사람들이 증가하고 있으며, 이런 현상은 결혼에 대한 사회적 압박이 줄어들고 개인의 삶의 질을 중시하는 경향이 반영된 것으로 볼 수 있다.

과거에는 경제적 안정, 가족 간의 합의 등 이성적 요인이 결혼의 주요 기준이었다면, 현대에는 상대방과의 감정적 교감, 공통된 가치관, 호감 등 감정적 요인이 결혼의 중요한 기준으로 자리 잡았다.

한국의 젊은 세대가 보여준 결혼 변화의 요인을 살펴보면 다음과 같다. 우선, 경제적 요인을 들 수 있다. 결혼과 출산에 대한 경제적 부담이 커지면서 많은 젊은 세대가 결혼을 미루거나 아예 결혼을 하지 않는 선택을 하고 있다. 무엇보다도, 주택 가격 상승과 고용 불안정은 결혼을 미루게 만드는 주요한 원인으로 작용하였다. 예를 들어, 서울을 비롯한 대도시 지역의 높은 집값과 전세금으로 말미암아 젊은이들은 결혼을 준비하는 데 큰 어려움을 느낀 것으로 볼 수 있다. 또한 여성의 사회 진출이 증가하면서 결혼에 대한 인식이 변화한 것에서도 원인을 찾을 수 있다. 특히 여성의 교육수준이 향상하였고, 덩달아 경제 활동 참여율이 높아지면서 여성들의 경우 경제적 독립이 가능해졌고, 그에 따라 결혼을 필수적인 선택으로 여기지 않는 경향이 강해졌다. 덧붙여, 여성들이 직장과 가정을 병행하는 데 어려움을 느끼면서 결혼을 미루거나 포기하는 사례도 늘어나는 추세를 보인다.

개인주의적 가치관이 확산하면서 결혼을 미루려는 데 영향을 미친 것으로 볼 수 있다. 개인의 자유와 행복을 중시하는 가치관이 확산되면서 결혼과 가족에 대한 전통적 가치관이 약화할 수밖에 없게 되었고, 이에 젊은 세대들은 결혼보다는 개인의 성장과 자기실현에 더 강조를 두는 경향이 두드러지게 되었다.

최근 SNS와 온라인 소개팅 앱의 등장으로 연애와 결혼 방식도 크게 변화했다. 예를 들어, 틴더, 위피, 글램 등과 같은 소개팅 앱을 통해 매우 다양한 사람들을 만나며 교류하게 됨으로써 전통적인 중매나 소개팅 방식보다는 개인적인 선택이 강조되는 경향을 띤다.

이처럼, 한국인의 연애와 결혼관은 경제적, 문화적, 사회적 흐름에 따라 크게 변모하는 모습을 보였다. 경제적 부담, 여성의 사회 진출, 개인주의적 가치관 확산 등이 이러한 변화의 주요 원인으로 거론될 수 있다. 미래에도 이러한 변화는 지속할 것으로 보이며, 다음에서 보는 바와 같이 결혼과 가족을 둘러싼 새로운 형태가 나타날 것으로 볼 수 있다.

3) 새로운 가족 형태의 등장

결혼하지 않고 독신으로 살아가는 삶을 선택하는 비혼 경향이 늘어나고 있다. 특히 여성들은 전통적인 가족 역할에서 벗어나 자신의 삶을 즐기려는 경향이 강하다. 또한 경제 활동을 하는 여성의 증가와 함께 이런 현상이 두드러질 것으로 볼 수 있다. 전통적인 가부장적 사회에서는 여성의 사회 진출이 어려워 경제 활동에도 제한이 있었지만, 지금은 활발한 경제 활동과 함께 비혼 여성이 증가하는 추세를 보인다. 결혼 연령이 점점 늦어지는 만혼 경향도 찾을 수 있는데, 그런 만혼의 이유는 학업과 직장생활에 대한 투자 증가, 그리고 경제적 안정 후 결혼을 고려하는 경향이 강해진 것으로 찾을 수 있다. 이런 현상은 남녀 모두에게 공통적으로 나타나는 것으로 볼 수 있다.

아울러, 결혼보다는 동거를 통해 먼저 관계를 시험해 보는 커플들도 점점 증가하고 있다. 동거는 결혼에 대한 부담을 줄이기 위한 선택으로 볼 수 있다. 연애 후 반드시 결혼하기보다는, 동거를 통해 관계의 안정성을 확인하며 결혼 여부를 신중하게 결정하는 예도 많아지고 있다. 중매 후 결혼을 하였던 기성세대와는 확연히 다른 경향성을 보인다.

결혼보다는 작은 행복을 추구하는 문화, 이른바 소확행(작지만 확실한 행복)이 퍼지고 있다. 결혼을 미루거나 포기하고 여행, 취미, 자기 계발 등에 시간을 투자하는 사람들도 증가하고 있다. 또 가족 구성원의 형태에서도 많은 변화를 보인다. 한국은 전통적으로 대가족 중심이었지만 현재에는 다음과 같은 다양한 형태의 가족 구성이 이루어지고 있다.

1인 가구는 현재 한국에서 가장 빠르게 증가하는 가족 형태이다. 젊은 층뿐만 아니라 중장년층 및 노년층에서도 1인 가구가 급증하는 추세를 보인다. 이런 1인 가구 등장의 중요한 원인은 독신주의, 경제적 부담, 개인의 삶을 중시하는 경향과 밀접히 관련될 것이다.

법적으로 결혼하지 않았지만, 함께 생활하는 커플이나 공동체 형태인 비혼 동거 가족도 증가하고 있다. 법적 혼인 관계가 아니더라도 가족의 형태로 인정받기를 원하는 사람들이 많아지고 있다. 이혼율 증가, 비혼 출산 등의 이유로 한부모 가정이 증가하고 있다. 사회적 인식이 긍정적인 변화를 보이지만, 여전히 경제적·제도적 지원이 필요한 경우가 많다. 과거에는 남성이 경제 활동을 주로 하고 여성이 가사·육아를 담당하는 경우가 많았지만, 현재는 맞벌이가 대세로 자리 잡고 있다. 이런 상황에서 육아 휴직, 공동 육아 등이 한층 중요해지고 있다. 또한 국제결혼 증가로 인해 한국 사회에서도 다문화 가족이 크게 증가하고 있다. 자녀 교육, 언어 문제, 사회적 편견 등에서 어려움을 겪기도 하지만 점점 자연스러운 가족 형태로 자리 잡아 가고 있다.

과거 한국 사회에서는 중매혼 중심의 결혼 형태와 가족 단위의 결정이 중요하였지만, 지금은 자유로운 연애와 개인의 선택을 존중하는 가족 형태로 변화했다. 그리고 결혼을 필수라고 하는 사고에서 벗어나 결혼을 선택으로 바라보는 젊은이들이 크게 증가하였다. 게다가 출산과 양육을 당연한 의무라는 인식에서 벗어나 비혼주의를 적극 수용하는 추세를 보이며, 남성 중심의 가부장적 문화에서 벗어나서 남녀평등 의식이 일반화되고 있다. 이런 결혼과 가족을 둘러싼 커다란 인식 변화는 다양한 미디어의 보급에 영향을 받으면서 젊은이들의 가치관이 바뀐 것과 관련될 것이다. 이런 사회적 가치관의 변화와 함께 새로운 형태의 가족 형태가 속속 등장하여 미래형 가족이란 어떤 모습일지가 잘 가늠되지 않을 정도라 할 것이다.

2. 미디어를 통하여 본 연애관과 결혼관

1) 미디어를 통해 본 연애와 결혼의 변화

최근 한국의 영화, 드라마, 예능 프로그램 등의 미디어를 통해 본 한국 젊은이들의 결혼 문화는 다양한 사회적 변화상을 반영하는 것으로 볼 수 있다. 이러한 미디어 속 결혼 문화는 비혼, 만혼, 독신 생활, 동거 등 현대 한국 사회의 결혼 트렌드를 반영하며, 젊은 세대의 가치관 변화와 깊은 관련을 가질 것이다. 미디어를 통해 본 한국의 결혼 문화에 대해 좀 더 자세히 살펴보도록 한다.

한국의 영화, 드라마, 예능 프로그램을 통해 본 젊은이들의 연애관은 과거보다 훨씬 다양하고 현실적이며 개인의 가치관을 중시하는 방향으로 변화하고 있다. 주요한 흐름은 다음과 같다. 첫 번째로 결혼에 대한 인식 변화이다. 과거 드라마에서는 연애가 곧 결혼으로 이어지는 구조가 많았지만, 최근에는 결혼보다 연애 자체를 즐기는 태도가 강조되고 있다. 드라마 ≪이번 생은 처음이라≫(2017)에서는 경제적 이유로 결혼을 계약처럼 여기는 모습이 등장하고, 영화 ≪결혼전야≫(2013)에서는 결혼을 앞둔 다양한 커플의 현실적인 고민을 다루고 있다.

두 번째로 비혼 및 딩크(DINK) 가치관의 반영이다. 젊은 층에서는 결혼을 필수가 아닌 선택으로 보는 인식이 강해지고 있으며, 아이를 갖지 않는 DINK족(Double Income No Kids) 커플도 증가하는 추세이다. 드라마 ≪우리들의 블루스≫(2022)에서는 비혼주의를 선택하는 여성 캐릭터가 등장하고, 예능 ≪나는 SOLO≫(2021)에서는 일부 출연자가 결혼을 강요하지 않고, 다양한 연애관을 존중하는 모습을 보여준다.

세 번째로 연애를 둘러싼 현실적인 문제들의 조명이다. 경제적 문제, 개인의 성장, 독립성 등이 연애와 결혼에서 중요한 요소로 작용하는 사례가 많아졌다. 드라마 ≪나의 해방일지≫(2022)에서는 연애보다 개인의 자아실현과 자유를 더욱 중요하게 여김을 보여준다. 또 드라마 ≪서른, 아홉≫(2022)에서는 현실적인 관계와 독립을 중요하게 생각하는 30대 여성들의 연애관을 조명한다.

마지막으로 연애의 다양성 인정(동거, 연상연하, 국제 연애, 동성애 등)이다. 전통적인 연애관(남성 주도, 결혼 전제)에서 벗어나 다양한 연애 방식이 자연스럽게 수용되고 있다. 드라마 ≪사이코지만 괜찮아≫(2020)는 트라우마와 심리적 상처를 안고 있는 사람들의 사랑 이야기이고, 예능 ≪환승연애≫(2021)에서는 이별 후 다시 재회하는 과정과 연애에 대한 각자의 가치관 변화를 조명한다.

전통적인 결혼 관념에서 벗어나 개인의 행복과 자유를 중시하는 현대적 가치관을 반영한 드라마도 찾을 수 있다. 드라마 ≪결혼백서≫(2022)는 K-예비부부의 결혼을 준비하는 현실적인 고민을 다루며, 결혼에 대한 부담감과 경제적 어려움을 사실적으로 그렸다. 그리고 드라마 ≪나의 해방일지≫(2022)에서는 가족과의 관계, 사회적 압박 속에서도 자신만의 삶을 찾아가는 젊은이들의 이야기를 통해 결혼이 아닌 다른 방식의 행복을 추구하는 모습을 보여주었다. 이러한 드라마들은 결혼이 더는 인생의 필수 코스가 아니라는 현실을 반영하며, 젊은 세대가 결혼보다 개인의 삶의 질을 더 중요하게 생각한다는 점을 강조한다.

특히 한국 드라마에서는 젊은 세대의 결혼 문화와 가치관 변화를 생생하게 보여주기도 한다. 비혼, 만혼, 독신 등이 특이한 현상이 아니라, 한국 사회의 새로운 흐름으로 자리매김하고 있다. 이런 변화는 경제적 어려움, 개인주의적 가치관 확산, 그리고 여성의 사회적 지위 상승 등의 요인들이 영향을 미친 것으로 볼 수 있다. 외국인들에게 "결혼은 선택, 필수가 아니다"라는 메시지가 한국 사회의 변화상을 잘 보여주는 것으로 비칠 수 있다.

비혼주의 확산을 잘 보여주는 드라마를 통해 시대적 변화와 새로운 사회적 이슈를 볼 수 있으며, 특히 결혼 문화와 가치관의 변화를 잘 보여주는 창구 역할을 찾을 수 있다. 최근 드라마인 ≪그놈이 그놈이다≫(2020)와 ≪오 마이 베이비≫(2020)를 통해 한국의 결혼 문화 변화를 볼 수 있으며, 또 비혼 현상의 대두, 그리고 향후 결혼 문화의 트렌드를 읽어낼 수 있다.

먼저, 결혼 문화의 변화에서 전통적 결혼관의 퇴색을 볼 수 있다. 과거 한국 드라마에서는 결혼이 필수적인 삶의 과정으로 그려졌으며, 가족과 사회의 기대에 부응하는 모습이 강조되었다. 그러나 최근 드라마에서는 결혼이 개인의 선택으로 여겨지며, 전통적 결혼관이 점차 퇴색함을 보여준다. 이는 실제 한국 사회에서도 나타나는 현상으로써 저출산, 개인주의적 가치관 확산, 경제적 부담 등이 결혼 기피로 이어짐과 같은 맥락을 볼 수 있다.

다음으로, 비혼주의 현상의 대두를 볼 수 있다. ≪그놈이 그놈이다≫와 ≪오 마이 베이비≫에서는 결혼을 하지 않고도 행복한 삶을 살아가는 캐릭터들이 등장한다. 특히 ≪오 마이 베이비≫에서는 주인공이 독신으로 아이를 키우는 모습을 통해 비혼이 더는 사회적 금기가 아님을 보여주고 있다. 이는 젊은 세대가 결혼보다 개인의 자유와 자기실현을 중시하는 가치관을 반영한 결과이다.

마지막으로, 경제적 요인과 사회적 압력의 변화를 볼 수 있다. 드라마 속 인물들은 결혼에 대한 경제적 부담을 고민하며, 이는 결국 현실의 한국 사회와도 맞닿아 있다. 주거비, 양육비, 교육비 등 결혼과 출산에 따른 경제적 부담이 커지면서 젊은이들이 결혼 자체를 미루거나 포기하는 현상이 두드러지고 있다. 또한 과거와 달리 결혼을 강요하는 사회적 분위기가 완화되면서 개인의 선택이 더욱 존중받고 있다.

2) 미디어를 통해 본 새로운 결혼 트렌드

결혼과 연애 드라마를 통하여 본 향후 결혼 문화의 트렌드는 다음과 같다. 먼저, 다양한 가족 형태의 등장이다. 앞으로의 결혼 문화는 전통적 결혼뿐만 아니라 동거, 비혼, 독신 육아 등 다양한 형태로 확장될 것이다. 드라마에서 보여준 것처럼, 결혼은 더 이상 유일한 선택지가 아니며, 개인의 삶의 방식에 따라 다양한 가족 모델이 존중받는 사회로 나아갈 것이다.

두 번째로 결혼과 육아의 분리이다. 결혼과 출산이 분리되는 현상이 두드러질 것이다. ≪오 마이 베이비≫에서처럼, 결혼하지 않고도 아이를 키우는 현상이 나타나고, 이는 정부의 출산 지원 정책과 사회적 인식 변화에 힘입어 더욱 확대될 것이다.

세 번째로 개인주의적 가치관의 강화이다. 젊은 세대는 연애, 결혼, 출산보다 개인의 행복과 자유를 우선시할 것이다. 이는 경제적 자립과 자기실현에 대한 욕구가 강해지면서 나타나는 현상으로, 결혼을 필수가 아닌 선택으로 여기는 문화가 더욱 증가할 것으로 보인다.

다음으로, 미디어가 젊은 세대의 연애관에 미치는 영향을 살펴보도록 한다. 먼저, 연애와 결혼에 대한 가치관 형성에 큰 영향을 미칠 것이다. 미디어에서 결혼을 필수가 아닌 선택으로 묘사하는 사례가 늘어나면서 젊은 세대들도 연애를 결혼과 별개의 개념으로 인식하는 경향이 뚜렷해지고 있다. 드라마 속 주인공들이 "결혼보다 나 자신이 중요하다"라는 태도를 보일수록 젊은 시청자들도 비슷한 생각을 하게 될 것이다.

두 번째로 다양한 연애 방식의 수용이다. 동거, 연상연하, 비혼 연애, 장거리 연애, 국제 연애 등 과거에는 일반적이지 않았던 방식이 미디어를 통해 점점 익숙해지고 있다. 예능 프로그램에서 여러 유형의 커플이 등장하면서 사회적으로도 연애의 다양성을 인정하는 분위기가 형성되고 있다.

세 번째로 연애 방식과 태도의 변화이다. ≪솔로지옥과≫과 ≪환승연애≫와 같은 연애 리얼리티 프로그램을 보면서 젊은이들은 자신의 연애 스타일과 비교하고, 새로운 관계 형성 방식을 배우게 된다. 예를 들어, 예능 속 연애 방식인 적극적인 대시, 밀당, 솔직한 감정 표현 등이 실제 연애 방식에도 영향을 미치며 반영될 수 있다.

출처: TVING

마지막으로 SNS와 미디어를 통한 '연애 판타지'의 확산이다. 드라마나 영화에서 이상적인 연애가 강조되면서 현실과의 괴리를 느끼는 경우도 많아졌다. "드라마 같은 연애"를 기대하는 경향이 커지면서 현실에서는 오히려 연애에 대한 부담감이 증가하는 경우도 생기고 있다.

미디어는 젊은 세대의 연애관과 결혼관에 큰 영향을 미치며, 연애를 현실적이고 다양한 관점에서 바라보게 하는 데 기여하고 있다. 비혼, 만혼, 독신 생활 등이 더 이상 특이한 현상이 아니라 한국 사회의 새로운 트렌드가 되어가고 있으며, 이러한 변화는 경제적 요인, 개인주의적 가치관 확산, 여성의 사회적 지위 상승 등의 영향을 받고 있다. 앞으로도 미디어는 한국 사회의 연애와 결혼 문화를 반영하며 새로운 트렌드를 보여줄 것이다.

3. 한국 결혼식 문화

1) 한국 결혼식의 독특한 문화

예전의 전통 혼례와는 달리, 최근 한국의 결혼식은 다른 나라와 비교했을 때 몇 가지 독특한 점이 있다. 이러한 문화적 요소들은 외국인들에게도 큰 인기를 끌고 있다.

먼저, 한국의 결혼 준비 과정을 살펴본다. 상견례는 양가 부모님이 만나 결혼을 허락하는 자리이다. 다음으로, 신랑, 신부가 서로에게 주는 예물과 신부 측이 신랑 집에 보내는 예단이 있다. 최근에는 결혼 문화의 변화에 따라 실용적인 선물을 주고받거나 간소화하는 추세이다. 결혼 준비 과정에서 가장 불필요한 것으로써 1위 예단, 2위 예물이라는 조사 결과도 있었다. 그리고 결혼 전 웨딩드레스를 입고 사진을 찍는 웨딩 촬영 문화가 일반적이다. 결혼식 일정을 알리는 청첩장을 친척, 친구, 지인들에게 발송한다. 최근에는 모바일 청첩장이 유행하고 있다.

한국의 결혼식은 전통적인 요소와 현대적인 요소가 결합한 독특한 형태를 갖는다. 다른 나라와 비교했을 때 한국 결혼식은 빠른 진행, 많은 하객, 축의금 문화, 그리고 스드메(스튜디오 촬영, 드레스, 메이크업) 등에서 특징을 보인다.

한국의 결혼식 문화가 갖는 특징에 대해 좀 더 자세히 살펴보도록 한다. 우선 약 1시간 내외로 결혼식을 마치는 빠른 진행이다. 한국의 결혼식은 일반적으로 1시간 내외로 진행된다. 외국에서는 하루 종일 결혼식이 이어지는 경우도 있지만, 한국에서는 여러 커플이 같은 웨딩홀을 공유하는 경우가 많아 빠르게 진행될 수밖에 없다. 하객들도 결혼식 후 식사를 마치면 바로 자리를 뜨는 경우가 많다.

한국 결혼식에서는 신랑, 신부의 가족뿐만 아니라 회사 동료, 친구, 부모님의 지인까지 초대되는 경우가 많다. 집안의 위세에 따라 하객 수가 수백 명에 달하는 경우가 있으며, 이런 하객 수를 고려한 연회장 예약이 일반적이다. 한국에서는 야외 결혼식보다 웨딩홀에서 진행하는 경우가 더 많다. 따라서 결혼식 후 피로연은 웨딩홀 내부의 뷔페에서 빠르게 진행되고, 하객들이 식사를 하는 도중에 신랑과 신부, 그리고 혼주가 다니면서 감사 인사를 나누는 것이 일반적이다.

또한 한국에서는 결혼식에 참석할 때 축의금(결혼을 축하하는 의미로 주는 돈)을 내는 것이 일반적이다. 하객은 신랑, 신부 및 혼주(신랑, 신부의 부모)의 친분에 따라 초대되며, 하객 대부분이 축의금을 전달한다. 축의금은 결혼식장 입구에서 봉투를 접수대에 제출하며, 보통 하객들에게 식사가 제공된다. 축의금의 액수는 관계에 따라 달라지며, 일반적으로 5만 원, 10만 원, 20만 원 이상을 내기도 한다. 신랑, 신부는 받은 축의금 명단을 확인하여 추후 결혼식에 초대받았을 때 비슷한 금액을 돌려주는 것이 일반적이다. 또 한국에서는 전통적으로 결혼식장 입구에 화환을 놓는 것이 일반적이었지만, 최근에는 화환 대신 현금이나 기부를 권장하는 추세가 확산하기도 한다. 이는 화환 비용이 부담스럽고, 결혼식 이후 처리에 대한 문제가 따르기 때문이다.

한국의 결혼식 준비 과정에서 중요한 '스드메'는 스튜디오 촬영 + 드레스 + 메이크업의 줄임말이다. 한국에서는 결혼을 준비할 때 스튜디오 촬영, 드레스, 메이크업(스드메)을 한 패키지로 묶어 진행하는 것이 일반적인데, 최근 비용이 천정부지로 오르면서 신혼부부의 결혼에 걸림돌이 된다는 좋지 않은 여론까지 확산되고 있다.

2) 최근 한국의 결혼식 문화

끝으로, 최근 한국 결혼식의 또 다른 특징에 대해 간략히 살펴본다. 먼저, 주례 없는 결혼식이 증가하고 있다. 과거에는 주례를 모시고 신랑, 신부에게 덕담을 해주는 것이 일반적이었지만, 최근에는 주례 없는 결혼식이 많아지고 있다. 주례 대신 친구나 가족 혹은 전문 진행자가 사회를 맡아 자유로운 분위기에서 식을 진행하는 경우가 많다.

덧붙여, 스몰 웨딩(작은 결혼식)을 하는 젊은 커플이 많아지고 있다. 과거에는 수백 명의 하객을 초대하는 대형 결혼식이 많았지만, 최근에는 가족과 친한 친구들 몇 명을 소규모로 초대하는 스몰 웨딩이 인기를 끌고 있다. 갤러리, 하우스 웨딩, 한옥, 야외 정원 등의 특별하고 기억에 남을 장소를 배경으로 신혼부부에게 특별히 의미를 주는 형태로 식을 거행하기도 한다. 이외에도 일부 커플은 웨딩홀 대신 자유롭게 야외에서 결혼식을 거행하거나 해외여행을 겸해서 스몰 웨딩을 올리기도 한다.

최근 결혼식에서는 축의금을 둘러싼 사회적 논란이 일고 있다. 축의금은 결혼식 비용을 보조하는 중요한 요소이지만, 최근에는 축의금 액수에 대한 부담과 인간관계에 미치는 영향이 논란의 중심에 있다. 특히 축의금 액수에 따라 인간관계를 바라보는 측면에서 이것이 사회적 문제로 떠오르고 있다. 최근 카카오페이에서 조사한 축의금 송금 관련 데이터 분석에 따르면, 축의금은 2021년 평균 7만 3000원에서 2022년 8만 원, 2023년 8만 3000원, 2024년 9월 기준으로 9만 원으로 조사되었다. 연령대별로 보면, 20대 6만 원, 30~40대 10만 원, 50~60대 12만 원 정도를 축의금으로 지출하고 있었다(동아일보, 2024.11.5). 축의금은 흔히 웨딩홀에서 제공하는 식비를 기준으로 하는 경우가 많은 관계로 식비 인상에 따라 이런 논란이 지속될 것으로 보인다.

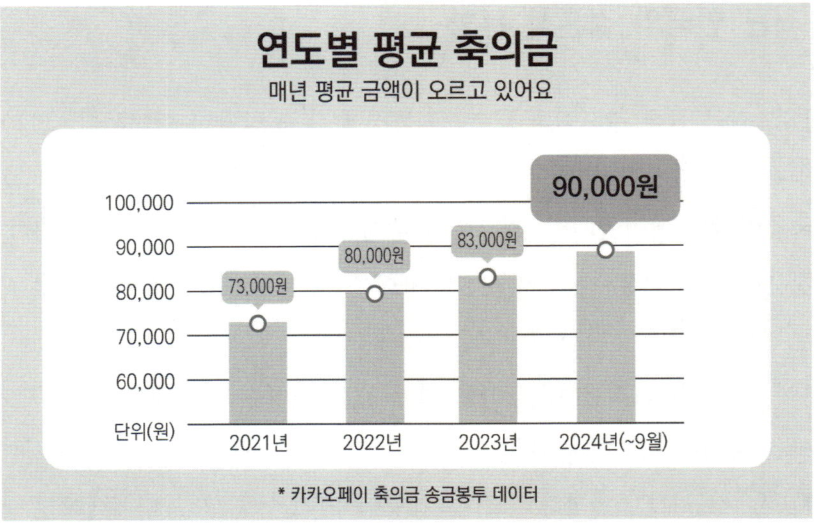

출처: 월드스타

한국의 결혼식 문화는 독특한 형태를 띠는 것으로 볼 수 있다. 짧은 예식 시간, 많은 하객, 축의금 문화 등에서 그 특징적 측면을 찾을 수 있지만, 최근에는 축의금 논란, 화환 감소, 스몰 웨딩의 증가 등의 측면에서 새로운 트렌드가 나타나고 있다. 이런 변화는 결혼식의 형태와 의미를 다시 한번 생각해 보게 하는 계기가 되고 있으며, 앞으로 결혼식 문화는 시대에 맞춰 변화할 것으로 예상된다.

〈표 8-1〉 한국과 외국의 결혼식 비교

항목	한국 결혼식	외국 결혼식(예: 미국, 유럽)
진행시간	약 1시간 내외	온종일 진행되는 경우 많음
하객 수	많음(보통 100~300명)	비교적 적음(보통 50~100명)
축의금 문화	축의금 봉투를 주는 것이 일반적	선물 리스트(웨딩 레지스트리) 제공
웨딩 촬영	결혼 전 '스튜디오' 촬영 진행	결혼식 당일 자연스럽게 촬영
식사 제공	보통 뷔페 스타일 제공	정식 코스로 식사 제공
폐백 의식	일부 진행(전통 혼례)	없음

토론거리

1. 오늘날 다양한 미디어가 젊은 세대의 연애관과 결혼관에 미치는 영향은 무엇이며, 앞으로 어떤 변화가 예상되는가?

2. 한국 결혼 문화의 많은 변화에는 어떤 사회적 배경이 영향을 미치는가?

3. 한국 결혼식 문화의 특징은 무엇이고 최근 논란거리가 되는 축의금 문제에 대해서 어떻게 생각하는가?

읽을거리

박상훈(2024). 『결혼과 가족』. 동문사.
안혜진(2023). 『맞지 않는 선 이야기』. 북스토리.
주영하 외(2021). 『두 가지 스타일의 한국 결혼식』. 한국학중앙연구원출판부.

제 9 장

한국인의 여가 생활

1. 세대별 여가 생활 비교

1) 한국인의 여가 생활의 변화

현대인은 일만 하면서 살 수 없는 시대에 살아가고 있다. 생계를 위한 노동활동, 의식주 활동 등을 둘러싼 여러 가지 일상 활동을 하지만 일을 하고 난 뒤에는 휴식을 취하며 피로를 푸는 행위를 함으로써 일상생활을 여유롭게 누리려 할 것이다. 이런 점에서 일과는 별개의 여가 활동이 매우 중요한 의미를 지니며 새로운 삶의 가치로 부각하고 있다. 점점 더 개인화되고 다양성이 강화하는 오늘의 시대 상황에서 여가 활동은 부차적이 아닌 본질적 의미로 다가서는 것으로 볼 수 있다.

그러면 '여가'는 어떤 의미를 지니고 있을까? 여가는 경제 활동 이외의 시간으로써 휴식을 겸한 다양한 취미활동을 포함하며, 개인이 자유롭게 활용할 수 있는 시간으로 정의된다. 우리말에서는 여가(餘暇)는 일이 없어 한가로운 시간을 의미한다. 그래서 여가는 '여가를 선용하다', '여가를 활용하다' 등의 표현으로 사용된다.

한국인들의 여가 생활은 시대별, 세대별로 뚜렷한 변화를 보인다. 과거에는 노동 중심, 단체 중심의 여가생활이 주를 이루었지만, 현재는 개인 중심의 디지털 기반 여가 활동이 확산되고 있다. 과거에는 산업화로 인해 노동 시간이 길어 여가 시간이 부족했다. 그래서 사람들은 집에서 휴식을 취하거나, 동네 사람들과 혹은 직장 동료들과 운동을 하거나 놀이를 즐기는 단체 활동 중심으로 여가 활동을 했다.

그러나 경제 성장과 더불어 현재 주 52시간 근무제가 도입되면서 여가 시간이 많이 늘어나게 되었다. 또한 스마트폰과 인터넷의 보급으로 디지털 기반 여가 활동이 확산하였고, 특히 온라인게임, SNS, OTT 이용이 급증하고 있다. 과거 한국인이 선호했던 여가 활동은 TV 시청, 휴식, 낮잠, 인터넷/게임, 산책/스포츠, 신문/잡지 보기, 친구 만나기/모임 참가 등이었다. 이외에도 가족 간의 대화/외식, 독서, 음악 감상, 라디오 듣기, 등산/낚시, 음주 등을 즐겼다. 특히 TV 시청과 휴식의 비중이 높은 것이 특징이었다. 또 다른 조사에 의하면 등산, TV 시청, 영화관람, 음악 감상, 걷기/산책 등의 순서로 여가 활동을 즐겼다.

이는 현재의 여가 활동과 뚜렷한 차이를 보인다. 또한 한국인의 세대별 여가 생활은 각 세대의 출생 연도와 성장 환경에 따라 뚜렷한 차이를 보인다. '2020 경기도민 삶의 질 조사'(경기연구원)를 토대로 세대별 여가 활동 특성을 분석한 결과에 의하면, 밀레니얼 세대(1980~1994년생)와 Z세대(1995~2005년생) 사이에서도 여가 활동을 생각하는 가치관의 차이가 크게 나타났다. 이러한 가치관의 차이는 세대별로 다양한 특성을 고려한 여가 활동 정책이 필요함을 시사한다. 이 조사에서는 시니어 세대(1954년 이전), 베이비 붐 세대(1955~1963년), X세대(1964~1979년), 밀레니얼(Y) 세대(1980~1994년), Z세대(1995~2005년) 등으로 구분하였다.

세대별 여가 활동 특성을 비교해 보면 다음과 같다. Z세대(1995~2005년생)는 개인의 즐거움(52.9%)을 가장 중요시하며, 가족과 함께하는 시간(2.9%)이 최저 수준이었다. 그리고 여가 만족도에서도 전 세대 중 최저였고 여가시간 충분도와 여가비용 충분도도 전 세대 중에서 가장 낮았다. 주요 여가 활동은 게임, 인터넷 검색, SNS 등 디지털 활동 중심이었다.

밀레니얼 세대(1980~1994년생)는 개인의 즐거움(41.4%)과 가족과 함께하는 시간(16.6%)을 모두 중요시한다. 여가 만족도와 여가 시간의 충분함은 Z세대보다 높지만, 여전히 개선이 필요하며, 여가 비용의 충분함도 Z세대보다 높지만, 경제적 부담을 느끼는 것으로 나타났다. 소비 트렌드에 민감하며, 다양한 여가 활동을 추구하는 것으로 나타났다.

X세대(1964~1979년생)는 개인의 즐거움과 가족과 함께하는 시간을 모두 중요

시하지만, Z세대와 밀레니얼 세대보다는 상대적으로 낮은 비중을 차지한다. 여가 만족도는 중간 수준을 기록하지만, 다양한 여가 활동에 참여하는 경향이 있고 전통적인 여가 활동과 새로운 트렌드를 모두 즐기는 세대이다.

베이비 붐 세대(1955~1963년생)와 시니어 세대(1954년 이전 출생)는 건강(36.2%)을 가장 중요시하며, 개인의 즐거움(34.1%)도 상당히 중요하게 생각한다. 고령층일수록 주로 TV 시청, 산책/걷기 등의 비율이 높게 나타나고, 비교적 저렴하고 접근성이 높은 활동에 중심을 두었다.

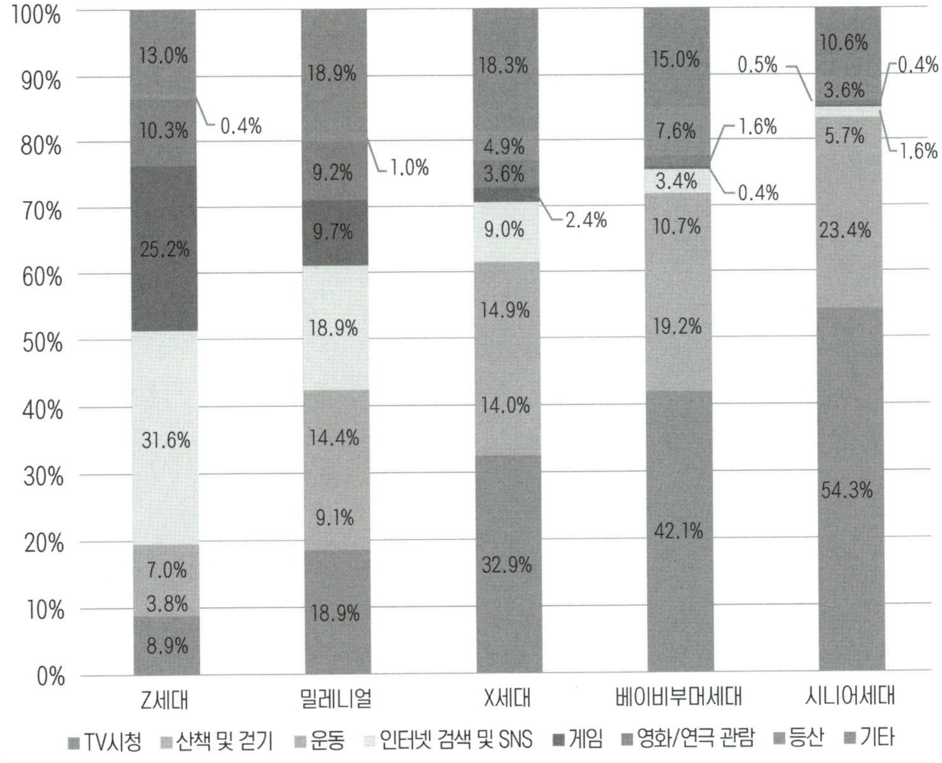

출처: 경기연구원의 '2020 경기도민 삶의 질 조사'

위의 조사 결과를 보면 한국인의 여가 활동은 세대별로 뚜렷한 차이를 나타낸다. 특히 디지털 기술의 발전으로 인해 Z세대와 밀레니얼 세대는 디지털 기반의 여가 활동을 선호한다. 반면에 고령층은 전통적인 여가 활동을 선호하는 경향이 있다. 또한 경제적 여유와 건강 상태가 여가 활동의 만족도와 직접적으로 연관되는 것으로 나타났다.

세대별 여가 생활의 특징을 분석하면 청년층은 SNS 활동, 온라인 게임, 여행 등의 활동적인 여가 생활을 가장 많이 즐기고 있었고, 중장년층은 등산, 여행, 다양한 문화생활 등 건강 및 자기 계발 중심의 여가 생활을 즐기고 있었다. 반면 고령층은 건강과 경제적인 이유 등으로 여가 생활을 비롯한 사회적 활동이 부족한 상황이었다.

또한 '2022 한국인의 직업의식 및 직업윤리'(한국직업능력연구원) 조사에 의하면 20대 직장인들에게 삶에 있어 가장 중요한 영역은 여가 생활이라고 하였다. 특히 여가 생활이 '가족생활'이나 '일'보다 중요하다고 응답했고, 여가와 취미가 희생된다면 직장을 옮길 수도 있다고 응답한 비율도 계속 상승하는 추세이다. 물론 세대별로 차이가 있어 30대는 가족과의 생활이 삶에서 가장 중요한 영역이고, 여가 생활은 '일'보다 후순위로 밀리는 경향을 보였다.

또 다른 '여가·문화·체육 주례조사'(컨슈머인사이트)에 의하면, 한국의 고령층은 여가 활동으로 관광과 여행, 스포츠 활동에 관심이 많았던 반면에 청년층은 오락과 휴식, 문화예술 관람에 대한 욕구가 크다고 하였다. 이는 나이가 들수록 정적인 활동을, 젊을수록 동적인 활동을 좋아한다는 그동안의 기존 사회의 일반적인 생각과는 다른 결과를 보여 주목을 받았다(파이낸셜뉴스, 2022.5.17). 여가 활동의 관심도는 오락/휴식(64%), 관광/여행(59%), 자기계발/자기관리(42%), 운동/스포츠 직접 하기(38%) 등이었고, 이어 사회교류, 문화예술 관람하기, 스포츠 관람하기 순으로 조사되었다. 조사 결과, 60대 이상 고령층은 관광/여행과 운동/스포츠 활동에 관한 관심이 가장 높았으며, 특히 운동/스포츠 참여율은 20대의 두 배에 가까웠다. 고령층은 인구 고령화와 기대수명의 연장으로 인해 이들의 최대 관심사는 건강관리를 위한 운동이라는 점이 특징이었다. 반면 젊은 층은 직장생활, 자녀 양육 등에 바빠 오락/휴식, 문화예술 관람하기와 같은 여가 활동에 관심을 갖고 있는 것으로 조사되었다. 이 조사는 코로나 시기에 실시된 것이어서 포스트코로나 시기와는 결과가 조금 다를 수 있다. 성별로는 남성이 오락/휴식,

운동/스포츠 분야에, 여성은 관광/여행, 자기 계발/자기관리에 관심이 높아 성별 차이가 뚜렷하다는 점을 알 수 있었다.

여가 활동은 개인의 삶의 질을 결정짓는 가장 중요한 요소 중의 하나이다. 특히 한국 사회는 급속한 고령화 현상과 디지털 기술 발전, 소비 트렌드 변화 등으로 여가 활동의 형태가 빠르게 변화하는 것으로 볼 수 있다.

2) 향후 한국인의 여가 생활의 변화

향후 한국인의 여가 문화가 어떻게 변화할 것인지에 대해 간략히 살펴본다. 먼저, 디지털을 이용한 여가의 확대가 계속될 것이다. 스마트폰과 인터넷의 보급 확대로 OTT 시청은 크게 증가할 것이며, TV 시청과 같은 전통적 매체를 통한 여가 문화는 점차 감소 추세를 보일 것이다. 특히 Z세대와 밀레니얼 세대를 중심으로 온라인 게임, 가상 현실(VR), 메타버스 등의 새로운 형태의 디지털 여가 활동이 확산할 것이며, 이는 전통적인 여가 활동의 형태를 변화시킬 것이고, 나아가 온라인 커뮤니티와 가상공간에서의 사회적 교류를 증가시킬 것이다.

개인화된 여가 활동도 크게 증가할 것이다. 획일화된 여가 활동보다 개인의 관심사와 취향을 반영한 맞춤형 여가 활동이 확대될 것이다. 과거에는 우리 사회가 단체 중심의 여가 활동이 주를 이루었지만, 지금은 '혼족' 문화가 확산하면서 개인 맞춤형 여가 활동이 증가할 것이다. 특히 소셜 미디어와 온라인 플랫폼을 통해 개인화된 콘텐츠 소비가 크게 늘어날 것으로 예상된다.

다음으로, 고령층의 삶의 질을 향상시키기 위한 건강 및 웰빙 관련 여가 활동이 증가할 것이다. 따라서 고령층을 위한 맞춤형 여가 프로그램의 필요성이 꾸준히 확장될 것이다. 건강 상태와 경제적 여건을 고려한 저렴하고 접근성이 높은 여가 활동이 개발·보급될 것이다. 특히 코로나19 이후 가정 중심 내지 가족 단위의 여가 활동이 지속될 것이다. 덧붙여, 젊은 층 중심으로 문화예술 활동과 스포츠 활동에 대한 관심이 높아지면서 이와 관련된 여가 활동을 많이 선호하게 될 것이다.

지금까지 살펴본 여가 활동 양상의 변화는 한국 사회 전반에 걸쳐 다양한 영향을 미칠 것이다. 먼저, 디지털 여가 확대는 온라인 커뮤니티와 가상공간에서의 사회적 관계를 형성할 것이다. 이는 전통적인 대면 관계에서 벗어나 새로운 형태의 사회적 네트워크를 형성하는 계기가 될 것이다. 하지만 이로 인한 오프라인에서의 사회적 고립도 증가할 가능성도 크다.

두 번째로 여가 산업의 디지털 전환은 새로운 시장과 비즈니스 모델을 창출할 것이다. 온라인 게임, 스트리밍 서비스, 가상 현실(VR) 등의 디지털 여가 산업이 크게 성장할 것으로 예상되며, 이는 경제적 성장은 물론 일자리 창출에도 긍정적 영향을 미칠 수 있을 것이다.

세 번째로 고령층의 여가 활동을 지원하기 위한 정책적 노력이 필요할 것이다. 고령층의 건강 상태와 경제적 여건을 고려한 맞춤형 여가 프로그램을 개발할 수 있어야 하며, 이는 고령화 사회의 새로운 도전으로서 의미를 띨 것이다.

마지막으로 개인화된 여가 활동의 증가는 문화적 다양성을 증가시킬 것이다. 개인의 취향과 관심사에 맞춘 다양한 여가 활동이 확산하면서 한국 사회의 문화적 풍요로움을 증대할 것이다.

2. 스포츠와 게임을 통해 본 여가 생활

1) 한국의 다양한 프로 스포츠 현황

현재 지구상에는 매우 많은 사람들이 다양한 스포츠를 직접 하거나 관람하면서 여가 생활을 즐기고 있다. 특히 한국에는 프로야구, 프로축구, 프로배구, 프로농구, 프로골프, 프로당구 등 다양한 프로 스포츠 종목이 있다. 인구 5000만 명 규모의 나라에서 이렇게 다양한 프로 스포츠 종목이 성황리에 리그를 운영하는 경우는 극히 드물다. 또 프로 종목뿐만 아니라 아마추어 종목에서도 각종 국제 대회, 곧 올림픽, 아시안게임, 세계선수권 대회 등에서 아주 좋은 성적을 거두고 있는 스포츠 강국이기도 하다.

스포츠를 통한 여가 생활을 할 경우, 직접 참여하는 것과 관람하는 것으로 나눌 수 있다. 여기에서는 한국인의 여가 생활 중에서 앞으로 점점 비중이 높아질 스포츠 문화와 관람 문화의 특징에 대해 간략히 살펴보도록 한다.

먼저, 현재 한국의 프로 스포츠 현황에 대해서 알아보자. 앞서 이야기한 바대로, 현재 야구, 축구, 배구, 농구 등에서 프로 시합이 진행되고 있다. 프로야구는 1982년 시작되어 현재 10개 구단이 참여하여 시즌 144 시합을 진행하고 있는데 가장 인기 있는 종목 중의 하나이다. 연고지를 중심으로 강력한 팬덤이 형성되어 작년에는 처음으로 1,000만 관중을 돌파했다. 또 아주 독특한 응원문화가 있어 더욱 인기를 모으고 있다.

1983년부터 시작된 프로축구 K리그는 현재 K리그 1, 12팀, K 리그2 14팀으로 나누어 승강제로 운영되고 있다. 2002년 월드컵 4강 이후 인기가 상승하였고 유럽축구의 중계로 인해 젊은 층의 관심을 끌면서 인기가 크게 오르고 있다. 최근에는 많은 선수들이 해외로 진출하였고 동남아시아권의 선수들도 K리그에서 활약하고 있다. 선수뿐만 아니라 많은 지도자들이 해외로 진출하여 한국 축구의 위상을 높이고 있는 점도 인기 상승의 이유이기도 하다.

대표적인 겨울 스포츠인 배구와 농구도 인기를 끌고 있다. 배구는 V리그라고 하고 남자 7팀, 여자 7팀으로 운영되며, 국제 대회 성적과 걸출한 스타의 영향으로 한국에서는 여자배구가 더 인기가 높다. 팀당 36경기를 하는데, 특히 가족 단위와 여성 팬들이 많은 것이 특징이다. 프로농구는 KBL(남자), WKBL(여자)로 나누고 남자 10팀, 여자 6팀으로 운영되고 있다. 남자의 경우 출범 초기 인기가 대단했지만, 현재는 스타 선수 부족과 외국인 용병선수에 대한 의존도가 높아 예전보다는 팬들의 관심이 떨어진 상황이다. 이외에도 개인 종목으로 프로골프, 프로당구도 많은 팬들로부터 인기를 얻고 있으며 국제 대회에서의 성적이 양호한 편이다.

한국에서 가장 인기 있는 프로야구 응원문화는 외국에서도 독창적인 스포츠 문화로 주목을 받고 있다. 특히 야구 종주국인 미국이나 일본의 응원문화와는 다른 점이 많다. 한국 프로야구 응원은 개인적인 응원보다 집단적인 응원으로 유명하다. 팬들은 응원단장의 지휘에 맞춰 함께 노래를 부르고 구호를 외치며 팀을 열광적으로 응원하여 관중의 열기를 모으고 있다.

막대 풍선, 깃발, LED 팔찌, 유니폼 등의 다양한 응원 도구를 활용하여 응원 분위기를 한층 고조시킨다. 특히 구단별 막대 풍선은 응원 도구 중 가장 대표적이라 할 만하고 한국 프로야구의 상징적인 응원 도구라고 할 수 있다. 또한 각 팀별 및 선수별로 다양한 응원가를 만들어 응원하는 것도 다른 나라에서는 볼 수 없는 이색적인 것이다.

그리고 각 팀에는 6~8명의 치어리더들이 있어 화려한 춤과 응원으로 팬들의 응원 열기를 유도한다. 또한 응원하는 팀의 선수의 이름을 외치는 육성 응원을 하기도 하는데, 이러한 응원은 선수들에게 힘을 실어주고 팬들과 선수들 간의 유대감을 강화하기도 한다.

한국에서는 최근 2~3년 전부터 프로야구, 축구, 배구, 농구 등 프로 스포츠 경기장에서 여성 관람객의 비율이 눈에 띄게 증가하고 있다. 이는 일시적인 현상일 수도 있지만 한국인의 대표적인 여가 생활 중의 하나로 자리 잡고 있는 스포츠 관람에 있어서도 많은 변화를 보여주는 중요한 지표이기도 하다.

과거에는 남성 중심의 문화로 여겨졌던 스포츠 경기에 여성들의 관심이 증가하면서, 직접 경기장을 찾아 응원하는 적극적인 여성 팬들이 부쩍 늘어났다. 따라서 각 프로 스포츠 종목의 구단들은 여성 팬들을 위한 다양한 마케팅 활동을 펼치고 있다. 여성 관람객을 위한 편의시설 확충, 여성 맞춤형 상품 개발, 여성 팬 대상 이벤트 개최 등이 대표적인 예이다.

OTT 혹은 숏폼 등의 다양한 형태로 스포츠 중계 및 관련 콘텐츠가 생성되면서 여성들이 스포츠를 접할 기회가 더욱 많아졌다. 특히 예능 프로그램이나 SNS를 통해 접한 스포츠 스타들의 매력이 부각하면서 여성 팬층이 더욱 두터워졌다. 여성 관객의 증가는 자연스럽게 가족 단위의 관객 증가로 이어져 스포츠 경기를 관람하는 문화가 확산하는 것으로 이어졌다. 이에 따라 과거의 다소 과격했던 응원 문화가 점차 개선되면서 가족단위의 관객들이 편안하게 경기를 관람할 수 있는 분위기가 조성되고 있다. 향후 이러한 트렌드는 계속될 가능성이 크며, 스포츠 관람을 통한 여가 생활도 더욱 다양해질 것으로 전망할 수 있다.

2) 게임 강국 한국

스포츠와 더불어 한국은 명실상부한 '게임 강국'으로 알려져 있다. e스포츠는 물론이고 게임 산업 전반에서 뛰어난 경쟁력을 자랑하며 세계 게임 문화 산업을 이끌고 있다. 현재 한국 e스포츠는 세계에서 독보적인 강자의 위치를 점하고 있고, 각종 국제 대회에서 우승을 휩쓸며 국위 선양을 하고 있다. 특히 대한민국 리그 오브 레전드(LoL) 국가대표팀은 국가 대항전에서 압도적인 우위를 점하고 있는 팀이다. 다수의 프로 게임단 운영, 체계적인 선수 육성 시스템, e스포츠 방송 등에서 인프라가 잘 갖춰져 있다. 열정적인 팬덤을 기반으로 e스포츠 문화가 발달하였고, 이러한 e스포츠 문화를 배경으로 한국의 젊은 층, 특히 게임이 여가 생활에서 중요한 위치를 차지하고 있다.

2000년대 초반과 달리, 이제 게임은 한국인의 주요 여가 활동으로 자리 잡아가고 있다. 청소년들의 게임 중독은 아직도 중요한 사회적 문제이지만, 게임을 둘러싼 인식은 나날이 개선되고 있다. 최근 게임은 국민의 주된 여가 활동 중의 하나로서 자리 잡고 있으며 이는 모든 세대가 공감하는 문화현상이 되고 있다. 2022년 한국게임 정책자율 기구의 조사에 의하면, 청소년의 85.4%, 성인의 74.1%가 게임을 즐긴다고 했다. 스마트폰의 급속한 보급으로 모바일 게임 시장이 엄청나게 성장하였고, 우리 국민에게 게임이 더 친근하게 와 닿은 계기가 되었다. 이제 게임은 한국에서 남녀노소 모두에게 친숙하고 대중적인 여가 문화로 자리 잡았다고 해도 과언이 아니다. 2024년 기준, 한국인의 74.4%가 게임을 즐긴다는 통계 조사도 있었다. 이 결과는 2023년보다 3.1% 포인트 상승한 것이고 국민 여가 문화생활 중에서 게임이 세 번째로 높은 순위를 차지하였다.

초고속 인터넷과 PC방 문화가 확산하면서 게임이 여가로 자리 잡을 수 있었다. 특히 항저우 아시안게임에서 한국 e스포츠 선수가 전 종목에서 메달을 획득하였으며 이에 게임이 더욱 대중화할 수 있었다. 게임 장르 선호도는 세대별로 차이를 보인다. Z세대는 롤플레잉 게임(RPG)을 주로 즐기며, 밀레니얼 세대는 시뮬레이션 장르를 선호한다. 50~60대의 경우 퍼즐 및 퀴즈 게임을 주로 이용하는 것으로 나타났다. 또한 게임은 가족 간의 유대감을 높이는 활동으로도 인식된다. 응답자의 10명 중 7명은 게임이 가족 유대감을 강화하는 데 도움이 된다고 답했다.

게임의 종류는 매우 다양한데, 여기서는 대표적인 게임에 대해서 간략히 소개한다. 온라인 게임은 인터넷을 통해 다른 사람들과 함께 즐기는 게임이고 대표 게임으로는 리그 오브 레전드(LoL), 배틀그라운드, 월드 오브 워크래프트 등이 있다. 스마트폰의 급속한 보급으로 인해 성장한 대표적 모바일 게임은 애니팡, 클래시 오브 클랜, 리니지M 등이다. 콘솔 게임기를 이용하여 TV나 모니터로 즐기는 게임은 액션 게임, 어드벤처 게임, RPG, 스포츠 게임 등 다양한 장르가 있고 젤다의 전설, 마리오, GTA 등이 유명하다. 그리고 오락실에 설치된 게임기를 이용하여 즐기는 아케이드 게임이 있으며, 철권, 스트리트 파이터, 펌프 잇 업 등도 대표적인 온라인 게임이다.

게임 강국 한국의 대표적인 게임 회사 넥슨은 메이플스토리, 던전앤파이터, 블루 아카이브, 카트라이더 등 유명 게임을 제작하였다. 대규모 다중 사용자 온라인 롤플레잉 게임(MMORPG)으로 유명한 엔씨소프트는 리니지, 리니지2, 아이온 등을 제작하였고, 모바일 게임 시장에서 강세를 보이는 크래프톤은 배틀그라운드를 제작하여 한국을 대표하는 게임 회사로 알려져 있다.

게임에 대한 인식은 아직도 긍정적 인식과 부정적 인식으로 나누어진다. 한국에서도 이러한 인식 차이로 인해 논쟁이 계속되고 있다. 긍정적인 측면으로는 스트레스 해소, 인지 능력 향상, 사회성 발달, 창의력과 상상력 증진 등이 거론되며, 부정적인 측면으로는 게임 중독, 정신 건강 문제, 폭력성 증가, 현실과 가상 세계의 혼돈 등이 제기되고 있다.

3. 카페 문화와 여가 생활

1) 한국의 커피와 카페의 역사

최근 한국에는 세계에서 가장 큰 카페로 기네스북에 오른 대형 카페를 비롯한 다양한 형태의 카페가 많이 등장하고 있다. 특히 도심을 벗어난 곳에 넓은 주차장과 포토존을 갖춘 카페들이 인기를 얻고 있다. 이러한 현상이 발생하는 이유는 무엇일까? 또한 최근 한국의 커피 소비량은 급격히 증가하고 있으며, 1인당 소비량은 세계 최고 수준이라고 할 수 있을 정도로 많다. 카페는 단순히 커피를 마시는 공간을 넘어 문화공간으로서의 역할을 톡톡히 수행하는 것으로도 알려져 있다. '카페'는 원래 '커피'를 뜻하지만, 한국에서는 '커피숍'과 같은 의미로도 사용된다. 또한 카페는 다방, 찻집 등 다양한 이름으로 불리고 있다.

먼저, 우리나라의 커피와 카페의 역사에 대해 알아보도록 한다. 구한말, 고종이 최초로 커피를 마신 한국인이라는 이야기가 전해지지만, 역사적 기록으로 확인할 수 없다. 오히려 문헌상으로는 미국 천문학자 퍼시벌 로웰이 1885년 쓴 『네 기억 속의 조선, 조선사람들』에서 1884년 1월 한강 변에서 커피를 접대 받은 사연을 기록한 것이 처음이라고 한다. 그리고 한국 최초의 커피하우스 관련 기록은 1896년 8월 31일자 『독립신문』에 실린 '윤홍주의 다과점' 광고에서 찾을 수 있다.

여러 가지 기록으로 볼 때 한국의 카페 문화는 일제강점기 때 일본으로부터 도입되었고, 당시 카페는 일본인과 한국인을 대상으로 한 고급 사교의 장에서 서양문화를 접할 수 있는 문화공간으로 인식되었다. 특히 문학, 음악, 미술 등 다양한 장르의 문화교류가 이루어진 공간이었다. 1902년 독일인 마리 앙투아네트 존타크가 만든 '손탁호텔' 안의 레스토랑에 커피를 마실 수 있는 공간이 있었고, 1909년 경성역에 생긴 '남대문끽다점'을 위시하여 많은 카페와 다방이 생겨났다. 당시 카페에서는 술도 판매했으며, 1920~1930년대에는 명동과 충무로가 밤마다 카페들로 인해 붐볐다.

해방 이후, 미군이 주둔하면서 인스턴트커피가 등장했고, 이는 기존의 원두커피를 대체하며 우리나라 커피 문화에 큰 변화를 가져왔다. 특히 인스턴트커피로 인해 다방의 대중화 시대가 개막되었다. 1950년 한국전쟁 발발 이후 부산 피난 시절의 다방은 일반인들이 그냥 이용하기에는 부담이 되는 장소였고, 주로 지식인과 문화예술인들이 이용하는 곳이었다. 한국전쟁 이후, 1956년 서울대학교 문리대가 있던 동숭동에 '학림다방'이 개점하면서 다방 문화가 지식인 중심에서 대중 중심으로 확산하는 계기가 되었다(박영순, 2017). '학림다방'의 오픈 이후에 서울의 대학가에는 많은 다방과 카페가 생기기 시작했다.

1960년대에서 1970년대를 넘어가면서 우리나라의 카페와 다방은 음악다방이라는 새로운 장르로 변신하게 된다. 특히 당시 음악다방은 미국 음악을 전파하는 창구 역할을 했으며, DJ라는 새로운 직업이 각광을 받기도 하였다. 또한 '쎄시봉', '쉘부르', '오빈스 캐빈' 등과 같은 라이브다방에서 통기타로 연주하고 노래하는 다방이 큰 인기를 얻었다. 다방은 '거리의 응접실'이자 사교의 장으로서 자리매김할 수 있었다.

1976년에 등장한 '커피믹스'는 사용의 편리함으로 한국 커피 문화에서 새로운 전환점을 제공하였다. 2017년에 특허청이 실시한 한국이 개발한 10대 발명품 중 하나로 선정된 '커피믹스'는 저렴한 가격으로 커피의 대중화에 기여하며 지금은 전 세계적으로 사랑받고 있다. 커피믹스와 비슷한 시기인 1977년에 등장한 '커피 자동판매기'는 커피의 대중화에 획기적으로 공헌하기도 했다. 당시 일본에서 도입된 커피 자동판매기는 회사, 학교, 공장, 고속도로 휴게소 등의 곳곳에 보급되었으며, 커피 문화의 새로운 트렌드로 부상하였다.

1988년 서울올림픽을 계기로 다방과 커피숍이 구분되기 시작했다. 서울올림픽 이후 편의점, 패스트푸드점과 같은 다양한 형태의 새로운 문화가 속속 등장하면서 카페 문화도 변화하기 시작했다. 대표적인 변화는 카페의 체인점화에서 찾을 수 있다. 1988년 서울 압구정동에 1호점을 오픈한 원두커피 전문점 쟈뎅이 최초로 전국체인점을 시작하였고, 이는 본격적인 커피 전문점의 등장이었다.

1999년 미국계 커피 체인점 스타벅스가 서울 이대점을 시작으로 본격적으로 한국에 진출하였다. 이후 탐앤탐스, 커피빈, 엔젤리너스, 카페베네, 투썸플레이스 등의 여러 커피 전문점 체인이 등장하며 전국 규모의 본격적인 체인점 시대가 열렸다. 이러한 카페의 등장은 단순한 커피를 마시는 공간을 넘어, 다양한 문화와 라이프스타일을 경험할 수 있는 복합문화 공간으로 자리 잡을 수 있었다. 또한 외국계 카페와 국내 토종 카페 간의 치열한 경쟁이 시작된 시기이기도 하다.

2) 다양한 카페 유형과 카페 신조어

지금까지 한국에 커피가 처음 들어온 때부터 시대적으로 어떤 일이 있었는지에 대한 논의에 바탕하여 현재 국내에서 운영 중인 다양한 카페 유형을 알아보도록 한다. 현재 한국에는 다양한 형태의 카페들이 영업 중이며, 각 카페는 고유의 특징을 갖고 있다. 외국계 대형 카페 체인으로 한국 커피 시장을 선도하고 있는 스타벅스는 현재 전체 매장 수가 세계 3위이며, 프리미엄 커피와 다양한 굿즈, 편안한 분위기를 제공하는 방식으로 전국적 프랜차이즈 브랜드로 자리 잡았다. 특히 한 지역에 집중적으로 출점하는 방식으로 상권을 장악하고 있고, '스벅문화'라는 하나의 문화공간을 선도하고 있다. 또한 '스세권'이라는 신조어가 생길 정도로 인기도 높다. 그 외에도 '커피빈', '블루보틀', '팀홀튼' 등이 운영되고 있다.

국내 카페 체인으로는 가장 많은 매장을 가지고 있는 이디야 커피, 대용량으로 유명한 메가 커피, 캐주얼한 분위기와 다양한 음료 메뉴로 젊은 층에게 인기가 많은 탐앤탐스, 이외에도 할리스, 하삼동커피, 빽다방 등 여러 형태로 운영되고 있다. 지역 상권을 중심으로 운영되는 소형카페들은 지역 주민들에게 친근한 공간으로 자리 잡아가고 있다. 개성 있는 메뉴와 인테리어로 인기를 얻고 있는 소형카페는 프랜차이즈 대형 카페로 인해 영업에 많은 어려움을 겪기도 한다.

한국에서는 개성 있는 테마 카페들이 인기를 얻고 있다. 이들 카페는 기존의 전통적인 카페와는 다른 독특한 테마와 분위기를 제공하며, 방문객들에게 특별한 경험을 선사한다. 반려동물과 함께 시간을 보낼 수 있는 애완동물 카페들이 증가하는 것이 대표적이다. 고양이 카페, 강아지 카페, 아쿠아 카페 등이 좋은 예이며, 이곳에서는 동물들과 교감하면서 커피를 즐길 수 있다.

그리고 책을 읽으며 커피를 마실 수 있는 북 카페도 많다. 특히 북 카페는 책과 커피를 동시에 즐길 수 있어 독서를 좋아하는 사람들에게 인기가 높다. 가상 현실(VR) 기술을 활용한 VR 카페도 등장했다. 방문객들은 VR 게임을 하거나 가상 여행을 경험하면서 카페에서 음료를 즐길 수 있다. 이 밖에도 1980~1990년대의 분위기를 재현한 복고풍 카페, 만화 카페, 한옥 카페, 사주 카페, 보드게임 카페 등이 인기를 끌고 있다.

한국에서는 카페와 커피와 관련된 다양한 신조어들이 생겨날 정도로 커피는 문화를 선도하는 측면이 있다. 먼저, 커피 종류 관련 신조어로는 '아아'는 아이스 아메리카노의 줄임말이고, '뜨아'는 뜨거운 아메리카노의 줄임말이다. '얼죽아'는

'얼어 죽어도 아이스 아메리카노'라는 뜻으로서 추운 날씨에도 오직 아이스 아메리카노만을 즐겨 마시는 사람들을 일컫는다. 또한 카페 이용 관련 신조어인 '카공족'은 '카페에서 공부하는 사람들'이라는 뜻으로서 카페에서 공부하거나 작업하는 사람들을 일컫는 말이다. '카페 투어'는 여러 카페를 방문하여 커피와 분위기를 즐기는 것을 의미한다. 그 밖에도 카페 관련 신조어 '커잘알'은 '커피를 잘 아는 사람'이라는 뜻으로, 커피에 대한 지식이 풍부한 사람을 뜻한다. '커덕'은 '커피 덕후'의 줄임말로, 커피를 매우 좋아하는 커피 마니아를 가리키는 말이다. 이와 같은 카페 관련 신조어는 커피 문화의 변화와 트렌드를 반영하는 언어이고 한국의 젊은이들이 잘 사용하는 언어이기도 하다.

3) 카페의 역할과 새로운 트렌드

한국인들이 카페를 여가 활동의 장소로 많이 이용하는 이유는 여러 가지에서 찾을 수 있다. 첫 번째로, 사회적 공간으로서의 기능이다. 카페는 친구들과의 만남, 데이트, 비즈니스 미팅 등 다양한 사회적 활동을 할 수 있는 장소로 인식된다. 특히 한국에서는 카페를 만남의 장소로 자주 이용한다. 카페에서는 더 편안하고 자유로운 분위기에서 대화할 수 있어 사람들이 자주 찾는 장소가 되었다.

두 번째로, 휴식 공간으로서의 역할이 있다. 사람들이 바쁜 일상 속에서 잠시 휴식을 취할 수 있는 공간으로서 카페는 안성맞춤이다. 아늑하고 차분한 분위기에서 커피 한 잔을 즐기며, 일상의 스트레스를 해소하는 시간을 갖게 된다. 또한 카페는 노트북을 사용하거나 책을 읽을 수 있는 공간으로도 활용되며 수험생이 애용하는 공간으로 탈바꿈하고 있다.

세 번째 이유는 트렌드와 인스타그램 문화와의 관련이다. 카페는 단순히 커피를 마시는 장소를 넘어서, 트렌디한 인테리어와 다양한 메뉴로 사람들의 관심을 끌고 있다. 특히 인스타그램에 사진을 공유하는 문화가 커지면서 이색적인 카페를 찾아 방문하는 사람들이 늘어나고 있다.

최근 한국의 카페들은 대형화 추세로 진행되고 있다. 특히 도심뿐만 아니라 관광지, 농촌 지역에까지 이러한 추세가 이어지고 있다. 이러한 현상이 일어나는 이유는 다음과 같다. 우선, 카페 문화와 여가 생활의 변화를 생각할 수 있다. 한국인들은 이제 단순히 커피를 마시는 것을 넘어, 다양한 문화와 경험을 원한다. 카페는 휴식, 업무, 만남, 문화생활 등 다양한 여가 활동의 공간으로 활용되고 있다. 이에 따라 넓고 쾌적한 공간에서 다양한 경험을 제공하는 대형 카페가 인기를 얻고 있다. 그리고 SNS의 활발한 사용으로 인해 사진을 찍어 올리는 것이 중요한 여가 활동의 하나가 되었다.

대형 프랜차이즈 브랜드들이 공격적으로 매장을 확장하며, 이러한 트렌드를 선도하고 있다. 대형 카페 시장은 1인 가구 증가, 워라밸 중시 문화 확산, 다양한 경험을 추구하는 소비 트렌드 등의 영향으로 꾸준한 성장이 예상된다. 다양한 경험을 추구하는 소비 트렌드로 인해 대형 카페에 대한 수요는 꾸준히 증가할 전망이다. 이외에도 대형 카페들은 IT 기술을 활용한 스마트 주문, 배달 서비스, 개인 맞춤형 추천 기능을 제공하며 고객만족도를 높이고 있다.

토론거리

1. 한국에서 확산되는 디지털 시대의 여가 생활은 개인의 삶의 질을 향상시키는가, 아니면 고립을 심화시키는가?

2. 스포츠와 게임 중심의 여가 생활이 한국인의 삶에 미치는 긍정적 요소와 부정적 요소는 무엇인가?

3. 카페가 한국의 여가문화에서 중요한 역할을 하고 있는데, 그 역할이 여가생활에 미친 영향은 무엇인가?

읽을거리

문기주(2023). 『문기주의 e스포츠 세상』. 새론북스.
박영순(2017). 『커피인문학』. 인물과 사상사.
박영(2018). 『스포츠와 여가』. 와이북스.
컨슈머인사이트(2023). 「2023 여가 · 문화 · 체육 주례조사」. 컨슈머인사이트.

제 10 장

한국 농촌의 재발견

1. 인구소멸 방지로서 농촌의 재조명

오늘날 인류의 대부분은 산업화와 지식정보화 사회를 배경으로 도시지역을 배경으로 삶을 살아간다. 이런 시대 여건에서 특히 젊은 층에 비친 농촌 모습은 뭔가 시대 흐름에 뒤떨어져 사람이 사람답게 살만한 곳으로서 잘 와닿지 않는다. 그렇지만 오랜 인류의 삶에서 농촌지역은 인류의 삶을 지탱케 하였던 근거지였고 마음 고향으로서 구실을 해왔다. 이 사실은 고도 정보화와 최첨단의 AI 시대를 살아가는 오늘날에도 여전히 의미를 던진다고 볼 수 있다.

농촌 영역이 인류 삶의 근본과 어떻게 맥락이 닿는지를 살펴보는 것은 농촌적 삶이 갖는 가치를 드러내는 것과 통할 것이다. 농촌은 식량과 농산물의 생산기지를 담당하며 도시민에게 식량 공급지이기도 하다. 이는 국가 차원의 식량 안보와도 직결되는 문제로서 국가가 수행해야 할 중요한 사명이라 할 수 있다. 이에 어떤 국가를 막론하고 농업 영역은 경시될 수 없는 국가의 대사일 것이다. 동시에 농촌은 자연환경을 보존·유지하는 데도 필요한 핵심 영역일 것이다. 농촌은 생태계 유지는 물론이며 산림과 수역을 보호하여 각종 생물을 번성케 하며, 그리고 각종 수많은 종의 다양성에도 없어서는 안 될 핵심 영역일 것이다.

농촌은 어느 국가를 막론하고 오랜 역사와 전통을 바탕으로 인류문화의 정체성을 형성·유지하는 데도 필수적이었다. 전통적 농업방식, 지역 축제, 민속 문화(유무형 문화재) 등을 비롯한 문화자산의 대부분이 농촌을 배경으로 형성·유지되어 왔기 때문이다. 농촌은 사회적 안정과 공동체 의식을 제공하는 공간 구실을 하는 데도 빼놓을 수 없는 영역이기도 하다. 그동안 우리는 빠른 도시화와 산업화 과정에서 역사문화 자산의 보고로서 농촌의 의미성을 잘 살릴 수 없었다. 특히 현대인은 초거대 자본주의에 직접 노출되어 초개인성을 있는 그대로의 모습으로 드러내며 각자 파편화된 형태로 살아간다. 현대인이 처한 초개인성 상황에서 농촌은 '인간의 얼굴을 한' 모습을 띠면서 인간성의 실현에 나름의 의미를 던질 수 있기 때문이다.

최근 관광, 공예, 재생가능 에너지 생산 등을 비롯한 신경제 활동의 기지로서 농촌의 역할에 관심이 커지고 있다. 이 지점에서 생산활동을 통한 경제성을 창출하는 도시성에 비해, 소멸 위기에 놓인 농촌성의 잠재력에도 주목할 필요가 있다. 다시 말해 농촌영역은 농촌성에 숨어 있어 잘 드러나지 않았던 역동성을 찾을 수 있음으로써 틈새시장으로서 충분한 의미를 띨 것이다. 농촌은 목재, 물, 광물, 농산물을 비롯한 자연자원의 공급처 구실을 하면서 동시에 농촌 마을에 내재한 각종 역사문화 자산 및 유무형의 인문적 자산 공급처로서 그 가치를 띤다. 이런 재조명이 가능할 때 '찾아오는' 지역으로서의 탈바꿈이 가능할 것이며, 무엇보다도 인간친화형 공동체성의 의미를 살릴 수 있을 것이다. 이런 친밀성에 토대한 공동체적 삶은 초개인성에 빠져 불안과 불만, 그리고 불신 상태에 노출된 현대인의 삶에 대안적 가치로서 시사하는 바가 클 것이다. 이런 공동체성에 기반한 유기체적 긴밀성은 공동체성으로 살아야 할 인류의 근원성과도 맥락이 닿기 때문이다.

초고령화의 상황에서 농촌지역이 갖는 가치와 의미에 대해 살펴본다. 첫째, 소규모의 마을 단위로 맺어지는 친밀성 기반의 유대감 형성에 주목할 수 있다. 농촌은 공동체 단위로 상부상조를 생활화하여 거주민 간에 친밀감과 협력을 기반으로 살아간다. 둘째, 경제적 차원에서의 안정감이 높은 특징을 갖는다. 임금노동에 의존하는 도시경제와 달리, 농촌은 농업, 축산업 등의 토지(땅)에 기반해 경제활동을 영위한다. 이런 이유에서 농산물을 둘러싼 가격변동이 있기는 하지만 도시에 비해 상대적으로 안정된 상태에서 편안하게 여생을 즐길 수 있다. 셋째, 생태친화적인 삶을 생활화로 연결할 수 있다. 도시에 비해 농촌은 자연환경을 유지·보존하는 데 좋은 조건이며, 그런 점에서 생태계 보호의 핵심기지 역할을 할 수 있다. 이런 점에서 어느 국가를 막론하고 친환경적 영농정책 개발을 통해 생태계를 보호하는 데 큰 관심을 기울이고 있다. 넷째, 농촌은 전통과 고유문화의 유지보존을 통해 K-culture의 개발・확산을 위한 콘텐츠 제공에 좋은 조건일 수 있다. 농촌은 의식주와 관련된 토착지식 체계를 담고 있으며, 이에 기반하여 과거-현재-미래에 이어지는 매개적 기능을 담당할 수 있다. 마지막으로, 농촌은 좀 더 윤택한 인간 삶의 질을 향상시키는 데도 기여할 수 있다. 효율과 성취를 위해 숨가쁘게 전진하며 살아왔던 도시적 삶에 비해, 농촌은 상대적으로 여유롭고 평화로우면서 또 친자연적으로 여생을 즐길 수 있으며, 무엇보다 각종 스트레스에서 벗어나 안빈낙도(安貧樂道)하며 살아가는 데 좋은 조건을 제공할 수 있다.

최근 국가에서도 농촌의 재발견을 통해 청년층 대상의 농촌 유입 정책을 활발히 펴고 있다. 실제 청년이 농촌에 와서 정착할 경우 국가(지자체)로부터 각종 행정적, 재정적 지원을 받을 수 있으며, 나름의 성공 기반을 닦는 데도 유리한 환경일 수 있다. 일부 지자체의 경우 청년 유입 방안에 총력적으로 관심을 기울이며, 이를 통해 쇠락하는 지역에 활력을 불어넣으려는 정책을 수립・시행하고 있다. 농어촌 거주 청년에게 저렴한 주택이나 주거지원금을 지원하며, 농촌형 일자리를 비롯한 원격근무가 가능한 일자리를 만들고 있으며, 또 농업용 창업 지원 프로그램 운영을 통해 청년과 농촌에 활력을 불어넣으려 하며, 그리고 지역특화 산업에 적합한 교육 및 직업 훈련 프로그램을 제공하여 찾아오는 농촌만들기에 총력을 기울이기도 한다. 아울러, 거점지역 대상으로 문화와 오락, 그리고 의료를 위한 시설 확충에도 노력하여 청년이 찾을 수 있는 사회인프라를 구축하려 하고 있다. 덧붙여, 지역사회 정착에 필요한 멘토링 프로그램을 만들거나 커뮤니티 모임활성화를 시도함으로써 사회적 연결망을 강화하려는 각종 정책을 수행하고 있다. 이런 청년친화형 정책이 나름 성공을 거둘 수 있다면, 청년층의 농촌사회 유입과 정착이 불가능하는 것으로 볼 수 없다.

참고: 도농 혼합형 삶이란 가능한가?
"주말엔 시골 가서 자자"… 숙박가능한 '농촌체류형 쉼터' 12월부터 도입
(조선일보, 2024.08.01.)

주말농장을 운영하는 도시 거주민들이 24년 12월부터 농촌에서 숙박이 가능한 임시주택인 '농촌 체류형 쉼터'(이하 체류형 쉼터)를 이용할 수 있다. 그동안 일부 영농인들이 숙박이 금지된 '농막'을 임시 거처로 사용하는 경우가 있었다. 이러한 제도와 현실의 충돌을 해소하고, 농촌 내 생활인구 유입을 확대하기 위해 임시주거시설로 '체류형 쉼터'를 도입하게 됐다고 농림축산식품부는 설명했다. 체류형 쉼터는 본인 소유 농지에 농지전용허가 절차 없이 연면적 33㎡(약 10평) 규모로 설치할 수 있는 임시주거시설을 말한다. 주거공간 활용성을 높이기 위해 데크와 주차장, 정화조 등 부속시설을 지을 수도 있다. 이들 부속시설 공간은 연면적 기준에 포함되지 않는다. 다만 사람 거주를 전제로 하는 시설인 만큼 농막에 비해 안전 규제는 강화된다. 예컨대, 위급상황 시 소방차와 응급차가 갈 수 있도록 도로에 접한 농지의 경우에 설치할 수 있다.

('농촌체류형 쉼터'의 예)

2. AI 기술과 농촌의 미래

AI 기술은 인간 삶의 곳곳에 영향을 미칠 수 있으며, 농촌 영역에서도 예외가 아닐 것이다. AI 기술은 농업 자체에도 영향을 미칠 수 있지만, 농촌의 전반에 걸쳐 거대한 변화를 몰고 올 수 있다.

먼저, AI 기술은 농촌에 새로운 역동성을 불어넣을 수 있다. 예컨대, 스마트 농업기술이 비약적으로 발전하면서 노동에 크게 의존하지 않고도 생산성 향상에 큰 영향을 줄 수 있다. 정밀 데이터 분석은 농작물의 성장 상태를 정밀하게 모니터링하며 병해충 예방까지도 맞춤형으로 할 수 있다. 덧붙여 농작물의 생장 조건을 최적화할 수 있으며 파종기와 수확기를 적기에 결정하여 생산성을 극대로 끌어올릴 수 있다. 또한 물, 비료, 농약 등의 자원 사용을 최적화하여 비용 절감을 비롯해 병해충 발생의 패턴을 정확히 예측하여 적기에 대응할 수 있다. 데이터 분석에 근거할 때 기후변화에 따른 농업 리스크까지도 예측할 수 있어 지속 가능 농업 시대를 열 수 있다. 나아가 데이터에 기반할 때 농산물 관련 소비자의 수요변화에 발 빠르게 대응하여 적정한 가격책정과 공급조절을 가능케 하며, 이는 농가의 수익 향상에 직결될 수 있다. 요컨대, 데이터에 기반한 농업을 할 경우, 농사 관련의 의사결정을 효과적으로 수행할 수 있다. 이런 데이터에 의한 결정은 생산성과 효율성을 극대화하여 농업의 미래에 새로운 전망(블루오션)을 여는 데 획기적 사건일 수 있다.

다음으로, 농촌 곳곳에 남아 있는 문화자원의 의미에 대해서도 주목할 필요가 있다. 문화자원의 중요성을 다음에서 찾을 수 있다. 첫째, 문화자원은 지역민의 정체성 및 공동체성 강화에 의미를 던질 수 있다. 농촌의 독특한 문화자원은 지역주민에게 정체성을 부여하며 공동체의 결속을 다지는 데도 역할을 한다. AI 기술을 활용해 이러한 문화자원을 디지털화함으로써 지역주민들이 자신의 문화적 유산에 대한 자부심을 느끼고 이를 다음 세대에 전수할 수 있다. 둘째, 문화자원은 문화관광 및 경제 발전에도 함의를 던질 수 있다. 농촌의 문화자원은 관광산업을 통해 경제적 가치를 창출할 수 있다. AI 기반의 가상현실(VR)이나 증강현실

(AR) 기술을 활용하여 문화유산을 체험할 수 있는 프로그램을 개발할 수 있으며, 이를 통해 관광객의 방문을 유도하며 지역경제의 활성화에도 이바지할 수 있다. 셋째, 문화자원은 교육 및 학습을 위한 중요한 자원으로서 의미를 띤다. 농촌 문화자원은 교육적으로도 가치를 찾을 수 있다. AI를 이용한 디지털 아카이브나 인터랙티브 학습 도구를 개발할 수 있다면 농촌지역과 농촌문화 현상의 이해에 도움을 줄 수 있다. 넷째, 문화자원은 전통지식의 현대적 활용을 가능케 할 수 있다. 전통적인 농업 지식이나 생활방식은 지속 가능한 발전에 시사하는 바가 클 것이다. AI를 통해 전통지식에 토대하여 현대적 문제를 해결하는 데 시사점을 얻을 수 있다. 다섯째, 문화자원은 문화 그 자체의 다양성을 보존·유지하는 데도 시사하는 바가 적지 않다. AI 기술 활용을 통해 농촌의 다양한 문화를 기록하고 보존할 수 있을 때 인류문화의 다양성을 유지, 보존할 수 있을 것이다. 이는 글로벌 상황에서 사라질 위험이 있는 전통문화를 보존, 유지하는 것은 그 자체로서 엄청난 의미를 띠는 것으로 볼 수 있다.

한편, AI 기술의 급격한 진행은 각종 새로운 문제를 발생케 할 수 있다. 첫째, AI 기술도입은 농업 영역의 일자리 감소를 낳을 수 있다. 자동화된 기계와 로봇이 농사 관련 작업의 상당 부분을 대신할 수 있으며, 그에 따라 농촌의 빈공간화 현상을 가져올 수 있다. 이른바, 소수의 기업농 중심으로 농업이 재편될 수도 있다. 둘째, AI 기술은 도입 초기에 큰 비용이 소요될 수 있어 농촌 영역의 불평등을 가속화할 수 있다. 소규모 농가나 자원이 부족한 농촌에서 이런 비용을 감당하는 데 한계가 있으며, 이런 상황에서 기술도입 능력에 따른 격차도 덩달아 커질 것이고, 그것은 농촌의 불평등 현상을 더욱 벌일 수 있다. 셋째, AI 기술 사용이 일반화함에 따라 데이터상의 보안 문제가 발생할 수 있다. 만약 농업 관련 데이터에서 해킹 현상이 발생하거나 혹은 데이터에서 유출 현상이 발생할 경우 농가의 생산성과 수익성에서 큰 문제가 있을 수 있고, 덩달아 농업기술 관련에서도 치명적 약점이 제기될 수 있다. 이 지점에서 농업 관련 데이터 보안과 개인정보 보호를 둘러싼 새로운 관리체계의 마련이 시급할 것이다. 넷째, AI 기술의 도입 및 확산에 따라 자칫 전통적 농업방식을 비롯한 마을 문화자산의 유지·보존에서 문제가 발생할 수 있다. AI 기술에의 의존성이 심화한다면 농촌다움에 내재한 고유문화성이 갖는 의미를 안정적으로 관리할 수 없게 되며, 이른바 농촌 전통성의 유지・보존체계가 신기술체계로 대체될 위험성이 도사리고 있다.

참고: 트랙터가 알아서 밭 갈고… 잡초만 골라 제초제 뿌리고 작업 시간 확 줄여주는 AI 농기계(조선일보, 2025.01.16.)

세계 최대 농기계 기업 존 디어(미국)는 최근 논밭에서 잡초만 정확히 식별해 제거하는 AI 자율 주행 농기계를 개발했다. AI가 농작물과 잡초를 구별해 잡초에만 정확히 제초제를 살포한다. 제초제 사용량을 77% 줄여 친환경적으로 작물을 재배할 수 있다. 독일 보쉬는 실내 농장 센서로 수집한 온도와 습도, 이산화탄소, 일사량 정보를 실시간 분석해 식물병 발생 확률을 92% 정확도로 예측한다. 농작물 수확량을 크게 늘려주는 AI 기술도 나오고 있다. 일본 농업 스타트업 해피 퀄리티는 숙련된 농부들이 잎이 시든 정도를 보고 토마토가 익었는지 판단하는 것에 착안하여 수확 시기를 판별하는 AI를 개발했다. 농작물을 자동으로 수확하는 기술도 고도화되고 있다. 농작물은 모양과 강도가 다양해 기계 수확이 어렵다. AI로 로봇 손 움직임을 정교하게 제어함으로써 이런 한계를 극복했다. 일본의 덴소는 자율 주행으로 농장을 이동하면서 방울토마토와 각종 채소를 수확하는 AI 로봇 '아테미'를 개발했다. 이미지 분석으로 작물의 숙성도를 판단, 로봇 팔에 부착된 가위로 농작물 끝부분을 잘라 수확한다.

3. 농촌의 글로벌화

최근의 시대적 흐름인 글로벌화의 영향은 농촌 마을 영역에서도 예외일 수 없다. 농촌의 글로벌화가 몰고 올 파고는 결코 만만찮을 것이다. 이 지점에서 유의할 점은 글로벌화에 제대로 적응할 수 없을 때 농촌의 쇠락 내지 붕괴가 불가피하며, 또 농촌의 새로운 활력 모색에도 한계가 따를 수 있을 것이란 사실이다.

새로운 기회이자 도전으로서 글로벌화가 농촌에 미칠 영향에 대해 간략히 모색해 본다. 첫째, 글로벌화는 농산물 수출을 통해 농가수익을 증대시킬 수 있으며, 지역경제 활성화에 도움을 줄 것이다. 특히 농촌의 글로벌화가 진행된다면 첨단 농업기술과 지식을 공유할 기회가 넓혀질 수 있으며, 이를 통해 농업 생산성을 높이면서 자원을 효율적으로 관리할 수 있다. 둘째, 글로벌화가 가능하다면 농촌의 전통문화와 유산을 한 단계 더 업그레이드된 상태로 세계 곳곳에 맞춤형으로 알릴 수 있을 것이며, 이를 통해 농촌의 문화적 가치를 한 차원 더 높이면서 문화자원의 관광화로 이어갈 수 있을 것이다. 셋째, 농촌의 글로벌화는 재생가능에너지의 활용을 좀 더 광범위하면서도 효율적으로 세상에 알릴 수 있음으로써 지속 가능 발전을 위한 실천에도 한발 가깝게 다가설 수 있으며, 이를 통해 농촌의 생태환경적 가치를 재조명하는 데도 유의미성을 띨 것이다. 넷째, 농촌에서 글로벌화는 서로 다른 문화와 사람 간의 접촉과 교류를 변수가 아닌 상수로 바라볼 수 있도록 함으로써 농촌에서의 '글로벌 시민사회'를 가능케 할 것이며, 이에 의해 농촌은 '세계와 더불어' 또는 '세계 속에 함께하는' 지역으로 자리매김할 수 있을 것이다.

농촌의 글로벌화를 위한 방안을 검토한다. 첫째, 농촌의 글로벌화를 위해, 청년 교류 프로그램, 워크캠프, 농업 봉사활동 등과 같은 여러 행사 개최가 필요하며, 이런 행사를 통해 내외국인 대상으로 농촌마을의 매력성을 부각할 수 있다. 농촌의 개방화, 글로벌화에서 중요한 것은 농촌 마을에 숨어 있어 잘 드러나지 않았던 매력성을 외부세계로 적극 드러내도록 하는 것이며, 동시에 그런 매력성을 몸으로 체험할 계기를 갖도록 하는 것이다. 둘째, 그런 마을에 숨어 있는 특색과 매력성을 청년을 비롯한 외부인의 시선으로 재조명할 수 있어야 한다. 이런 재조명은 다양한 채널로 드러날 수 있다. 영어, 중국어, 베트남어를 비롯한 외국어로 농촌의 매력성을 표현할 수 있어야 하며, 덧붙여 이의 적절한 활용을 통해 글로벌 차원의 마케팅 캠페인을 실시하여 해외 관광객 및 투자자에게 친화적으로 다가갈 수 있어야 한다. 아울러, 농촌의 역사문화 자산을 발굴·재조명하여 각종 소셜 매체, 곧 유튜브, 블로그, 인스타 등에 업로드하여 그 의미성을 널리 알릴 수 있어야 한다. 이를 위해 관심 있는 유학생을 선발하여 한국 농촌문화와 출신국 농촌문화 간의 접점을 찾도록 해야 하며, 그 결과를 토대로 상호적 농촌문화 교류의 장으로 활용할 수 있어야 하며, 동시에 글로벌 차원의 농촌활력 증진사업으로 접목할 수 있어야 한다. 셋째, 농촌의 각종 유무형 문화자산을 콘텐츠화를 통해 온라인 플랫폼화를 구축할 수 있어야 하며, 이를 통해 '농촌문화 자산이 곧 경제가치다'의 슬로건을 현실영역으로 연결할 수 있어야 한다. 이런 플랫폼 구축이 가능하다면 자연스레 '찾아오는' 마을만들기의 현실화에도 한층 가깝게 다가설 수 있다. 넷째, 국제 농업 관련 협회나 단체와 협력하거나 아니면 그런 글로벌 형태의 학술단체 혹은 협회를 만들어 글로벌 네트워크를 강화할 수 있어야 한다. 한발 더 나아가 농촌지역의 권역센터를 비롯한 기관과의 협력을 통해 국제적인 농업인 축제, 컨퍼런스, 워크숍 등을 개최할 수 있어야 하며, 이를 K-village 가능성으로 이어갈 수 있어야 한다. 특히 K-village의 현실화를 위해서는 몇몇 거점마을을 선정하여 국제적 마을문화 교류를 위한 기지(허브)로 구축할 수 있어야 할 것이다.

참고: K-푸드 성공 사례, 하버드 경영대학원 강의 교재 채택
(코리아넷뉴스, 2024.01.16.)

CJ제일제당에 따르면 하버드 경영대학원 경영자 교육프로그램에서 'CJ제일제당: 글로벌 식품 리더십을 향한 여정' 제하의 연구 사례가 소개됐다. 사례집에는 'K-컬처 마케팅'이 소개됐다. 교수진은 지난해 8월 미국 로스앤젤레스에서 열린 K-팝 콘서트에서 CJ제일제당이 만두, 떡볶이 등 K-푸드를 판매한 것을 사례로 들며 "**K-컬처가 지닌 영향력이 어디까지 확장될 수 있는지 압축적으로 보여준 장면**"이라고 설명했다. 현지화 전략에 대해서는 "만두의 경우엔 미국 현지공장에서 고수를 넣은 제품을 만들거나, 한입에 들어가는 제품을 만드는 식으로 시장의 요구를 적극적으로 반영했다"고 분석하며 "이 덕분에 비비고 만두는 2020년 단일품목으로 글로벌 연 매출 1조 원을 돌파했고, 2021년부터 미국 만두 시장 점유율 1위로 올라섰다"고 언급했다.

4. '찾아가는' 농촌마을 만들기: 생활인구 중심으로

농촌지역에 활력을 불어넣기 위해서는 청년이 찾을 수 있는 농촌마을을 어떻게 만들 것이냐와 관련될 것이다. 글로벌 환경의 도래를 염두에 두면서 청년의 농촌 정주·정착 가능성을 모색해 본다. 우선, 농촌을 청년에게 매력적이고 활력 넘치는 곳으로 조성해야 한다. 환경친화형 농업환경 도입을 통해 지속 가능한 마을여건을 만들어야 하며, 농업 이외에도 다양한 비즈니스와 창업 기회를 제공함으로써 창업 지원금, 교육프로그램, 멘토링 등을 안정적으로 제공할 수 있어야 한다. 다음으로, 농촌지역에 다양한 문화 활동이 가능하며 아울러 여가활동을 즐길 수 있는 소프트 영역의 인프라 시설(영화관, 카페, 체육관 등)을 갖출 수 있어야 한다. 또한 지역 공동체와의 협력적 분위기를 만들어 지역주민과의 긴밀한 유대감을 형성하고 청년과 지역주민이 함께 성장할 수 있는 마을여건을 만들어야 한다. 마지막으로, 청년들이 지속적으로 학습할 수 있는 배움의 기회를 제공함으로써 농업기술, 비즈니스 운영, IT 기술을 비롯한 다양한 교육 및 훈련 프로그램을 개설할 필요가 있다. 이러한 요소들이 갖춰진다면 청년이 찾는 농촌마을 만들기에 한발 가깝게 다가설 수 있을 것이다.

최근 떠오르는 개념인 '생활인구'의 측면에서도 청년 친화형의 농촌환경 모색의 힌트를 얻을 수 있다. 생활인구란 특정 지역에서 거주하는 인구뿐만 아니라 그 지역을 방문하거나 일시적으로 체류하는 사람들까지 인구에 포함함을 의미한다. 이는 해당 지역의 실제 인구 활동을 좀 더 정확히 파악하기 위해 사용한 용어인데, 예컨대 관광지나 상업 지역에서는 거주인구보다 생활인구가 훨씬 많을 수 있기 때문이다. 이런 점에서 생활인구는 도시 계획, 교통 관리, 상업 전략 등 다양한 분야에서 중요한 자료로 활용되며, 요즘 각종 지역사업에서 거주인구 개념보다 더 유용하게 사용되기도 한다.

농촌소멸의 대안을 생활인구 유입 차원에서 찾을 수 있다. 관광객이나 단기 체류자들은 지역 상점, 음식점, 숙박업소 등을 이용할 수 있다. 생활인구 개념을 통해 지역주민의 상호작용을 사회적 장면과 연결할 수 있으며, 무엇보다 외부 영역과의 협력에 기반하여 새로운 아이디어와 자원을 역내로 유입할 수 있기 때문이다. 특히 생활인구의 측면을 고려할 때 다양한 문화적 배경을 가진 사람들이 농촌을 찾도록 하여 폐쇄성에서 벗어날 수 있도록 하며, 그리고 전통적 삶의 방식과 각종 문화자원을 외부세계에 알릴 수 있을 것이다. 덧붙여 생활인구를 마을 차원으로 유입할 수 있다면 지역의 인프라 개선에도 중요한 의미를 띨 것이다. 찾아오는 인구가 많아지면 지역 곳곳에 산재한 인프라 시설을 편리하게 활용할 수 있도록 해야 하며, 이를 통해 지역에의 친밀성을 갖도록 조건을 정비해야 할 것이다. 어떤 조건에서든 하드웨어인 시설을 사용하지 않고 오래 두면 녹슬게 되고, 그런 녹이 쌓이면 각종 고장으로 이어져 더 이상 사용이 불가능할 수 있기 때문이다. 또 지역을 찾았던 생활인구 중의 일부가 농촌의 매력성에 흥미를 느낄 때 비로소 그 지역에로의 장기적 정착 가능성이 커질 수 있기 때문이다. 잦은 접촉을 통해 숨어 있는 마을성에 들어 있는 흥미와 관심을 찾도록 하며 이런 흥미와 관심을 마을 정착으로 편안하고 자연스레 이어질 수 있도록 마을분위기를 조성할 수 있어야 할 것이다.

생활인구 증가를 위해서는 지역주민의 적극적인 참여가 필요하며, 기초와 광역을 포함한 정부 영역의 행·재정적 지원도 뒤따라야 할 것이고, 특히 생활인구를 끌어들일 수 있는 지역 단위의 맞춤형 발전 전략을 수립·시행할 수 있어야 한다.

생활인구 유입·증가를 위한 방안에 대해 검토해 본다. 첫째, 생활인구를 늘리기 위해서는 농촌지역을 둘러싼 자연경관과 문화유산을 정비·현재화할 필요가 있으며, 이를 통해 '찾아오는' 지역으로의 이미지를 만들 수 있어야 한다. 마을 활성화에서 중요한 점은 그동안의 폐쇄적, 정체적 이미지를 탈피해 개방적, 미래지향적 마을 이미지를 갖도록 하는 것이다. 마을을 둘러싼 미래 전망적 이미지를 만들어낼 수 있다면 생활인구 유입·증대에 유의미한 영향을 줄 것이기 때문이다. 둘째, 농촌 곳곳에 숨어 있는 전통 문화자산을 발굴 및 재조명할 수 있어야 한다. 농촌 곳곳의 마을스토리 발굴과 재조명은 '찾아오는' 마을만들기를 위한 유의미한 콘텐츠를 위한 좋은 소재가 될 것이며, 이런 콘텐츠의 풍부화를 통해 '찾아오는' 마을만들기의 조건을 만들 수 있다. 셋째, 디지털 인프라의 효율적 구축 및 활용을 통해 도시민이나 청년층에게 접근 가능한 원격근무 시스템을 갖출 수 있어야 한다. 이른바 이런 시스템 구축을 통해 '4도 3촌'과 같은 제도들이 실제화될 수 있도록 해야 할 것이다. 이런 제도의 정착을 통해 유연근무제도의 반영에도 관심을 기울일 수 있어야 할 것이다. 넷째, 지역축제나 문화행사와 같은 지역 특성을 반영한 지역특화형 대표 이벤트를 발굴 및 개최할 수 있어야 한다. 이런 마을 단위 페스티벌과 같은 문화예술 행사를 통해 문화와 예술이 살아 숨쉬는 마을 이미지를 만들어갈 필요가 있다. 찾아오는 마을만들기에서 중요한 점은 마을을 바라보는 유연한 마을관련 이미지를 갖추도록 하는 데 있다. 마지막으로, 중요한 점은 주민의 폐쇄적 텃세의식에서 탈피해 개방적 글로벌 시민의식을 갖도록 해야 한다는 사실이다. 아무리 좋은 물적 조건을 잘 갖춘다 해도 주민의 열린 포용적 시민의식이 없다면 찾아오는 마을로의 전환이란 불가능할 것이기 때문이다.

참고: '4도3촌' 생활인구 확대해 농촌소멸 막는다(중앙일보, 2024.03.28.)

정부는 농촌 워케이션(일+휴가), 빈집 숙박시설 등 지원을 통해 농촌 생활인구를 확대하기로 했다. 청년 농업인과 농촌형 창업가에 대한 지원도 확대한다. 농림축산식품부는 비상경제장관회의에서 '농촌소멸 대응 추진전략'을 발표했다. 우선 도시민들이 나흘은 도시에, 사흘은 농촌에 각각 머무르는 '**4도3촌 라이프**'를 실현할 수 있도록 농촌 인프라를 개선한다. 기존의 정주인구 유치에서 벗어나 다양한 농촌 생활인구를 창출하겠다는 취지다. 생활인구는 주민등록상 주소를 둔 등록 인구 외에 월 1회, 하루 3시간 이상 머문 체류 인구까지 더한 인구를 의미한다. 구체적으로 전국에 6만 채가 넘는 농촌 빈집을 활용하기 위해 숙박 실증특례 지역을 전국으로 확대하고, 대상도 50채에서 500채로 늘린다. 내년엔 농촌 빈집의 체계적인 관리·지원을 위한 특별법 제정에 나설 계획이다.

참고: 세계시민 마을만들기(경북신문, 2025.01.10.)

영남대 산하 '글로벌공생 인문사회융합인재양성사업단(HUSS)'과 '다문화교육연구원' 소속 교수, 연구원, 학생 등 50여 명은 25년 1월 9일 포항시 북구 청하면 이가리 어촌마을을 탐방했다. 이곳 마을은 100억 원의 예산으로 지난 2023년부터 해수부의 어촌신활력증진사업이 추진되는 곳이다. 방문단은 우선 이 사업의 앵커조직인 '이가리항권역 어촌신활력증진사업단'의 박○○ 단장으로부터 사업추진 배경과 목적, 과정 등을 들었다. 박 단장은 "이 사업의 목적은 어촌마을 주민들의 정주여건 개선과 공동체돌봄 시스템 구축, 외부 인구 유입을 통한 어촌 신활력 증진이라고 할 수 있다"며 "특히 이곳을 해양레포츠 체험 등을 통한 청년층 유입 전략으로 '해양레저를 즐기는 청년'으로 테마를 정했다"고 설명했다. 이곳 마을은 현재 100여 가구 중 70세 이상 노인이 대부분이며, 빈집이 30%가 넘는 어촌 공동화(空洞化)가 급속히 진행되는 곳이다. 학생을 인솔한 영남대 다문화교육연구원 정○○ 교수(사회학과)는 "이곳 마을이 청년들이 모여들 수 있는 매력적인 테마가 충분한 만큼 영남대 바다캠퍼스 운영, 외국인 유학생들의 정주공간인 글로벌 빌리지 조성 등 이곳을 노인과 대학생들이 함께 생활할 수 있는 공동체 마을로 가꾸면 좋겠다"고 설명했다. 탐방단은 빈집과 인기 드라마 '갯마을 차차차' 촬영지 등 마을을 둘러본 후 젊은이들에게 매력적인 어촌이 되기 위한 제언 등 분과별 토론회도 가졌다.

5. 마을공동체의 의미 찾기

인간은 개체적 존재이면서 동시에 공동체적 존재(이중성)이기도 하다. 최근 초 개체성이 일방적으로 강조되면서 공동체성은 제 기능을 상실한 것으로도 볼 수 있다. 개체성이 과잉 부각하는 상황에서는 공동체성을 둘러싼 재조명이 한층 요청될 수 있음에 주목할 필요가 있다. 더불어 살아야 할 공동체적 존재성의 의미를 찾는다는 것은 인간성의 또 다른 중요한 영역을 되찾는 작업과 일맥상통할 것이기 때문이다.

내가 공동체적 존재로 산다는 것은 나 아닌 타인과의 결합체인 공동체의 일원으로서 소속감을 갖고 타인의 차이성을 받아들이며 산다는 것을 뜻한다. 공동체 없이 나 혼자 산다는 것은 유아독존에 불과하며, 그것은 나 자신의 존재성을 부정하는 것으로 볼 수 있다. 우리의 삶이 한층 경쟁적이면서 스트레스에 노출된다는 것은 공동체가 제대로 작동되지 않음과도 맥락이 닿는다. 인간은 실존적 차원에서 태어나서부터 죽음에 이르기까지 전 생애를 통해 공동체와 떨어질 수 없음에서 그 원인을 찾을 수 있다. 오늘날 우리가 처한 상황은 물질적 풍요 속에서 외줄에 의지한 채 외로운 늑대 모습으로 그 어딘가로 질주를 거듭하는 모습에 아주 흡사한 것으로 볼 수 있다. 이 지점에서 공동체성을 둘러싼 재조명이 필요하며, 특히 마을 단위 생활밀착형 공동체성에 대해 주목할 수밖에 없다.

마을공동체는 주민들 간 유대감에 근거한 삶을 가능케 하며 그들끼리의 상호적 신뢰와 협력을 토대로 함께하는 삶을 여는 데 도움을 준다. 마을공동체는 지역의 역사와 전통문화를 보존하고 전수하는 데도 역할을 하며, 특히 해당 지역 구성원으로서의 정체성과 소속감을 갖도록 하며, 무엇보다 초고령화에 당면한 농촌마을 여건에서 상호적 지지와 지원을 통한 자생적 사회 안전망을 갖추도록 하는 데 함의하는 바가 적지 않다. 마을단위 공동체가 건강하고 활기차게 유지된다면 '나 홀로'의 상황에서도 상호적 안전망을 보장받으며 비교적 예측가능한 삶을 유지할 수 있기 때문이다.

공동체 형성의 기반인 마을만들기에서 유념할 사실은 어느 정도의 공간적 범위에서 어떤 친밀관계를 맺느냐에 둘 필요가 있다. 일반적으로 마을만들기는 주민이 참여하여 마을의 물리적·사회적·경제적 환경을 개선할 것이며, 그리고 이런 제반 활동을 통해 지속 가능한 친밀 공동체 여건을 창출하느냐가 중요할 것이다. 이때 '마을'은 주민들이 생활하는 삶터로서 일상생활이 이루어지는 공간적 범위를 가리키며, 특히 '마실 다닐만한 거리의 촌락'에 기반해 형성되는 것이 보통이다. 그렇지만 마을만들기에서 공간적 범위가 핵심은 아닐 것이다. 오히려 마을만들기에서 핵심은 주민 간 친밀성을 맺고 나누는 관계망, 곧 마을단위의 친밀공동체성을 어떻게 맺어 실천적 삶으로 구체화할 것이냐일 것이다. 이런 점에서 마을만들기는 주민들이 어떤 범위에서 어느 정도의 유대성을 맺느냐에 의해 그 성패가 좌우될 수 있다. 다시 말해 마을만들기에서 핵심은 주민들끼리 친밀관계망을 맺으며 함께하는 삶의 밀착형 정도를 어느 정도까지 드러낼 것이냐에 있으며, 이런 점에서 마을만들기의 공간적 범위도 이런 유대성의 정도에 비례하여 정해질 수 있다.

마을만들기 관련의 본격적 논의는 1990년대 일본의 '마치즈쿠리(まちづくり)'에서 등장하였다. 마치즈쿠리는 일본의 고도성장기였던 1960~1970년대 국가주도의 개발정책에 대한 반성에서 비롯되었다. 1960년대 중반 들어 공해 문제를 비롯한 개발에 따른 부작용이 생활 전반에 영향을 미치게 되었고, 이런 생활환경의

악화에 대한 주민들의 성찰이 나타나기 시작했으며, 이후 1970년대 들어 생활환경 개선운동, 수변환경 보존운동, 역사마을 보존운동 등이 새로운 관심사로 등장하였다. 이 시기 일본 내 젊은 도시계획가, 건축가, 연구자를 중심으로 마치즈쿠리를 둘러싼 사회적 인식이 확산하였고, 1980년대 후반에 이르러 폭넓은 지지대를 형성할 수 있었다. 전국 지자체들에서는 마치즈쿠리 활성화를 위해 전담부서 설치 및 조례를 제정하였고, 심지어 마치즈쿠리 지원센터와 마치즈쿠리 펀드까지 설치할 정도였다.

한국의 경우는 일본의 마을 만들기 개념이 들어오기 전부터 지역주민 운동, 지역사회 운동 등의 마을관련 활동들이 있었다. 당시 권위주의 정권이었던 관계로 행정영역으로부터의 협력이 쉽지 않았고, 이에 지역민과 민간단체 중심으로 몇몇 활동이 소수로 이루어질 수밖에 없었다. 산동네를 중심으로 한 도시빈민 운동과 아파트공동체 운동이 그 대표적 예라 할 수 있다. 아직 마을만들기 운동이 체계화하지 않은 상태에서 일본의 마을만들기 활동이 국내에 소개되었고, 이에 한국의 중앙정부와 지자체에서 주민참여에 기반한 마을만들기에 관심을 갖게 되었다. 도시연대, YMCA 등의 민간단체가 중심이 되어 주민들과 함께하는 차없는 거리 조성, 꽃길 골목가꾸기, 담장허물기 등의 사업들이 진행되었다. 이후 주민참여 활성화를 통한 지역정체성 확립, 마을공동체 형성, 지방자치의 활성화, 풀뿌리 민주주의의 확산 등의 마을관련 활동이 본격 전개될 수 있었다. 마을만들기의 노하우가 쌓이면서 마을마다의 특색 발굴과 활용을 통한 마을 만들기에 관심이 모아졌다.

마을 만들기가 성공에 이를 수 있는 몇 가지 핵심 조건에 대해 알아본다. 첫째, 마을 만들기에서 지역주민의 자발적 관심과 참여는 필수적이다. 성공사례에 대한 단순 모방이나 혹은 외부전문가의 문제의식에서 시작한 마을 만들기 도입은 주민친화형 관심과 참여에 한계 요인일 수 있다. 지역주민의 관심사는 물리적 환경정비, 소득창출 등의 경제활동일 수도 있고, 혹은 역사문화 자산 관련의 관심사일 수 있으며, 그 이외에도 수려한 풍광을 배경으로 한 자연경관 살리기에 있을 수 있다. 마을사업이 원만히 진행되어 나름의 성과를 내는 마을 사례를 보면 마을주민의 적극적 참여가 필수적이며, 이를 잘 이끌어가는 리더의 역할이 중요함을 볼 수 있다. 이런 점에서 마을 만들기에서 핵심은 주민의 적극적 동참을 끌어낼 수 있는 마을 차원의 민주주의를 실현하는 것이며, 이런 마을 차원의 민주주의를 견인할 수 있는 마을리더를 육성하는 것과 관련된다.

둘째, 마을 만들기는 단기적·외형적 성과보다는 긴 호흡을 통해 안정적, 합리적 절차를 마련할 수 있어야 하고, 그리고 이런 장기적 절차에 따라 진행될 수 있어야 한다. 마을 주체로서 마을 만들기에 참여하여 마을을 안정화하는 데는 보통 10여 년이 소요될 수 있다. 마을 만들기의 성과는 단기간의 경제적, 외형적 산출물이라기보다 주민들의 지속적인 상호학습과 협력, 그리고 몇몇의 시행착오를 거치며 마을차원의 문제해결 역량을 갖출 수 있을 때 가능할 수 있기 때문이다. 행정기관이 추진하는 마을사업은 보통 1년 단위로 진행되며, 특히 외형적, 물리적 환경정비 차원으로 진행되는 경우가 많다. 그렇지만 마을사업이 지속적으로 잘 굴러가기 위해서는 상향식 절차를 통해 주민들의 참여와 관심을 안정적으로 끌어낼 수 있을 때 가능할 수 있으며, 이런 조건이 보장될 때 성공적으로 안착할 수 있기 때문이다.

셋째, 마을 만들기에서 필수적인 것은 외부 세계와의 개방성을 꾸준히 확보하여 마을에 새로운 요소를 불어넣을 수 있어야 한다는 사실이다. 농촌마을 주민들은 오랜 역사를 토대로 그들만의 역사성과 문화성에 토대해 삶을 살아왔다. 이런 과정에서 전통성과 폐쇄성에 따른 원칙고수, 텃세의식 등이 비교적 강하게 작용하였다. 전통에서 이어진 폐쇄성은 열린 마을 환경을 만드는 데 장애 요인일 수 있었으며, 무엇보다 '찾아오는' 마을 만들기에도 한계 요인일 수 있었다. 비교적 동질성에 기반하여 긴 세월을 함께했던 주민들은 외부 세계와의 소통에 익숙하지 않았으며, 그에 따라 자신들과 다른 그 밖의 여러 차이성에 민감하게 반응하였다. 이런 상황에서 선주민인 마을주민은 귀농 귀촌인을 비롯한 결혼이주민 등의 이방인을 달갑지 않은 존재로 받아들였으며, 그들의 접근을 호의적 자세로 포용할 수 없었다. 말로는 같이 살아갈 수 있다고 하면서도 행동으로는 그런 이방인들을 '초대받지 않은 손님'으로 취급했다 해도 과언이 아닐 것이다. 이 지점에서 선주민 대상의 글로벌 시민의식을 갖추도록 하는 것은 농촌마을에 활력을 불어넣기 위해 가장 시급한 현안으로 볼 수 있다. 덧붙여 농촌마을 살리기에서 주목할 중요한 대안은 '선주민/이주민 공생 공동체' 환경을 갖추는 것에서 찾을 수 있다.

참고: 세계시민의식 신장을 위한 대학교육(대구CBS, 2023.02.17.)

영남대가 추진하는 '글로벌캡스톤디자인'이 대학혁신 수업으로 주목받고 있다. 글로벌캡스톤디자인은 기업가치 창출, 취업·창업 지원, 공유·협업체계 구축을 위한 대학의 산·학·연 협력 강화 교과목으로서 교육부 '3단계 산학연협력 선도대학 육성 사업(LINC3.0)' 지원으로 추진되었다. 지난 학기 영남대 사회학과의 글로벌캡스톤디자인 수업의 주제는 '지방소멸 위기에 처한 청도와 군위 지역의 활력 방안 모색'이었다. 수업에 참여한 학생들은 청도 4개 팀, 군위 4개 팀으로 나눠 현장 답사를 통해 문제점을 찾고 실현가능성과 효과 등을 고려한 지역활력 방안을 제시했다. 학생들은 청도, 감 등 지역 특산물을 활용한 캐릭터와 굿즈 제작을 비롯해 청도읍성, 군위 화산마을 등 지역 관광 홍보 방안, 외국인 유학생이 참여한 홍보 영상 제작 등 다양한 아이디어를 제안했다. 글로벌캡스톤디자인 수업을 기획한 정○○ 사회학과 교수는 "대학은 교실 수업에서 벗어나 현장 수업을 해야 한다. 특히 사회학을 전공하는 학생들은 사회현상을 바라보는 다양한 안목을 길러야 한다"고 말했다. 정 교수는 "학생들이 글로벌캡스톤디자인 수업을 통해 농촌지역의 문제점을 파악하고 다양한 해결방안을 고민해, 한국농촌의 매력을 발견하고 지역 활력 방안을 제시했다"고 했다. 이 대학 사회학과 학생들은 이번 방학 중 글로벌캡스톤디자인 수업의 결과물을 해외 대학과 공유하기 위해 베트남 호치민경제전문대학을 찾아 성과 발표와 질의응답 시간을 가졌다. 호치민경제전문대 보티칸반(Vo Thi Khanh Van) 부총장은 "훌륭한 수업과정과 성과를 공유해 줘 감사하다"면서 "양 대학이 교육·연구 활동뿐만 아니라, 사회, 문화 등 다양한 분야에서 교류가 활발해지길 바란다"고 말했다.

넷째, 마을만들기에서 중요한 점은 관의 지원과 역할에 더해, 민간영역의 조정자(facilitator) 그룹을 양성할 수 있어야 한다는 사실이다. 어느 하나(일방)의 주체만으로 마을 만들기를 추진하는 데는 많은 어려움이 따를 수 있다. 이런 점에서 마을주민, 행정기관, 민간단체 등의 협력을 통해 각 영역이 고유한 역량과 자원을 결합하여 더 큰 시너지를 낼 수 있도록 해야 한다. 특히 각 영역 간의 조정 및 역량을 모으기 위해서는 민간영역 조정자의 역할이 중요할 것이다. 마을 만들기에서 조정자는 지역사회 활동가, 주민대표, 해당 영역의 전문가, 필요시 외부로부터의 역량을 갖춘 영입자 등이 될 수 있다. 이런 조정자가 있을 때 중립성과 공정성, 갈등조정 능력, 리더십 등을 감안하여 마을 적합형의 사업을 발굴하여 지속적으로 추진해 갈 수 있기 때문이다. 이런 조정자의 역할이 전제될 때 마을 만들기의 방향을 비롯한 정책 수립, 그리고 실천에 이르기까지 전 과정이 무난히 진행될 수 있을 것이다. 그리고 정부영역에서도 이런 민간영역의 조정자 역할에 주목하여 이런 조정자를 체계적으로 발굴·양성할 수 있는 안정적 시스템을 구축할 수 있어야 하며, 이를 위한 좀 더 적극적인 정부 역할이 개입될 수 있어야 할 것이다.

6. 마을자산 발굴과 마을테마 관광

고도 도시화, 산업화 및 지식정보화 과정에서 마을자산 발굴과 활성화를 둘러싼 의미를 새롭게 재조명할 필요가 있다. 글로벌화 과정에서 드라마, 노래, 음식 등의 K-culture가 갖는 영향력이 점증하며, 동시에 그동안 주목의 대상이 아니었던 K-village를 둘러싼 관심도 한층 커지는 것으로 볼 수 있다. 글로벌화 상황에서 마을성에 포함된 문화내용을 어떻게 발굴하여 살려낼 것이냐는 K-culture의 핵심이 될 수 있기 때문이다. 특히 마을 속 역사문화 자산발굴 및 재조명은 K-culture의 핵심 콘텐츠가 될 것이며, 동시에 쇠락과 소멸 위기에 처한 농촌마을 살리기에도 함의하는 바가 클 것이기 때문이다.

마을단위 자산발굴 및 재조명은 마을 활성화는 물론이며 지역정체성과 고유성

되찾기에도 적지 않은 영향을 줄 것이다. 마을 곳곳에 숨어 있는 역사, 문화, 전통 등의 마을성의 의미를 발굴하여 그 의미를 새기도록 하는 것은 잃어버린 지역 정체성과 고유성을 되찾도록 하며 이에 의해 지역민으로서의 자긍심을 높일 수 있을 것이다. 나아가 이렇게 발굴·재조명된 마을 문화자산은 관광, 교육, 지역 브랜드화에 직결될 것이다. 무엇보다도 마을 친화형 문화자산의 재조명은 고도 소비지향적 삶의 자세를 반성적으로 바라도록 하는 데도 기여할 것이다. 이른바 농촌을 배경으로 한 자연친화적 자세는 경쟁과 욕망을 극대로 부추기는 고도 소비주의에 대한 성찰에도 영향을 줄 수 있을 것이다.

마을 문화자산 발굴 및 재조명을 통해 마을 살리기에 성공한 구체적 사례에 대해 살펴본다. 대표적 사례는 안동의 '하회마을'에서 찾을 수 있다. 하회마을은 전통 공연과 한옥 체험 등의 문화자산 발굴을 통해 수많은 국내외 관광객을 끌어들이며, 이에 한국의 대표 문화마을로 발돋움할 수 있었다. 하회마을은 최근 5년간 연속으로 100만 명 이상의 방문객을 모은다. 이른바 하회마을은 역사문화 자산발굴과 재조명을 통해 '찾아오는' 마을의 조건을 갖출 수 있었으며, 동시에 이에 의해 한국의 대표적 문화마을(K-village)로 성장할 수 있었다. 하회별신굿탈놀이, 하회선유줄불놀이와 같은 민속문화, 고택과 서원 등의 유형문화재 등은 중요한 문화자산이었고, 안동국제탈춤페스티벌과 인문가치포럼 등의 행사는 하회마을의 글로벌화에 영향을 미칠 수 있었다. 덧붙여 문화자산에 스토리를 가미한 하회탈빵, 안동소주 등의 마을 특산품을 제작함으로써 토착성을 글로벌화로 이어갈 수 있었다. 마을의 토착성에 글로벌화의 색을 어떻게 입히느냐는 마을 만들기의 성과에도 영향을 줄 수 있다.

마을살리기의 대표적 외국 사례는 이탈리아 중부 피에몬테 주에 위치한 작은 마을인 '치비타 디 바뇨레조'를 들 수 있다. 이 마을은 로마에서 약 1시간 44분 정도의 거리에 위치해 있고, 부드러운 실크점토를 포함한 지층 위에 세워져 있다. 최근 이 도시는 오랜 세월 동안 비와 바람의 영향으로 서서히 무너지고 있어 '죽음의 도시'로 불리워지고 있다. 그렇지만 이 마을 곳곳에 독특한 중세 건축물이 즐비하게 남아 있고, 또 마을 주변에 아름다운 경관이 펼쳐져 있으며, 그런 점에서 이 마을은 대표적인 경관마을로도 알려져 있다. 풍부한 전통과 빼어난 경관을 활용해 이 마을은 마을 살리기 사업을 진행하였다. 마을 곳곳의 역사문화 자산을 활용 및 재조명함으로써 관광객을 끌어들이는 것에서 마을에 활력을 불어넣으려 했다. 이어 마을을 둘러싼 천혜의 자연경관을 활용함으로써 '찾아오는' 마을 만들기를 시도하였다. 여기서 주목할 점은 역사문화 자산과 자연경관에 덧붙여 이를 현대적 의미로 재조명할 수 있느냐의 여부는 해당마을 주민의 마을 살리기를 위한 의지라 할 수 있다. 지역민은 자신들의 마을 살리기를 위한 의지를 결집할 수 있었고, 이에 관으로부터의 측면지원을 받을 수 있었으며, 그리고 마을 곳곳의 역사문화 자산을 방문객에게 기꺼이 개방하고자 하였다. 이런 노력이 덧붙여지면서 이 마을은 수많은 관광객을 유치할 수 있었고, 이에 기반하여 마을 전반에 활력을 불어넣을 수 있었다.

문화자산과 자연자원을 활용한 마을테마 관광은 생활인구의 증가에도 유의미한 영향을 줄 수 있다. 마을테마 관광이 가능할 수 있다면 그것은 마을을 찾는 방문객을 모으면서 지역사회에 활력을 불어넣을 수 있기 때문이다. 마을테마 관광은 각종의 마을 자원(자연경관, 역사문화 자산 등) 활용에서 시작할 수 있다. 예컨대, 전통음식, 공예품, 고택 숙박, 자연탐방 등은 마을테마 관광 좋은 소재가 될 수 있으며, 그 밖의 체험식 프로그램의 개발도 테마형 관광거리에 해당할 수 있다. 마을테마형 관광을 위해서는 온·오프라인을 통한 마케팅 전략, 곧 소셜미디어, 블로그, 여행 사이트 등을 활용할 때 한층 효과를 낼 수 있다. 이 지점에서 다시 한번 잊지 말아야 할 사실은 마을을 개방할 주민의 의지 여부와 결부될 것이라는 점이다.

마을테마형 관광의 좋은 예는 경북 청송군 소재의 '덕천마을' 사례에서 찾을 수 있다. 이 마을에서는 다양한 문화체험 프로그램과 전통 민속놀이를 즐길 수 있도록 하였고, 특히 고택의 현대화를 배경으로 고택 스테이를 제공하고 있으며, 덧붙여 산소탱크 지역으로서 자연경관을 누릴 수 있도록 하였다. 또한 이 마을을 배경으로 전통음식 만들기 체험, 한복 입기와 사진 촬영 등을 할 수 있도록 하였고, 덧붙여 전통 민속놀이를 비롯한 역사여행도 가능토록 하였다. 이처럼 이 마을을 찾는 방문객 대상으로 천연의 자연을 배경 삼아 평화로운 상태에서 안락한 시간을 보낼 수 있도록 하면서 과거로의 여행까지 즐길 수 있도록 하였다.

마을테마 관광지로서 덕천마을의 장점은 전통문화 체험을 비롯한 천혜의 자연경관을 즐길 수 있다는 점에서 찾을 수 있다. 최근 언론매체에 이 마을이 자주 언급되면서 마을테마 관광지로 명성을 얻고 있다. 고택을 배경으로 한 영화가 촬영된 이후부터 마을을 찾는 방문객이 급증하였으며, 이에 마을에서는 마을테마 관광을 위한 더 다양한 준비를 하였다. 이런 마을 단위 테마관광을 발굴・재조명할 수 있다면 '떠나는' 마을에서 '찾아오는' 마을로 변신이 가능할 것이다. 마을주민이 바라본 마을테마 관광의 성과는 다음과 같았다. "지리적으로 접근이 쉽지 않은 오지마을이었지만, 어떤 계기였는지 마을이 외지에 알려지면서 찾아오는 이들이 많아졌다. 이렇게 외지에서 마을을 찾는 방문객이 부쩍 늘어나면서 덩달아 마을의 집값과 인근의 땅값까지 가파르게 상승하였다. 최근 들어 외지에서 고택 구매를 둘러싼 문의가 많아졌으며, 그리고 마을 밖의 농지를 비롯한 땅 매매 현상이 잦아지고 있다. 이처럼 외지로부터의 관심이 높아지면서 마을 주변의 도로나 하천 등도 비교적 깔끔하게 정비하게 되었고, 마을의 카페와 식당을 찾는 손님도 한층 늘어났으며, 무엇보다 고택을 비롯한 마을자산이 빛을 볼 수 있었다." 이처럼 마을테마형 관광이 나름 성공적으로 안착할 수 있다면, '텅빈' 마을 상태에서 '활기찬' 마을 상태로의 변화가 가능할 것이며, 이는 곧 현대판의 농촌마을 살리기의 대표적 사례에 해당할 것이다.

참고: '마을호텔'로 농촌활성화 출구 찾는다...유휴공간 · 관광테마 결합한 '안동스테이' 제안 '눈길'(출처: 안동인터넷뉴스(http://www.adinews.co.kr), 2025.02.21. 검색)

마을 내 유휴 공간을 마을호텔로 개발하자는 제안이 나와 눈길을 끌고 있다. 안동시의회 의원연구단체 '농촌사랑연구회'는 11일 '농촌활성화를 위한 마을호텔 개발방안 연구' 용역의 중간보고회를 개최했다. 이번 연구는 농촌 및 도시지역의 유휴 자원을 활용한 마을호텔 개발을 통해 관광 활성화와 지역 경제 발전을 도모한다는 취지로 진행된 가운데, 이날 연구기관의 발표와 참석 의원들의 질의응답으로 이어졌다. 발표에 나선 이○○ 책임연구원은 "'마을호텔'은 농촌지역 등 마을 내 유휴 공간을 숙박시설로 활용하여 지역 문화와 결합한 체류형 관광 모델로 해외는 국내에서도 조성사례가 늘고 있다"며 "안동에도 도시재생사업지와 농촌체험테마마을 등을 대상으로 공간을 발굴하고 우수한 안동관광 자원과 체험콘텐츠 등과 연계한다면 또 다른 체류관광 인프라로 활용할 수 있을 것"이라고 말했다. 참석한 의원들은 "안동에도 기존 고택체험이나 빈집을 활용한 '스테이' 공간이 늘어나고 있지만 운영상의 어려움도 적지 않다"며 "마을호텔이라는 신개념도 중요하지만 대상지 발굴과 운영주체, 지원방안에 대한 구체적인 대안 마련이 우선인 만큼 보다 다각적이고 심층적인 검토가 필요하다"고 지적했다.

토론거리

1. 청년에게 매력적인 농촌마을은 어떻게 가능할 것이며, 어떤 대응이 필요한지에 대해 의견을 모색해 보시오.
2. 농촌마을의 글로벌화는 어떤 의미인지를 모색하면서 그런 글로벌화를 위한 방안에 대해 타진해 보시오.
3. 하회마을 사례를 통해 '찾아오는' 마을만들기의 성공 요인을 지적하면서 마을관광 활성화를 위한 방안에 대해 토론해 보시오.

읽을거리

박주영(2016). 『농촌 마을관광 활성화 방안』. 한국문화관광연구원.
오대민 외(2017). 「한국농촌으로 떠나는 힐링여행」. 농촌진흥청 농촌지원국 농촌자원과.
정용교 · 전경미 · 남선이(2023). 『마을에서 희망을 찾다』. 교육과학사.

제 11 장

국제이주와 다문화 사회

1. 국제이주의 개념과 현황

1) 국제이주의 정의와 현황

국제이주는 단순한 공간적 이동을 넘어 경제・정치・사회・문화적 요인들이 복잡하게 상호작용하는 다차원적 현상이다. 구체적으로, 국제이주는 개인이나 집단이 출신국을 떠나 장기간 정착하거나 노동, 학업, 또는 피난처를 찾기 위해 목적지 국가로 이동하는 과정을 의미한다. 이주 과정은 여러 가지 동기에 의해 촉진되며, 주요 요인으로는 다음과 같은 것들이 있다.

경제적 여건 개선: 더 나은 일자리 기회와 높은 생활 수준을 추구하는 동기
정치적 안정: 분쟁이나 사회 불안에서 벗어나 안전한 생활환경을 찾으려는 욕구
교육 및 문화 경험: 다양한 학습 기회와 풍부한 문화 체험을 얻고자 하는 바람

김영순(2019: 35)의 『다문화 사회와 한국의 이주 정책』과 박진호(2021: 47)의 『국제이주와 다문화 교육: 현재와 미래』 등의 연구에서는 국제이주가 단지 개인의 여정이 아니라 경제・정치・사회・문화적 요인들과 관련 국가들의 정책들이 복잡하게 상호작용하는 과정임을 강조하고 있다. 이 관점에서 이주 현상은 출신국과 이민 수용국 모두의 사회・경제・문화 구조를 재편하는 데 이바지한다.

역사적으로 보면, 1960년대 후반부터 1980년대 초반까지, 특히 1970년대에 한국은 서구 국가(대표적으로 독일)로의 노동 이주 물결을 경험하였다. 이러한 이동

은 한국의 산업화에 이바지했을 뿐만 아니라 양국 간에 문화적·경제적 파급 효과를 가져왔다. 오늘날에는 노동, 유학, 결혼, 문화 교류 등 다양한 목적으로 더욱 다양한 형태의 이주가 이루어지고 있으며, 이는 뚜렷한 세계화 추세를 반영한다.

2) 한국으로의 이주 역사와 1990년대 이후의 변화

1990년대 이후 세계화가 가속화되는 가운데, 한국은 자국민의 해외 이주와 외국인의 국내 이주라는 두 측면에서 상당한 변화를 경험하였다.

(1) 글로벌 배경 및 이주 촉진 요인

현대의 이주 이론들은 이주 추세를 형성하는 데 있어 거시적 요인들의 중요성을 강조한다. 특히 경제적 세계화는 국제 시장의 확대와 경제 통합의 심화를 가져오며, 국가 간 소득 격차를 증가시켜 개인들이 더 나은 경제적 기회를 찾아 나서도록 하는 주요한 동인이 되고 있다. 또한 정치적 불안정 역시 중요한 요인으로 작용하며, 각종 분쟁, 정치적 변동, 국내 치안 문제 등으로 인해 많은 사람이 더 안전한 생활환경을 찾아 새로운 국가로 이동하고 있다.

기술과 정보의 발전도 현대 이주를 촉진하는 핵심 요소 중의 하나이다. 정보 기술이 비약적으로 발전하면서 해외의 학업 및 취업 기회를 더 쉽게 파악하고 활용할 수 있게 되었고, 이를 통해 개인들은 자신의 미래를 더욱 적극적으로 설계할 수 있게 되었다. 한편, 여러 국가는 경제 성장과 산업 발전을 위해 이민 정책을 보다 개방적으로 조정하며, 인재와 투자를 적극적으로 유치하고 있다. 이러한 정책 변화로 인해 이주의 형태는 더욱 다양해지고 있으며, 국제이주는 단순한 노동 이동을 넘어 학업, 투자, 연구, 가족 재결합 등 다양한 목적으로 확대되고 있다.

(2) 한국과 다른 국가 간 이주의 현황

한국과 관련된 이주 현상은 크게 두 가지 방향으로 나눌 수 있다. 첫째, 해외로 나가는 한국인의 경우, 학업과 노동을 목적으로 한 이동이 두드러진다. 많은 한국 학생들은 미국, 영국, 캐나다, 호주 등 교육 선진국으로 유학하여 학업을 지속하며, 첨단 기술 분야의 전문가들은 국제 프로젝트에 참여하여 전문성을 향상하고 글로벌 협력 네트워크를 확대하기 위해 해외 취업 기회를 모색하고 있다. 또한 경영 및 투자 측면에서도 한국의 기업가들과 투자자들은 활동 무대를 해외로 넓히며 국제 경제 통합에 이바지하고 있다. 특히 2000년대 초반부터 삼성과 같은 대기업들은 신흥 시장에 생산 기반을 구축하고 사업을 확장하기 위해 적극적으로 투자해 왔다. 한편, 한류(K-pop, K-드라마, 한식)의 세계적 확산으로 인해 한국인들은 문화 대사로서 국제무대에서 활발히 활동하며 각국과의 문화 교류 및 홍보에 적극적으로 참여하고 있다.

둘째, 한국으로 들어오는 외국인의 경우, 국제결혼과 다문화 가정, 노동 이주, 유학생 및 국제 투자자의 증가가 주요 특징이다. 2000년대 이후 한국인과 외국인 간의 결혼이 증가하면서 한국 사회는 더욱 다문화적인 특성을 띠게 되었다. 이에 따라 정부는 다문화 가정의 원활한 정착을 돕기 위해 언어, 문화, 법률 등의 측면에서 다양한 지원 정책을 시행하고 있다. 또한 제조업, 건설, 서비스, 농업 등 여러 산업 부문의 인력 수요를 맞추기 위해 한국은 고용허가제(EPS)와 같은 제도를 도입하여 외국인 노동력 유입을 체계적으로 관리하고 있다. 그뿐만 아니라 수준 높은 교육 체계와 매력적인 장학금 제도 덕분에 많은 외국인 유학생들이 한국을 찾고 있으며, 한국의 투자 환경 개선과 경제 성장에 힘입어 외국인 투자자들의 국내 이주도 점점 활발해지고 있다.

1990년대부터 현재에 이르기까지 한국을 둘러싼 이주 양상은 여러모로 전개됐으며, 이러한 추세는 다양한 글로벌 요인의 영향과 깊이 관련되는 것으로 볼 수 있다.

2. 다문화 가정과 국제결혼의 증가

1) 국제결혼 증가 시기 및 배경

한국의 국제결혼은 1990년대 이후 다양한 요인에 의해 변화해 왔다. 1990년 전체 결혼 중 국제결혼 비율은 1.2%에 불과했지만, 2000년대 중후반까지 급격히 증가하여 2009년에는 10%를 넘는 수준(33,300건, 10.8%)까지 상승했다. 특히 1980년대 말부터 지방자치단체들이 주도한 "농촌 총각 장가보내기" 운동이 시작되면서 농촌 지역의 독신 남성들이 중국 조선족 여성들과 결혼하는 사례가 늘어났다. 이는 국내에서 배우자를 찾기 어려운 농촌 및 저소득층 남성들이 결혼 시스템으로부터 배제된 문제에서 비롯되었다.

산업화 및 도시화로 인해 농촌 여성들은 도시로 이동하고, 여성들의 결혼 상대 선택 기준이 높아지면서 상대적으로 경제력이 부족한 남성들이 국내에서 결혼하기가 어려워졌다. 이러한 상황에서 결혼중개업체와 지방자치단체의 지원을 통해 국제결혼이 그 해결책으로 자리 잡게 되었다.

2015년부터 2023년까지의 국제결혼 현황을 살펴보면, 2015년에는 약 20,000건이었으나 2017년에는 18,500건으로 감소했다. 이는 정부의 불법 국제결혼 중개업체 규제 강화와 배우자 비자 심사 엄격화 등이 주요 원인으로 작용했다. 그러나 2018년부터 2020년까지는 국제결혼이 다시 증가하는 추세를 보이며, 2020년에는 약 22,000건으로 정점을 찍었다. 이는 국제결혼 중개업체들의 활발한 운영과 농촌 지역뿐만 아니라 도시에서도 외국인 배우자를 맞이하는 사례가 늘어난 것이 주요 원인으로 작용했다.

그러나 2020년부터 2022년까지는 코로나19 팬데믹으로 인해 국제결혼이 급감하였지만, 2023년에는 다시 국제결혼이 증가하는 추세를 보인다. 이는 코로나19 이후 출입국 제한이 완화되면서 국제결혼이 다시 증가하고, 농촌 지역의 결혼 문제 해결을 위해 지방 정부가 지원을 확대하며, 동시에 다문화 가정 지원 정책을 강화하면서 국제결혼에 대한 부담이 줄어든 것이 주요 원인으로 볼 수 있다.

국적별로 살펴보면, 외국인 아내의 국적은 베트남이 27.6%로 가장 많고, 그 다음으로 중국(19.0%), 태국(16.1%) 순으로 나타났다. 외국인 남편의 국적은 미국이 29.6%로 가장 많으며, 그 다음으로 중국(16.1%), 베트남(12.6%) 순으로 기록되었다. 이러한 변화는 정부의 정책, 사회적 인식, 국제적 상황 등 다양한 요인이 복합적으로 작용한 결과로 볼 수 있다. 특히 코로나19 팬데믹으로 인해 국제결혼이 일시적으로 감소하였지만, 이후 출입국 제한이 완화되고 다문화 가정 지원 정책이 강화되면서 국제결혼이 다시 증가하는 추세를 보인 것으로 볼 수 있다.

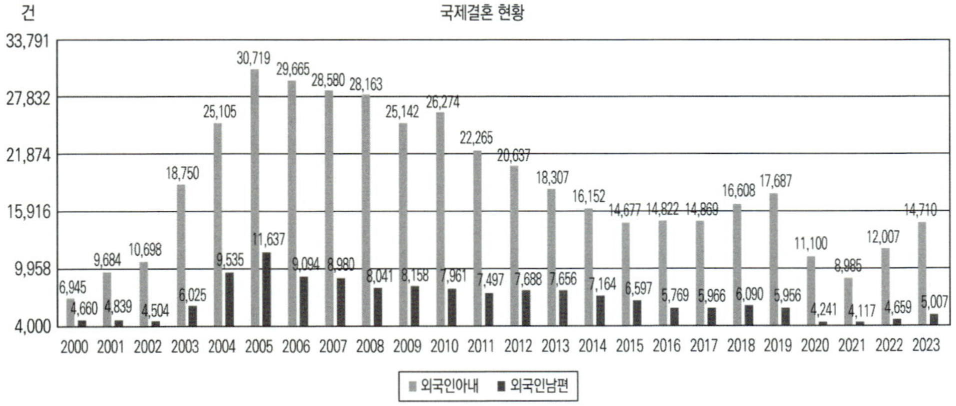

[그림 11-1] 국제결혼 현황(2000~2023)

출처: 통계청

2) 결혼이민자의 생활 및 도전

국제결혼을 통해 한국에 정착한 결혼이민자들은 새로운 환경 속에서 다양한 생활상의 어려움을 겪는다. 그중 가장 대표적인 문제는 언어 장벽이다. 대부분의 결혼이주여성들은 한국에 올 때 한국어를 초급 수준밖에 구사하지 못하는 경우가 많아 남편이나 시댁과의 의사소통이 원활하지 않다. 이로 인해 일상생활에서 큰 부담을 느끼며, 사회적 고립감을 경험하기 쉬운 상황이 된다.

또한 문화 차이와 적응 문제도 중요한 도전 중의 하나이다. 한국의 전통적인 가부장제 문화는 일부 결혼이민자들에게 익숙하지 않으며, 명절이나 제사와 같은 가족 행사를 받아들이고 적응하기가 쉽지 않다. 더 나아가 음식 문화, 육아 방식, 가정 내 역할 분배 등에 있어서도 차이가 발생하면서 부부 간 갈등이 커질 가능성이 크다. 이러한 문화적 차이는 결혼이주자들이 새로운 사회에 적응하는 데 큰 장애물로 작용할 수 있다.

경제적 어려움도 결혼이민자들이 직면하는 중요한 문제이다. 언어 장벽과 학력, 경력의 인정 부족 등으로 인해 결혼이주여성들은 한국 사회에서 안정적인 직장을 구하기 어려우며, 대부분이 저임금 노동에 종사하게 된다. 또한 자녀 양육과 가사노동의 부담이 크기 때문에 경제 활동에 적극적으로 참여하기 힘든 경우가 많다. 경제적 자립이 어려운 상황에서 결혼이민자들이 한국 사회에 안정적으로 정착하는 데 커다란 걸림돌이 될 수 있다.

더불어, 일부 결혼이주여성들은 한국 사회에서 사회적 차별과 편견을 경험하기도 한다. 피부색이나 출신 국가가 다르다는 이유로 차별적인 시선을 받는 경우가 있으며, 심지어 가정 내에서도 불평등한 대우를 받을 가능성이 존재한다. 이러한 차별과 편견은 결혼이민자들의 자존감을 낮추고, 사회적 통합을 더욱 어렵게 만든다.

마지막으로, 일부 결혼이민자들은 가정폭력과 법적 보호 부족으로 인해 어려움을 겪는다. 신체적·정서적 폭력을 경험하는 경우가 있지만, 한국어 능력이 부족하거나 법적 지원 시스템에 대한 정보가 부족하여 도움을 요청하지 못하는 경우가 많다. 이를 해결하기 위해 정부는 다문화 가정 지원센터를 운영하며 다양한 정책을 시행하고 있으나, 여전히 많은 이주 여성들이 충분한 보호를 받지 못하는 실정이다.

결국, 결혼이민자들이 한국 사회에 성공적으로 정착하기 위해서는 언어 교육, 경제적 지원, 법적 보호 및 사회적 인식 개선과 같은 다각적인 뒷받침이 필요한 것으로 볼 수 있다.

3) 한국 정부의 다문화 가정 지원 정책

한국 정부는 다문화 가정의 안정적인 정착과 사회통합을 위해 다양한 정책을 시행하고 있다. 우선, 언어 및 교육 지원 측면에서 정부는 전국 다문화가족지원센터를 통해 한국어 교육 프로그램을 운영하며, 초등학교와 중학교 단계에서도 다문화 학생들을 위한 한국어 교육을 적극적으로 지원하고 있다. 또한 부모 교육과 자녀의 학습 지원 프로그램을 운영하여 가정 내 의사소통 문제를 해결하는 데 도움을 주고 있으며, 이를 통해 다문화 가정의 원활한 사회 적응을 도모하고 있다.

법적 보호 및 체류 안정 지원 또한 중요한 정책 중 하나이다. 결혼이민자들이 안정적으로 한국에 정착할 수 있도록 체류 비자 연장 및 영주권 취득 절차를 간소화하고 있으며, 결혼중개업체에 대한 규제를 강화하여 불법 중개 행위를 방지함으로써 결혼이주여성들이 법적 권리를 보장받을 수 있도록 지원하고 있다. 이러한 조치를 통해 결혼이민자들이 더욱 안전한 환경에서 생활할 수 있도록 돕는 역할을 수행한다.

더불어, 경제적 자립 지원을 위해 정부는 결혼이주여성들의 취업을 돕기 위한 직업훈련 프로그램을 운영하고 있으며, 창업 지원 및 취업 알선 서비스도 제공하고 있다. 일부 지방자치단체에서는 다문화 가정을 위한 맞춤형 일자리 연계 프로그램을 운영하며, 사회적 기업과 연계하여 결혼이주여성들에게 안정적인 일자리를 제공하는 노력을 하고 있다.

사회통합 프로그램 운영 또한 정부의 핵심 정책 중 하나로서 다문화 가정 지원센터를 통해 상담 서비스, 심리 치료, 다문화 이해 교육을 제공하고 있으며, 이에 의해 사회적 차별과 편견을 줄이는 것은 물론이고, 다문화 가정이 지역 사회에 원만히 적응할 수 있도록 지원하고 있다. 또한 다문화 축제 및 문화 교류 행사를 정기적으로 개최하여 한국 사회와 이주민 간의 상호 이해를 높이는 활동도 지속적으로 진행되고 있다. 이러한 정책들을 통해 다문화 가정이 안정적으로 정착하고 사회 구성원으로서 적극적으로 참여할 수 있도록 돕는 중요한 역할을 수행하고 있다.

3. 한국 내 유학생

한국의 유학 산업은 2000년대 이후 본격적으로 성장하기 시작했다. 1990년대까지 한국은 외국인 유학생이 많지 않은 국가였으나, 2000년대 초반부터 정부의 국제화 정책과 한류 열풍이 맞물리면서 유학생 수가 급격히 증가했다. 특히 2004년부터 'Study Korea Project'를 시행하였고, 이 프로젝트에 의거해 외국인 유학생 유치를 위한 정부 차원의 전략적인 접근을 시작하였으며, 이를 통해 한국 대학들은 더 적극적으로 해외 학생을 모집할 수 있었다. 2000년대 초반 1만 명 이하였던 외국인 유학생 수는 2010년 83,842명으로 급증하였으며, 2020년에는 160,165명으로 증가했다. 이러한 성장이 가능했던 배경에는 한국의 우수한 교육수준, 경제적 비용 대비 높은 교육의 질, 한류의 확산, 그리고 취업 기회 확대 등의 요인이 맞물리는 것으로 볼 수 있다.

1) 한국 유학의 발전 과정

(1) 국제화의 시작(2000~2010)

2000년대 초반 한국의 고등교육 기관들은 국제화 전략을 본격적으로 추진하기 시작했다. 2004년 'Study Korea Project'가 시행되면서 외국인 유학생 유치를 위한 장학금, 입학 절차 간소화, 한국어 교육 지원 등의 정책이 마련되었다. 2005년 기준 한국 내 외국인 유학생 수는 약 49,270명으로 증가했으며, 2010년에는 83,842명을 기록했다.

(2) 유학생 수 급증과 질적 변화(2010~2020)

2010년대에는 한국의 유학생 수가 급격히 증가하며 더 다양한 국가 출신의 학생들이 한국을 찾았다. 특히 베트남, 몽골, 우즈베키스탄 등 아시아 지역에서 한국으로 유학을 오는 사례가 증가하였다. 2019년 기준 한국 내 외국인 유학생 수는 160,165명으로 증가하였으며, 한국 정부는 2020년까지 200,000명을 목표로 하는 정책을 추진하였다. 이 시기에는 학위 과정뿐만 아니라 한국어 연수 과정에서도 많은 유학생이 유입되었다.

(3) 팬데믹과 회복(2020~현재)

COVID-19 팬데믹은 유학생들에게 상당한 영향을 미쳤다. 2020년 이후 한국 정부의 출입국 제한 정책으로 인해 유학생 수가 일시적으로 감소하였으며, 온라인

강의의 확대와 비대면 행정 절차 도입으로 인해 유학생들의 적응이 더욱 어려워졌다. 하지만 2022년 이후 정부의 적극적인 유학생 지원 정책과 비자 완화 조치 덕분에 유학생 수가 빠르게 회복되었고, 2024년에는 200,000명을 넘어섰다. 아래의 〈표 11-1〉은 2000년부터 2023년까지의 외국인 유학생 수의 변화를 나타낸다.

〈표 11-1〉 외국인 유학생 수 변화(2000~2023)

연도	외국인 유학생 수(명)
2000	3,963
2005	22,526
2010	83,842
2015	91,332
2019	160,165
2020	153,695
2021	152,281
2022	166,892
2023	181,842

출처: 지표누리, 교육통계서비스

이러한 증가 추세는 한국 정부의 적극적인 유학생 유치 정책과 한류의 영향, 그리고 한국 대학들의 국제화 노력 등이 복합적으로 작용한 결과이다.

(4) 국외 한국인 유학생 및 국내 외국인 유학생 변화

한국인 유학생 수는 2000년 이후 지속적으로 증가하는 추세를 보인다. 2010년에는 약 83,842명이었던 유학생 수가 2023년에는 181,842명으로 많이 증가한다. 이는 해외 유학에 관한 관심이 높아지고, 글로벌 교육기회가 확대된 결과로 분석된다. 특히 미국, 캐나다, 영국, 호주 등 영어권 국가로의 유학 수요가 꾸준히 증가하며, 학부 과정뿐만 아니라 대학원 과정에서도 한국인 유학생 수가 증가하는 경향을 보인다.

한편, 국내 외국인 유학생 수도 꾸준히 증가하는 추세를 보인다. 2010년에는 약 6,000명이었던 외국인 유학생 수가 2023년에는 129,239명으로 급증한다. 이는 한국 정부가 외국인 유학생 유치를 위한 다양한 정책을 시행하고, 국내 대학들이 적극적으로 외국인 학생을 모집한 결과로 볼 수 있다. 또한 한류의 영향으로 한국어와 한국 문화에 관한 관심이 높아지면서 한국 유학을 선택하는 학생들이 증가하는 경향을 보인다.

그러나 2020년부터 2022년까지는 코로나19 팬데믹으로 인해 유학생 수가 일시적으로 감소하는 현상이 나타난다. 국경 폐쇄, 온라인 수업 확대, 이동 제한 등의 요인이 영향을 미친 것으로 볼 수 있다. 하지만 2023년 이후 출입국 규제가 완화되고 대면 수업이 정상화되면서 다시 증가세를 보인다.

결론적으로 국외 한국인 유학생과 국내 외국인 유학생 수는 장기적으로 증가하는 경향을 보이며, 이는 글로벌 교육 환경의 변화, 정부 정책, 문화적 요인 등이 복합적으로 작용한 결과로 해석된다. 앞으로도 이러한 추세는 지속될 가능성이 크며, 국제 교육 교류가 더욱 활발해질 것으로 예상된다.

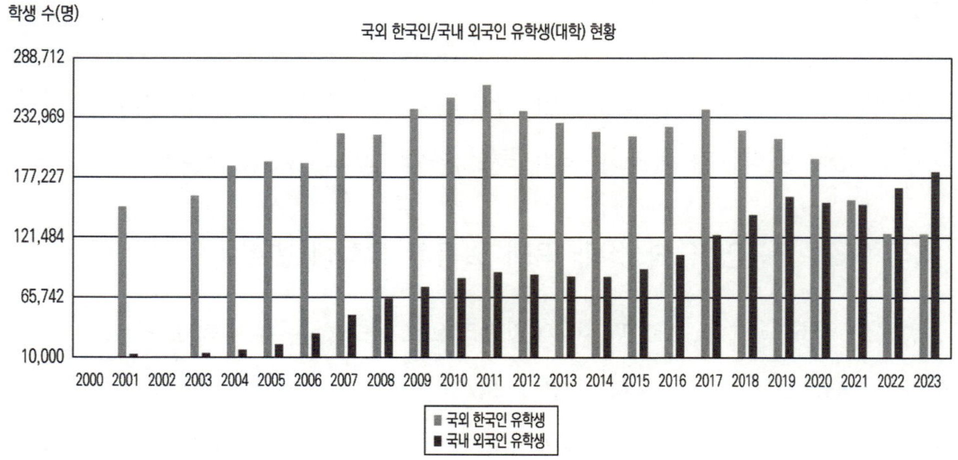

[그림 11-2] 국외 한국인 유학생 및 국내 외국인 유학생 현황(2000~2023)

출처: 한국교육개발원 교육통계연보, 교육부 자체조사, 국립국제교육원, 한국은행 경제통계시스템, 검색일 2025.03.15.

2) 한국 유학의 장점과 도전

한국 유학은 여러 가지 장점을 제공한다. 우선 서울대학교, 연세대학교, 고려대학교와 같은 명문 대학뿐만 아니라 KAIST, POSTECH과 같은 연구 중심 대학들이 글로벌 수준의 교육을 제공하여 유학생들에게 높은 교육의 질을 보장한다. 또한 한류(K-pop, K-드라마)의 세계적인 인기로 인해 한국 문화에 관한 관심이 높아지면서 한국어와 한국 사회에 대한 매력이 커지고 있다. 경제적인 면에서도 미국, 영국 등 서구권 국가보다 학비와 생활비가 상대적으로 저렴하며, 정부와 대학에서 다양한 장학금을 지원하여 유학생들의 경제적 부담을 완화하고 있다. 더 나아가 IT, 반도체, 바이오산업 등에서 인력 부족 현상이 지속됨에 따라 졸업 후 한국에서 취업할 기회도 점점 증가하고 있다.

그러나 한국 유학에는 몇 가지 도전이 존재한다. 가장 큰 문제 중 하나는 언어 장벽으로, 한국어 능력이 부족한 유학생들은 수업을 이해하는 데 어려움을 겪는다. 또한 경제적인 부담도 중요한 과제로 꼽힌다. 장학금을 받지 못한 유학생들은 생활비와 학비를 마련하기 위해 아르바이트를 해야 하지만, 법적으로 아르바이트 시간에 제한이 있어 충분한 수입을 얻기 어렵다. 마지막으로 취업 기회의 부족도 유학생들이 직면하는 어려움 중 하나이다. 비자 문제, 한국어 능력의 한계, 그리고 기업의 외국인 고용 제한 등으로 인해 졸업 후 한국에서 취업하기가 쉽지 않다. 따라서 한국에서 유학을 고려하는 학생들은 이러한 장점과 도전 과제를 충분히 이해하고 준비하는 것이 중요하다.

3) 유학생의 경제 및 사회적 기여

유학생들은 단순한 학업 수행자 역할을 넘어 한국 경제와 사회에 다양한 방식으로 이바지하고 있다. 유학생들의 증가로 인해 대학들은 등록금 수입이 증가하며, 연구 및 교육의 국제화가 촉진되었다. 또한 유학생들은 학비뿐만 아니라 숙소, 교통, 식비, 문화생활 등 다양한 분야에서 소비하면서 지역 경제 활성화에 중요한 역할을 한다. 더욱이 유학생들은 본국으로 돌아가 한국 문화를 전파하며 한류의 글로벌 확산을 촉진하는 중요한 매개체 역할을 한다. IT, 엔지니어링, 바이오산업 등에서 부족한 고급인력을 보완하는 데에도 이바지하고 있으며, 졸업 후 한국에 정착하는 유학생들의 비율이 증가하면서 한국 경제 성장에도 긍정적인 영향을 미치고 있다.

4) 한국 정부의 유학생 지원 정책

한국 정부는 유학생 유치를 위해 다양한 정책을 시행하고 있다. 대표적으로, GKS(Global Korea Scholarship)와 같은 장학금 프로그램을 확대하고 있으며, 졸업 후 한국에서 취업할 수 있도록 D-10(구직) 비자 및 E-7(전문직 취업) 비자 발급을 지원하고 있다. 또한 대학 내 국제학생 지원센터를 운영하여 유학생들의 한국 생활 적응을 돕고 있으며, 외국인 전용 기숙사 확충을 통해 주거 문제 해결에도 힘쓰고 있다. 정부는 2027년까지 외국인 유학생 수를 300,000명으로 늘리는 것을 목표로 삼고 있으며, 이를 위해 더 많은 지원 정책을 마련하고 있다.

이러한 정책을 바탕으로 한국은 아시아를 넘어 글로벌 유학 중심지로 자리 잡고 있으며, 앞으로도 지속적인 유학생 유치 정책을 통해 국제 교육 시장에서의 경쟁력을 더욱 강화할 것으로 예상된다. 유학생 증가에 따른 경제 및 사회적 기여를 고려할 때, 한국 정부는 더욱 포괄적인 지원 정책과 장기적인 교육 전략을 지속적으로 추진할 필요성에 부딪히고 있다. 향후 유학생 유입이 더욱 증가할 것으로 예상되며, 이는 한국 사회의 다문화적 발전에도 긍정적인 영향을 미칠 것으로 보인다.

4. 외국인 노동자와 한국의 노동 시장

1) 산업별 외국인 노동자 수요

한국은 급격한 고령화와 저출산으로 인해 여러 산업에서 심각한 노동력 부족을 겪고 있다. 특히 3D 업종이라 불리는 제조업, 건설업, 농업, 어업 등에서는 내국인 노동자들이 기피하는 현상이 심화하면서 외국인 노동자의 필요성이 증가하고 있다. 정부 통계에 따르면, 한국의 중소기업과 3D 업종은 외국인 노동자가 없으면 유지되기 어려운 구조라는 분석이 나오고 있다.

이에 따라 정부는 외국인 노동자를 적극적으로 유치하기 위해 다양한 정책을 도입하고 있다. 예를 들어, 2024년에는 E-9 비자(비숙련 외국인 노동자) 쿼터를 16만 5천 명으로 확대(2023년 12만 명에서 증가)하고, 외국인 노동자를 채용할 수 있는 산업군을 음식점업, 임업, 광업 등으로 확대하였다. 또한 2004년부터 시행된 고용허가제(EPS, Employment Permit System)를 통해 16개 국가(베트남, 필리핀, 태국, 우즈베키스탄 등)에서 외국인 노동자를 합법적으로 모집하여 중소기업과 농어업 분야에 인력을 제공하고 있다.

2) 외국인 노동자의 근로 환경과 생활 조건

외국인 노동자는 한국 산업에서 필수적인 역할을 하고 있지만, 근로 환경과 생활 조건은 여전히 열악한 상태로 볼 수 있다. 대부분의 외국인 노동자는 장시간 근로, 저임금, 위험한 근로 환경에서 일하고 있으며, 특히 농업과 어업 분야에서는 주거 환경이 심각한 문제로 대두하고 있다. 조사에 따르면, 농업 및 어업에 종사하는 외국인 노동자의 69.6%가 비닐하우스, 컨테이너, 임시 건물에서 거주하고 있으며, 난방 및 위생 시설이 부족한 경우가 많다. 2020년에는 한 캄보디아 여성 노동자가 겨울철 난방 시설이 없는 비닐하우스에서 사망한 사건이 발생하여 사회적 논란이 되기도 하였다.

근로 환경에서도 위험성이 높게 나타난다. 외국인 노동자가 종사하는 건설업, 조선업, 제조업에서는 산업재해 발생률이 내국인보다 높으며, 특히 외국인 노동자의 산업재해 사망률이 내국인보다 3배 이상 높다는 연구 결과도 있다. 또한 불법 체류 노동자의 경우 의료 서비스 접근성이 제한되기 때문에 건강 문제가 발생해도 제대로 치료받지 못하는 경우도 종종 발생한다.

3) 외국인 노동자 차별 및 노동권 문제

외국인 노동자들은 법적으로 내국인과 동일한 최저임금을 보장받아야 하지만, 현실에서는 많은 차별을 겪는다. 특히 고용허가제(EPS)하에서는 외국인 노동자가 특정 사업장에 묶여 있어 이직이 어렵고, 고용주의 허락 없이 다른 직장으로 이동하기가 쉽지 않다. 이로 인해 고용주가 노동자를 착취하는 사례가 발생하며, 급여 미지급, 초과 근무 강요 등의 문제가 빈번하게 발생하기도 한다.

사회적 차별도 문제로 지적된다. 한국 사회는 단일 민족 국가라는 인식이 강하기 때문에 외국인 노동자, 특히 동남아 출신 노동자에 대한 편견이 여전히 존재한다. 설문조사에 따르면, 한국 국민의 56%가 동남아 출신 이민자의 증가를 우려한다는 결과가 나와 다문화 사회로의 전환에 대한 저항이 일부 존재함을 볼 수 있다.

4) 한국의 외국인 노동자 정책(EPS 제도, 노동권 보호)

한국 정부는 외국인 노동자의 권리를 보호하기 위해 다양한 정책을 시행하고 있다. 고용허가제(EPS)를 통해 외국인 노동자를 합법적으로 모집하고 있으며, 노동자들이 한국인과 동일한 임금 및 복지를 받을 수 있도록 법적 보호를 강화하고 있다. 또한 외국인 노동자들이 산업재해보험, 건강보험, 고용보험에 가입할 수 있도록 지원하고 있으며, 노동권 보호를 위한 상담 센터 및 다국어 지원 서비스도 운영하고 있다. 하지만 여전히 노동자들이 자신의 권리를 적극적으로 주장하기 어려운 구조적인 문제점이 존재한다.

〈표 11-2〉 한국 외국인 근로자 통계

항목	수치
고용허가제(E-9) 서비스업	13,000명
고용허가제(E-9) 어업	10,000명
고용허가제(E-9) 건설업	6,000명
고용허가제(E-9) 조선업	5,000명
고용허가제(E-9) 기타	20,000명
총 외국인 주민 수(2023년 기준)	2,460,000명

출처: 통계청

5. 다문화 사회와 사회통합 문제

1) 이주민이 한국 문화 및 사회에 미치는 영향

이주민의 증가로 한국 사회는 점차 다문화 사회로 변하고 있다. 현재 한국에는 250만 명 이상의 외국인이 거주하고 있으며, 이는 전체 인구의 약 5%에 해당한다. 특히 경기 지역과 서울 일부 지역에서는 외국인 거주 비율이 10%를 초과하는 곳도 있다.

이주민의 증가는 음식, 언어, 생활 방식 등 다양한 측면에서 한국 사회에 변화를 가져오고 있다. 대도시에서는 베트남, 중국, 인도, 우즈베키스탄 등의 외국 음식점과 문화축제가 늘어나고 있으며, 한류(K-pop) 등 한국 문화도 외국인과의 교류를 통해 더욱 확산되고 있다. 그러나 동시에 문화적 충돌과 사회적 갈등이 발생하기도 하여, 이에 사회통합이 중요한 과제로 떠오르고 있다.

2) 이주민 사회통합을 위한 정책 및 프로그램

한국 정부는 사회통합을 위해 다양한 정책을 시행하고 있다. 2008년 제정된 다문화가족지원법을 통해 다문화 가정을 위한 언어 교육, 상담, 생활 지원 서비스를 제공하고 있으며, 전국적으로 다문화가족지원센터(다누리센터)를 운영하고 있다. 또한 사회통합프로그램(KIIP)을 도입하여 외국인에게 한국어와 한국 문화 교육을 제공하며, 이 프로그램을 이수하면 영주권 및 귀화 신청 시 혜택을 받을 수 있다.

3) 다문화 사회 형성을 위한 교육의 역할

다문화 사회 형성에서 교육이 중요한 역할을 한다. 현재 다문화 가정 출신 학생 수는 18만 명을 넘어서고 있으며, 일부 지역에서는 초등학교 학생의 10% 이상이 다문화 가정 출신이기도 하다. 이에 따라 한국 교육부는 다문화 교육을 강화하고 있으며, 교사들에게 다문화 감수성 교육을 의무적으로 이수하도록 하고 있다. 또한 다문화 학생을 위한 한국어 교육 및 학습 지원 프로그램도 확대해 가고 있다.

4) 다른 나라의 성공적인 사회통합 사례

한국은 캐나다, 호주, 독일 등의 사례를 참고하여 다문화사회 통합 정책을 발전시키는 데 관심이 많다. 캐나다는 1971년 다문화주의 정책을 공식 도입하여 이민자들이 자신의 문화를 유지하면서도 사회에 적극적으로 참여할 수 있도록 지원하고 있다. 호주 역시 다문화 정책을 시행하며, 이민자에게 무료 영어 교육과 취업 지원을 제공하고 있다.

독일은 과거 "게스트 노동자" 정책을 통해 이주 노동자를 받아들였으나, 이후 사회통합프로그램을 도입하여 이민자의 언어 교육과 직업 교육을 체계적으로 지원하고 있다. 한국도 이러한 사례를 참고하여 이민자의 경제적·사회적 자립을 돕고, 내국인과의 갈등을 최소화하는 정책을 마련하는 데 관심을 기울이고 있다.

토론거리

1. 결혼이민자와 외국인 노동자들이 직면하는 언어 장벽, 문화적 차이, 경제적 어려움 등을 극복하기 위한 정책 방안에 관해 토론해 본다.

2. 국제결혼의 증가가 한국 사회에 미치는 영향에 관해 토론해 본다.

3. 외국인 유학생들이 한국 경제와 사회에 이바지하는 바를 평가하고, 유학생 유치를 위한 한국 정부의 정책이 얼마나 효과적인지 토론해 본다.

읽을거리

김영순(2019). 『다문화 사회와 한국의 이주 정책』. 한국 사회과학출판사.
박진호(2021). 『국제이주와 다문화 교육: 현재와 미래』. 교육과학사.
법무부(2025). 「외국인 노동자 고용허가제(EPS) 및 이민 정책 보고서」.

제 12 장 4차 산업혁명과 대안 사회

4차 산업혁명은 인공지능, 빅데이터, 사물인터넷, 로봇 기술, 블록체인 등의 첨단 기술이 모든 산업과 사회 분야에 융합·적용되면서 나타나는 커다란 변화를 의미한다. 이 변화는 단순히 새로운 기계의 도입이나 생산 방식의 개선을 넘어, 인간의 삶과 공동체의 구성 방식 전반에 깊은 영향을 미치는 근본적인 변혁으로 평가된다. 특히 '초연결성과 초지능화'라는 두 가지 특징 아래 기존의 산업 간 경계가 허물어지고, 자동화·로봇화·디지털 전환을 통해 생산성이 향상되며 맞춤형 서비스가 급격히 확산된다. 그러나 이 과정에서 노동시장의 재편, 소득 양극화, 지역 공동체의 붕괴, 생태계 파괴 등 이전 시대의 산업혁명보다 훨씬 복잡한 문제들이 동시에 발생할 수 있다.

이러한 흐름 속에서 '대안 사회'가 주목받고 있다. 대안 사회는 자본과 권력이 소수에게 집중되고 자연환경이 훼손되는 기존 체제를 넘어, 인간다운 삶과 공동체적 가치를 최우선으로 삼는 새로운 사회적 비전을 추구한다. 4차 산업혁명을 통해 열리는 기술 발전의 기회와 부작용이 교차하는 상황에서 대안 사회 모델은 '우리가 어떤 사회를 만들어 갈 것인가'라는 근본적인 질문에 답하려는 시도로 볼 수 있다. 이하의 논의에서는 4차 산업혁명의 전개 양상, 대안 사회의 주요 특징과 필요성, 그리고 AI 로봇 사회와 인문학의 연관성에 대해 차례로 살펴보고, 기술과 인간이 조화를 이룰 수 있는 미래상이란 어떤 모습인지에 대해 모색해 본다.

1. 4차 산업혁명의 개념과 한국 사회의 변화

산업혁명은 역사적으로 네 시기로 구분된다. 1차 산업혁명은 증기기관과 기계화를 통해 대량생산 체계를 열었고, 2차 산업혁명은 전기, 석유, 철강의 발달과 컨베이어 벨트를 활용하여 대규모 공업화를 이끌었다. 3차 산업혁명은 컴퓨터와 인터넷을 활용한 디지털 혁신을 통해 생산 공정이 자동화되고 정보화 사회가 본격화되었다. 이를 잇는 4차 산업혁명은 인공지능(AI), 빅데이터, 사물인터넷(IoT), 클라우드, 로봇공학 등이 상호 결합하여 초연결(모든 사람과 사물이 네트워크로 연결되는 현상)과 초지능(빅데이터 기반의 고차원 AI 분석 능력)을 구현하는 것을 핵심 특징으로 한다.

〈표 12-1〉 역대 산업혁명의 주요 특징 비교

구분	주요 특징
1차 산업혁명	증기기관 도입, 기계화, 대량생산 시작, 공장제 산업 부상
2차 산업혁명	전기·석유·철강 산업 발전, 컨베이어 벨트 기반 대량생산, 교통·통신 발전
3차 산업혁명	컴퓨터·인터넷·디지털 기술 도입, 생산 자동화, 정보화 사회 도래
4차 산업혁명	인공지능·빅데이터·사물인터넷 등 초연결·초지능 사회, 산업 간 융합 확산

한국 사회는 세계적인 수준의 인터넷과 모바일 인프라를 갖추고 있으며, 대기업 중심으로 기술 개발과 도입이 신속하게 이루어지고 있다. 이러한 환경에서 4차 산업혁명이 가져오는 노동 시장과 산업구조의 변화가 다른 나라보다 빠르게 진행되고 있다. 예를 들어, 공장 자동화, 무인 키오스크, 자율 주행 로봇 등의 도입이 가속화되고 있으며, 데이터와 플랫폼을 장악한 소수의 대기업과 자본이 막대한 부와 권력을 누리는 현상이 심화되고 있다. 반면, 디지털 활용 능력이 부족한 계층은 기술 발전의 혜택을 충분히 누리지 못해 정보 격차와 소득 격차가 동시에 커진다는 지적이 있다. 또한 저출산, 고령화, 청년 취업난 등 기존 사회 문제와 맞물려 한국 사회는 기술 혁신으로 인한 이점을 극대화하면서도 부작용을 최소화할 '정책적·제도적 합의'를 시급히 마련해야 할 상황에 당면하고 있다.

2. AI 로봇 사회의 특징

4차 산업혁명의 대표적 사례는 인공지능(AI)과 로봇의 발전이다. 최근 10~20년 사이에 AI 알고리즘, 특히 딥러닝(Deep Learning)[1]의 눈부신 성장이 이루어지면서, 컴퓨터가 이미지, 음성, 언어 인식을 거의 인간 수준으로 수행하거나, 때로는 인간보다 뛰어난 능력을 보이는 시대가 되었다. 또한 로봇공학은 센서(Sensor),[2] 액추에이터(Actuator),[3] 소프트웨어(Software)[4] 등을 결합하여 제조업, 농업, 서비스업 등 다양한 영역에서 인간 노동을 대체하거나 보완하고 있다.

1) AI 로봇 사회의 동인과 배경

AI 로봇 사회의 출현은 몇 가지 배경에서 기인한다. 첫째, 연산 능력과 데이터 접근성이 증가했다. 예전에는 계산량이 너무 커서 불가능했던 알고리즘이 빅데이터 환경과 클라우드 컴퓨팅의 발달로 가능해졌다. 둘째, 센서와 네트워크 기술의 발달로 로봇이 외부 환경 정보를 정교하게 수집하고 실시간으로 의사결정을 할 수 있게 되었다. 셋째, 기업과 정부의 전략적 투자이다. 미국, 중국, EU, 일본 등 선진국은 AI 로봇 기술을 21세기의 핵심 산업으로 지목하고 대규모 투자를 진행하고 있으며, 이는 연구개발(R&D)에서 상용화까지의 속도를 빠르게 단축한다.

---

1) 인공신경망(Artificial Neural Networks)을 기반으로 한 기계 학습 기법으로, 방대한 양의 데이터를 학습하여 패턴을 인식하고 예측하는 능력을 갖춘다. 특히 이미지·음성·언어 처리에서 혁신적인 발전을 이루며, 자율주행차, 의료 진단, 챗봇 등의 다양한 분야에서 활용되고 있다.

2) 환경으로부터 데이터를 수집하는 장치로, 카메라, 라이다(LiDAR), 적외선 센서 등 다양한 형태가 존재한다. 로봇이 주변을 인식하고 상황을 분석하는 데 필수적인 요소이며, 특히 자율주행차 및 산업 자동화 로봇에서 중요한 역할을 한다.

3) 전기, 유압, 공압 등을 이용하여 기계적 움직임을 만드는 장치로, 로봇의 팔다리, 바퀴, 그리퍼(집게) 등의 구동을 담당한다. 인간의 근육과 같은 역할을 하며, 정밀한 제어 기술과 결합되어 로봇의 자연스러운 동작을 가능하게 한다.

4) 로봇의 동작을 제어하고 AI 알고리즘을 실행하는 프로그램으로, 머신러닝 모델, 내비게이션 시스템, 자율 의사결정 알고리즘 등이 포함된다. 소프트웨어의 발전은 로봇이 더 정교한 판단을 하고 다양한 환경에서 유연하게 작동할 수 있도록 한다.

2) 인간 노동의 대체와 협업

AI 로봇 사회의 가장 큰 특징은 인간의 육체노동과 사무노동을 대거 대체한다는 점이다. 제조업 현장에서 이미 대부분의 단순 조립, 포장, 용접 업무는 로봇이 담당하며, 물류창고에서는 자율 주행 로봇이 재고를 파악하고 운반한다. 서비스업에서도 챗봇이 고객 응대를 하고 음식점과 병원에서는 서빙 로봇이 일하고 있다. 어떤 직무는 완전히 사라지거나 축소될 수 있다.

한편, 인간과 로봇이 '협업'하는 형태도 증가하고 있다. 코봇(Cobot)이라고 불리는 협동 로봇은 생산 라인에서 인간과 함께 제품을 조립하거나 검사하며, 이를 통해 작업 효율과 정확도를 개선하기도 한다. 이는 사람의 섬세한 감각과 로봇의 반복·정밀 작업 능력을 결합한 것으로서 기존의 '로봇=인간 대체'라는 단순 도식보다 복합적이다.

3) 로봇 사회의 윤리·법·제도 문제

AI 로봇이 판단을 내리고 자율 주행 로봇이 운반하며 인간과 유사한 소통 능력을 갖춘 AI가 등장한 시대에는 새로운 윤리적, 법적 쟁점이 대두된다. 예를 들어, 자율주행 차량이 교통사고를 냈을 때 과실 책임은 개발사에 있는가, 차량 소유자에 있는가, 아니면 로봇 '자체'에 있는가? 의료 AI가 진단, 처방에 개입했는데 오진이 발생한다면 의료진과 병원, 혹은 AI 개발 기업은 어떻게 책임을 공유해야 할까?

또한 AI 로봇 알고리즘의 편향성과 차별에 대한 문제도 본격적으로 논의될 필요가 있다. 만약 AI 채용 시스템이 과거 인사 데이터를 학습해 특정 인종, 성별, 학력을 선호한다면 이는 의도치 않은 차별을 재생산할 가능성이 있다. 로봇 사회의 구현 과정에서 인류는 '윤리적 설계(Ethical Design)'와 '규범(법제) 정립'에 대한 진지한 고민이 필요하다.

4) AI 로봇 기술과 노동 시장 재편

노동 시장은 이미 급격히 재편되고 있다. 대형 유통센터와 물류창고, 패스트푸드점, 일부 콜센터는 AI와 로봇 자동화로 인력을 줄이고 있다. 이는 기업 입장에서 비용 절감과 효율성 제고라는 이점을 준다. 하지만 사회 전체 차원에서는 실업 문제, 비정규직·플랫폼 노동자의 증가, 소득 불평등 등의 측면에서 우려를 낳기도 한다. AI 로봇 사회의 장점을 최대한 살리면서 부작용을 최소화하기 위해서는 실업, 전직, 재교육 지원 정책이나 기본소득 도입 등 새로운 복지·노동 제도가 본격 논의될 수밖에 없다.

또한 고용 축소가 불가피하다면 인공지능이 생성하는 부가가치를 사회 전체가 공유할 수 있는 장치가 필요하다는 주장도 있다. 예를 들어, 로봇으로 인해 대량 해고가 발생하면 기업은 해당 로봇 도입으로 얻은 생산성 향상에서 비롯한 이익 일부를 세금 등으로 환원해 실직자 지원기금이나 AI 재교육 프로그램, 기본소득 재원 등으로 돌려야 한다는 것이다. 관련하여 '로봇세' 논쟁이 있지만, 실제 정책으로 구체화하기에는 이해관계의 충돌이 발생할 수 있다.

참고: 소상공인들 "무인안내기로 인건비 절감…운영비는 부담" (KBS뉴스, 2024.12.25.)

직원 없이 주문을 받는 무인안내기(키오스크)를 사용하는 소상공인들은 종업원을 한 명가량 줄였다는 조사 결과가 나왔습니다. 중소기업중앙회는 식당과 카페, PC방 등 무인안내기를 쓰는 업체 4백여 곳을 대상으로 조사한 결과, 응답 업체의 93%가 무인안내기 도입이 경영에 도움이 된다고 답했다고 오늘(25일) 밝혔습니다. 무인안내기가 도움이 된 이유로는 인건비 절감과 업무 부담 감소 등을 꼽았습니다. 특히 인건비가 절감된다고 답한 업체 290여 곳은 종업원을 평균 1.2명 줄였고, 인건비를 한 달에 약 138만 원 절감했다고 답했습니다. 이에 비해 무인안내기 설치와 운영비용이 부담된다는 응답도 61%로 나타났습니다. 무인안내기의 구입비용은 스탠드형이 한 대에 평균 356만 원, 테이블형은 하나에 약 133만 원으로 조사됐습니다. 대여하는 경우에는 스탠드형이 월평균 약 10만 원, 테이블형이 약 19만 원의 대여비를 내는 것으로 조사됐습니다. 무인안내기 운영에 애로 사항을 경험했다는 응답도 29%로 나타났습니다. 주요 애로 사항으로는 주문 오류 등 기술 문제와 심야 시간대 고객센터 연락 불가, 디지털 역량 부족으로 인한 활용 곤란, 고객의 불만 제기 등이 지적됐습니다. 또 본사의 지시로 무인안내기를 설치했다고 답한 프랜차이즈 가맹점 백여 곳 가운데 96%는 설치비용을 본사가 분담하지 않고 가맹점에 부담했다고 답했습니다.

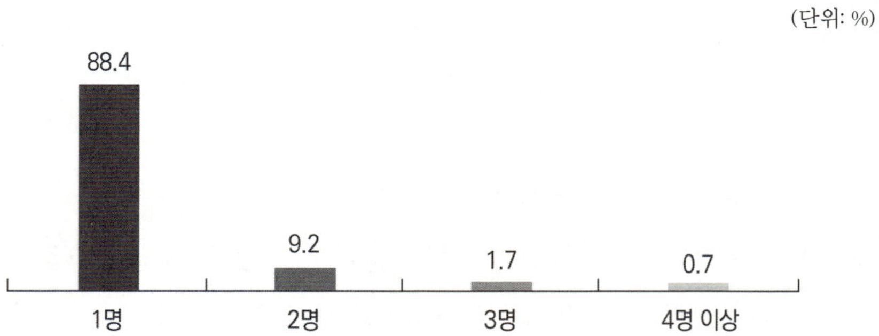

[그림 12-1] 키오스크 도입으로 인한 인건비 변화(1)-감소한 종업원 수

출처: 연합뉴스 / 중소기업중앙회 제공

5) AI 로봇 사회와 대안 사회

결국, AI 로봇 사회의 그림자가 커질수록 대안 사회를 모색하려는 목소리도 증폭될 수밖에 없다. 협동조합 플랫폼, 사회적 기업, 블록체인 분산 네트워크 등은 기업의 이윤이 아닌 공동체의 이익과 민주적 의사결정을 강조한다. AI와 로봇이 사실상 주인 노릇을 하는 자본주의 체제가 아니라, 인간이 주체가 되어 기술을 통제하고 활용하는 형태의 새로운 사회가 필요하다는 문제의식이 확산하고 있다.

3. 대안 사회의 등장 배경과 핵심 개념

대안 사회란 기존의 고도성장 중심 자본주의 체제가 일으킨 불평등, 생태계 파괴, 인간 소외 등의 문제를 극복하고자 인간다운 삶, 공동체 가치, 지속 가능성을 최우선으로 삼는 사회 모델을 뜻한다. 4차 산업혁명은 경제적 번영을 획기적으로 높일 수 있는 잠재력을 지니고 있지만, 동시에 일자리 소멸, 데이터 독점, 양극화 심화를 촉진할 위험도 안고 있다. 대안 사회 관점에서는 단순히 기술을 거부하거나 무조건 수용하는 것이 아니라 "기술을 어떤 방식으로 설계·운영할 것인지", "기술로 생긴 부를 어떻게 공동체가 공유할 것인지" 같은 근본적인 물음을 제기한다.

1) 기본소득

노동 여부와 무관하게 모든 시민에게 일정 수준의 소득을 보장하는 제도이다. 이는 4차 산업혁명으로 사라지는 일자리에 대한 안전망으로 거론되며, 핀란드, 캐나다 등 일부 국가에서 실험이 이루어졌다.

2) 협동조합과 공유경제

협동조합이 조합원들이 공동 소유와 민주적 의사결정으로 운영하는 사업체이고, 공유경제는 재화와 서비스를 개인 간에 공유함으로써 자원을 효율적으로 활용하려는 흐름이다. 그러나 대기업 플랫폼이 독점적으로 운영하는 공유경제(예: 우버, 에어비앤비)는 오히려 기존 산업과 갈등을 일으키는 문제도 나타난다. 이를 극복하려면 '협동조합형 플랫폼'이나 '공동체 지향 모델'이 주목을 받기도 한다.

3) 지역 화폐와 생태 마을

특정 지역 내에서만 통용되는 화폐를 발행하거나 생태 마을을 만들어 자급자족과 환경 보호를 추구하는 방식을 말한다. 한국에서도 여러 지자체가 지역 화폐를 도입해 지역 경제를 활성화하려는 시도가 있기도 하다.

4차 산업혁명 시대가 불러오는 "노동의 미래"나 "데이터 소유권" 문제를 풀기 위해서는 국가, 기업만이 아니라 시민사회, 지역 공동체, NGO 등 다양한 주체들이 참여할 필요가 있다. 대안 사회는 이러한 협업과 연대를 중시하며, 인간과 자연의 상생을 전제로 한 새로운 패러다임을 추구할 때 성립될 수 있을 것이다.

참고: 2024 대안금융포럼 '함께 그려가는 공동체금융의 미래' 오는 6월 열려 (소셜임팩트뉴스, 2024.05.17.)

2024 대안금융포럼 기획단은 오는 6월 19일 오후 2시부터 스테이션 사람홀(서울 은평구 소재)에서 2024 대안금융포럼 '함께 그려가는 공동체금융의 미래'를 개최한다.

이번 포럼은 상상서킷 프로그램을 통해 청년, 마을공동체, 도시재생, 사회 주택, 사회적 경제 분야의 활동가들이 활동영역에서의 '공동체금융'의 사회적 가치를 확산하고, 지속 가능한 발전 방안을 모색하고자 기획했다. 또한 이번 포럼은 최근 활동의 전환을 맞이한 '청년연대은행 토닥'을 응원하고 지지하는 마음으로 기획되었으며, 포럼의 연장선으로 특별행사도 진행할 계획이다. 공동체금융 및 대안금융에 관심 있는 시민과 활동가라면 누구나 참석할 수 있다.

포럼은 사회적금융연구원 문진수 원장의 기조 발제를 시작으로 청년연대은행토닥, 공동체은행빈고, 마포공동체경제모아, 천안사회경제연대천사금 등의 사례발표가 이어진다.

또 '공동체금융과 마주 보면 달라질 변화'를 주제로 상상서킷을 진행한다. 상상서킷 참가자는 청년, 청년공동체금융 응원, 마을공동체, 도시재생, 사회 주택, 사회적 경제 등 6개 분야(도시재생, 마을공동체, 사회적 경제, 사회 주택, 청년, 청년공동체 금융 응원 등) 중 관심 있는 분야를 선택하여 라운드테이블에 참여할 수 있다. 특별행사로 7월 13일 오후 3시부터 KU시네마테크에서 토닥 후원을 위한 토닥 다큐상영회와 토크 콘서트도 진행된다. 참가는 온라인 신청양식을 통해 신청할 수 있다.

이번 행사를 주최하는 2024 대안금융포럼 기획단은 광주청년지갑트레이닝센터, 공동체은행빈고, 나눔자리문화공동체, 대구청년연대은행디딤, 마포공동체경제모아, 밀양소통협력센터, 천안사회경제연대, 청년미래은행, 청년신협추진위원회, 청년연대은행토닥, 터무늬있는집, 한살림연대기금, 희년함께 등 총 13개 단체가 함께 한다.

4. AI와 인문학

AI가 다양한 지적 작업을 수행하고 예술·문화 영역에까지 진입하면서 "인간만의 고유 영역은 어디까지 지켜질 것인가?"라는 물음이 화두로 제기된다. 인문학은 전통적으로 인간성, 언어, 철학, 역사, 문화, 예술 등을 통해 인간다움을 탐색해 왔는데, AI가 이러한 영역에 깊숙이 들어오게 되자 근본적인 도전에 직면하게 되었다.

1) AI 시대의 인문학적 도전

(1) AI 창작과 저작권·독창성 문제

최근 이미지 생성 AI(예: Midjourney, DALL·E 등)나 텍스트 생성AI(GPT 계열)가 그림, 음악, 시, 소설까지 만들어 내면서 "창의성은 과연 인간의 전유물인가?"라는 질문이 제기된다. AI가 만들어 낸 결과물이 대중에게 감동을 주거나 심지어 예술 경매에서 고가로 낙찰되는 사례도 나타난다. 이때 누가 작가인지, 저작권은 누구에게 있는지, 창작 주체로서 AI를 인정할 것인지 등의 복잡한 문제가 따른다.

(2) 언어와 담론의 변화

사람과 비슷하게 대화하는 AI 챗봇이 확산되면서 우리의 일상 언어와 의사소통 방식도 변하고 있다. 미래에는 뉴스 기사, 소설, SNS 게시물 등 상당 부분이 AI가 작성하거나 보조한 글이 될 수도 있다. 이때 독자는 글쓴이가 '인간'인지 'AI'인지를 구분하기 어려울 수 있으며, 나아가 "언어가 단순 정보 교환 도구로 전락하지는 않을까?" 하는 우려도 생길 수 있다.

(3) '인간다움'의 재정의

AI가 점점 고도화됨에 따라 전통적으로 인간만의 고유 영역으로 여겨졌던 창의력, 감성, 직관 등도 부분적으로 대체 가능해진다. 그런데도 인간만이 할 수 있는 '의미 부여', '가치 판단', '윤리적 성찰' 등은 여전히 중요하게 남는다는 견해가 크다. 인문학은 바로 이 지점을 탐구한다. 기술은 계산과 패턴 인식을 넘어서지 못하지만, 인간은 그런 결과에 맥락과 의미를 부여할 수 있다는 점에서 확연히 기술과의 차이성을 드러낸다.

2) 인문학적 성찰이 필요한 이유

AI가 빅데이터를 기반으로 '가장 효율적인 경로'를 설계해 준다고 해보자. 이때 "효율"이란 것은 누구의 관점에서 정의되는가? 생태계 파괴와 지역 사회 소멸을 감수하면서라도 효율을 추구해야 하는가, 아니면 일정 부분 비효율을 감수하더라도 공동체 가치를 지키는 것이 옳은가? 이처럼 '기술적 최적화'와 '인간적 가치' 간의 충돌이 발생할 수 있다. 이를 풀기 위해서는 숫자로 환산되지 않는 인간의 삶과 사회적 함의를 고민하는 인문학적 관점이 필수적이다.

역사를 돌아보면, 기술 발전이 곧바로 인류 전체의 삶의 질 향상을 보장하지 않았음을 알 수 있다. 핵기술은 에너지 혁신을 가져왔지만, 동시에 핵무기의 위협을 초래하기도 했다. 인터넷은 소통과 정보 공유를 혁신했지만, 정보 독점과 사생활 침해를 일으켰다. AI 역시 마찬가지일 수 있다. 이를 예방하고 조절하기 위해서는 윤리와 사회 제도가 함께 발전해야 하며, 인문학이 그 방향타가 될 수 있음에 주목할 필요가 있다.

3) AI 시대, 인문학의 새로운 역할

첫째, 융합 교육이다. 이과·공학 계열 전공자라도 인문사회학적 소양을 갖추고 AI 기술이 가져올 사회적 파급과 윤리적 책무를 이해해야 한다. 반대로 인문학 전공자들도 데이터와 프로그래밍 기초를 알아야 AI 기술을 과학기술사나 문화연구 관점에서 분석할 수 있다.

둘째, 단순히 AI와 경쟁하기보다 AI를 능동적으로 활용해 인간이 기계적・반복적 노동에서 벗어나 창의적이고 예술적인 활동에 집중할 수 있는 환경을 조성해야 한다. 이를 위해 인간 특유의 공감 능력, 도덕적 판단, 예술적 감성 등은 오히려 AI가 대체하기 어려운 핵심 역량으로 재발견되고, AI와의 협업을 통해 더욱 시너지를 낼 수 있다.

셋째, AI가 예술・문화 창작 영역에 깊숙이 침투함으로써 배우, 감독, 작곡가, 작가, 가수, 화가 등 기존 전문 직업군이 일자리 위협을 겪고 저작권 침해 논란이 일어날 수 있다는 점 또한 중요한 사회적 쟁점이다. 더 나아가 막대한 자본과 기술력을 갖춘 국가들이 AI와 로봇 기술을 선도할 경우, 그렇지 못한 국가들은 종속적 지위로 내몰릴 위험이 존재한다. 이러한 문제를 해소하기 위해서는 국제적 협력과 윤리・법적 제도 정비가 필수적이며, 인문학은 이 과정을 비판적으로 성찰하면서도 인간 중심의 가치와 문화적 다양성을 지키는 길을 제시할 수 있어야 한다.

5. 인간과 기술의 조화 및 균형

4차 산업혁명, AI 로봇 사회, 인문학적 통찰을 개별적으로 살펴본 후, 마지막으로 "인간과 기술이 어떻게 조화를 이룰 수 있을까?"에 대해 구체적으로 논의하고자 한다. 빠르게 진보하는 기술을 무조건 수용하거나 배타적으로 거부하는 양극단을 넘어서, '균형점'을 찾아야 한다.

1) 인간 중심 기술(Human-Centered Technology)의 의미

인간 중심 기술은 사용자에게 편익과 의미를 제공하면서도 인간의 존엄성을 해치지 않는 방향으로 개발되고 활용되는 기술을 말한다. 예를 들어, 사용자 인터페이스(UI)를 단순히 편리하게 만드는 것을 넘어, 아동이나 장애인, 고령자가 배제되지 않도록 '디자인 접근성(Accessibility)'을 높이는 것이 한 예이다. 또한 개인정보를 최소한으로 수집하고 사용자 동의 과정을 투명하게 거치는 등 디지털 윤리(Digital Ethics)를 준수하는 것도 중요한 요소다.

2) AI 거버넌스와 사회 제도

기술이 사회 전반에 미치는 영향이 커질수록, 거버넌스 체계 또한 변화가 필요하다. 국가의 규제나 법률 제정만으로는 복잡한 첨단 기술 문제를 해결하기 어려우며, 시민사회, 기업, 연구기관, 국제기구가 함께 참여하는 다층적 협력이 필요하다. 예를 들어, AI 알고리즘의 투명성 확보(블랙박스 문제), 로봇세·데이터세 도입, 디지털 시민권 보장, 플랫폼 기업 규제 등은 사회적 합의 없이는 추진하기 힘들다.

또한 개인의 삶에도 변화가 필요하다. AI 시대에는 다양한 직업이 사라지거나 축소될 수 있으므로 직업훈련·재교육 시스템이 확대되어야 하고, 기본소득이나 새로운 고용 안전망을 도입하는 방안이 검토될 수 있다. 사회 전체가 기술 변화로 인한 이익과 비용을 공정하게 분담하기 위해서는 제도와 정책이 유기적으로 설계되어야 한다.

3) 생태·지속 가능성과의 결합

4차 산업혁명 기술은 에너지를 많이 소모하고 자원 채굴·폐기 문제를 일으킨다는 지적이 있다. 데이터센터 가동에 막대한 전기가 소모되고 전자 쓰레기가 증가하는 문제가 대표적이다. 따라서 AI나 로봇이 장기적으로 생태계 파괴를 가속하지 않도록 친환경 에너지로의 전환과 리사이클·업사이클 기술 발전이 병행되어야 한다. 즉 '탄소 중립' 시대에 부합하는 4차 산업혁명을 지향해야 한다.

4) 인간 · 기술 균형의 미래 시나리오

일부 미래학자들은 AI가 인간의 지적 능력을 뛰어넘어 모든 영역을 지배하는 '특이점(Singularity)'이 도래할 수 있다고 경고한다. 그러나 기술 발전이 곧바로 특이점이나 디스토피아적 결과로 이어질지, 아니면 인간과 기술이 상호 보완적으로 발전하여 인류의 삶을 풍요롭게 할지는 우리의 선택에 달려 있다. 기술은 가치 중립적일 수 있으나, 그것을 다루는 사회적 · 문화적 · 정치적 맥락은 가치 중립적이지 않기 때문이다.

인간과 기술의 조화와 균형을 이룬 사회란, AI가 인간을 대체하기보다는 인간을 보조 · 증진시키는 방향으로 쓰이고 그 혜택이 공동체 모두에게 돌아가며 생태계와 약자 보호에도 이바지하는 사회라고 할 수 있다. 이 과정에서 인문학적 성찰, 민주적 제도 설계, 윤리적 판단, 시민의 참여 등이 필수적으로 요청된다.

5) 한국 사회에의 시사점

한국은 높은 ICT 보급률과 빠른 기술 흡수 속도로 인해 AI 로봇 사회가 빠르게 현실화될 가능성이 크다. 동시에 사회 안전망이 아직 충분히 갖춰지지 못한 부분(비정규직, 청년 실업, 노인 빈곤 등)도 존재한다. 이러한 조건에서 우리는 기술 · 경제 발전을 추진함과 동시에 대안 사회적 모델(협동조합, 사회적 기업, 기본소득, 지역 화폐, 공유경제 등)을 조화롭게 접목해야 한다. 그렇지 않으면 소수에게 집중된 부와 권력이 대다수 시민의 삶을 불안정하게 만들 수 있다.

결론적으로 인간과 기술의 조화는 미래 사회의 핵심 키워드다. 4차 산업혁명이 인간 존재를 위협하는가 아니면 인간을 더 풍요롭고 안전하게 만드는가? 이 질문에 대한 답은 어떤 기술을 개발하고 도입하느냐보다, 그것을 사회적 합의와 제도적 장치 속에서 어떻게 운영하느냐에 달려 있다.

토론거리

1. 4차 산업혁명 기술이 지속 가능한 발전에 이바지할 수 있으려면 어떤 규범과 제도를 마련할 필요가 있는가?

2. 기본소득제나 협동조합 모델이 AI · 로봇으로 인한 대규모 일자리 변화 문제를 실제로 해결할 수 있는가?

3. AI가 예술, 문화, 언어 분야까지 진출하는 현실 속에서 '인간다움'의 의미를 어떻게 재정립할 수 있는가?

읽을거리

나주몽 외(2018). 『사회적 경제의 정책과 실천』. 전남대학교출판문화원.
클라우스 슈밥(2018). 『더 넥스트: 클라우스 슈밥의 제4차 산업혁명』. 새로운현재.
권혁 외(2018). 『4차 산업혁명과 일자리 정책의 미래』. 집문당.

제 13 장 국제 관계를 통해 본 한국의 미래

1. 한국의 국제 위상 변화

1) 경제적 측면

한국의 국제적 위상은 여러 측면에서 상징적이며 점증하는 경향을 보인다. 한국은 세계 10위권 내의 경제 대국으로서 강력한 산업 기반과 혁신적인 기술력을 바탕으로 국제 차원에서의 위상이 커지고 있다. 삼성, 현대, LG 등의 글로벌 기업들의 사례에서 그 좋은 예를 찾을 수 있으며, 특히 반도체, 자동차, 전자제품 등의 영역에서 국제 경제력을 갖추고 있다. 한국은 세계 10위권의 경제 규모를 보이면서 글로벌 무역 및 국제 경제 협력 측면에서 중요한 역할을 수행하고 있다. 한국 경제는 대외 무역의 비중이 높은 편이며, 세계의 주요 국가들과의 무역 관계를 원만히 맺고 있으며, 이에 기반하여 국제 시장에서의 영향력을 키워가고 있다.

한국 기업들은 반도체, 전자, 자동차 등과 같은 영역에서 글로벌 리더의 위상을 차지하고 있다. 이러한 강력한 산업 기반은 한국의 경제적 위상을 높이고, 기술 혁신을 통해 국제 시장에서의 경쟁력을 강화하는 데 이바지한다. 한국 기업들은 해외 진출을 통해 글로벌 시장에서도 영향력을 확대해 가고 있다. 외국인 직접투자(FDI)의 적극 유입을 통해 한국 경제는 경제의 활로를 모색하고 있으며, 동시에 한국 기업들의 해외 진출을 통해 글로벌 기업 가치를 높이며 국가 브랜드 향상에도 기여하고 있다.

안정적 경제는 한국의 외교 관계와 국제적 신뢰도에 긍정적인 영향을 미친다.

경제적 성공은 한국 대중문화의 글로벌적 전파에도 의미 있는 영향을 미치는 것으로 볼 수 있다. 한국 경제가 발전하면서 K-팝, 드라마, 영화 등 문화 콘텐츠 산업이 비약적으로 발전하게 되었으며, 이는 한국의 소프트 파워 역량을 한 차원 더 높은 곳에 도달하도록 하였다. 글로벌 무대에서는 경제력이 큰 국가가 국제 정치에서도 더 큰 발언권을 행사할 가능성이 큰 것으로 볼 수 있다. 한국이 경제적으로 성공할수록 국제 문제를 둘러싼 참여가 활발해지며, 동시에 발언 기회도 증가하는 것으로 볼 수 있고, 이에 기반하여 다른 국가들과의 협력 관계를 한층 강화할 수 있게 되었다. 요컨대, 한국은 강력한 경제적 파워를 바탕으로 국제적 위상을 높이고 있으며, 국제적 영역에서의 발언권을 강화하며 국제 무대에도 적극 참여하고 있다.

한국은 정보통신기술(ICT) 분야에서도 세계적으로 인정받는 선도국 중 하나로, 5G와 관련된 기술 개발에서 첨단을 달리고 있다. 기술혁신은 한국의 국제 위상에 큰 영향을 미치며, 국가경쟁력을 결정짓는 중요 요소로 작용한다. 기술 혁신은 한국 경제의 성장 엔진 역할을 하며, 산업의 경쟁력을 한층 높이는 데도 의미를 던진다. 반도체, 모바일 기기, 전자제품 등에서의 세계적인 경쟁력을 바탕으로 한국은 글로벌 시장에서 중요한 위치를 점해가고 있다. 이는 한국의 경제적 위상을 높이고, 외국 투자 및 무역 증진에도 이바지한다. 한국은 IT 및 소프트웨어 분야에서도 커다란 혁신을 이루어왔다. 이는 한국의 경제 구조를 다변화시키고, 나아가 글로벌 서비스 시장에서의 위상을 높이는 역할을 한다. 강력한 스타트업 생태계와 IT 혁신을 시도하면서 한국은 글로벌 강소국가로서의 위상을 다져가고 있다.

최근 AI 기술과 혁신은 국제 협력을 여는 중요한 기반이 되기도 한다. 한국은 다양한 국가와의 첨단기술 관련 협력 및 연구개발의 프로젝트를 통해 글로벌 네트워크를 더욱 확장하고 있으며, 이에 기반하여 한국의 글로벌 위상 강화에 활용하고 있다. 예를 들어, 한국은 기후 변화 대응 및 지속 가능한 발전을 위한 국제적인 기술 협력에도 적극 참여하면서 AI 기술 접목을 통한 기후 문제 해결에 조언을 아끼지 않고 있다. 이런 첨단 영역의 기술 혁신과 디지털 콘텐츠 기술을 통해 한국은 소프트 파워 강국으로서의 역할을 다하고 있다. K-콘텐츠(영화, 음악, 게임 등)가 전 세계적으로 인기를 끌면서 한국의 문화적 영향력이 한층 커지고 있는데, 이는 한국의 국제적 이미지와 위상을 높이는 데도 중요한 의미를 던진다. 특히 친환경 기술, 재생 에너지, 스마트 시티 프로젝트 등에 대한 적극적 투자를 통해 한국은 국제적으로 책임 있는 국가로서의 역할을 다하고 있다.

2) 문화 교육적 측면

K-드라마, K-팝, 한국 영화 등 한국의 대중문화는 전 세계적으로 선풍적 인기를 끌고 있다. 이러한 문화적 흐름은 '한류'로 알려져 있으며, 한국의 소프트 파워 역량으로 이어지고 있다. K-팝, 한국 드라마, 영화, 음식 등은 전 세계적으로 엄청난 인기를 끌고 있으며, 이를 통해 한국의 문화적 영향력을 확장해 가고 있다. 소프트 파워의 힘이 세질수록 한국을 둘러싼 글로벌 차원의 매력성이 신장되며, 이는 한국의 국가 이미지를 제고하는 데도 긍정적 영향을 미치는 것으로 볼 수 있다.

한국의 문화 콘텐츠가 세계적으로 인정받고 소비되면서 한국 관련의 인지도가 점점 높아지고 있다. 예를 들어, 봉준호 감독의 영화가 아카데미 시상식에서 '오스카상'을 수상하면서 한국 영화에 대한 국제적 관심이 급증하였다. 이러한 인지도의 증가는 한국인에 대한 긍정적인 이미지 구축으로도 이어질 수 있다. 한국 문화가 세계 각국에서 사랑받으면서 이를 매개로 활발한 문화적 교류가 발생하기도 하며 이는 궁극적으로 한국의 국제 위상을 올리는 데 영향을 미치는 것으로 볼 수 있다. 한국의 문화 콘텐츠가 풍부해지면 이런 풍부한 문화 콘텐츠에 기반하여 한국은 다른 국가들과의 다양한 문화차원의 교류와 협력을 열어갈 수 있다. 문화 차원의 교류는 교육, 관광, 비즈니스 등 여러 분야에도 긍정적 영향을 미치며 글로벌 유대감을 강화할 수 있을 것이다.

문화 콘텐츠의 성장은 경제적으로도 긍정적인 영향을 미친다. K-팝 아티스트의 콘서트, 한국 드라마의 수출, 한국 음식의 인기는 문화 산업의 성장을 더욱 촉진하며, 또 이를 통해 외화 수입은 물론 일자리를 창출하는 효과를 가져올 수 있다. 한국 문화가 국제적으로 주목받게 되면, 한국인은 자국의 정체성과 문화를 더욱 자랑스럽게 생각할 가능성이 커진다. 이는 국민적 자긍심을 증진하며, 국가 이미지를 강화하는 데도 커다란 영향을 미친다. 문화가 국가 간의 외교적 소통과 협력의 플랫폼 역할을 할 수 있기 때문이다. 문화 행사, 전시회, 교류 프로그램 등은 국가 간의 관계를 강화하는 데 이바지하며, 외교적 이슈에 대한 이해와 협력을 촉진하는 데도 역할을 할 수 있을 것이다. 이런 차원에서 한국이 문화 역량을 키우며 문화 콘텐츠를 다양화할 수 있다는 것은 국제 위상을 높이는 데 중요한 효과를 낼 것이며, 나아가 경제, 외교, 사회적 관계 등의 다양한 분야에서의 협력과 교류를 끌어내는 데도 긍정적인 영향을 미칠 것이다. 한국 문화의 세계적 확산은 국익을 증진시키고, 무엇보다 국제 사회에서 한국의 입지를 한층 공고히 다지는 데도 이바지할 것이다.

2017년 롯데월드타워에서 촬영한 서울. 2000년대 이후 한국은 빠르게 성장했다.

출처: 한국관광공사 제공(촬영자 김지호)

3) 외교 군사적 측면

한국은 국제 사회에서 다양한 다자간 기구에 적극적으로 참여하고 있으며, 특히 UN, WTO, G20 등에서 중요한 역할을 하고 있다. 아시아 국가들과의 관계를 강화하기 위해 여러 전략적 파트너십을 추진하고 있다. 한국의 외교는 국제 위상에 큰 영향을 미치며, 이를 통해 국가의 안전, 경제적 기회, 그리고 문화적 교류를 촉진할 수 있다. 외교는 국가의 안보와도 직결된다. 한국은 북한과의 긴장 관계 속에서도 미국을 비롯한 우방국들과의 동맹을 통해 안보를 확보해 가고 있다. 이러한 방어적인 외교 정책은 국제 사회에서 한국의 위상을 높이는 데도 필수적이다. 외교는 경제적 협력과 무역 증진에도 중요한 역할을 한다. 한국은 다양한 무역 협정과 경제 파트너십을 통해 다른 국가들과의 경제적 연계를 강화하고 있으며, 이를 통해 국내 산업의 성장과 해외 시장 진출 기회를 확대하고 있다.

한국은 2023년 일본에서 개최되었던 G7 정상회담에 공식 초청받기도 하였다. 그런 초청은 그동안 한국이 보여주었던 경제사회의 각 분야에서의 혁신이 G7 국가들과 어깨를 나란히 할 수준에 도달하였기 때문에 가능했을 것이다. 전국경제인연합회는 군사력, 경제력, 혁신 능력, 경제 안보, 영향력 등 5개 분야를 선정하고, G7과 한국의 상대적인 위치를 비교·분석한 결과를 내놓았다. 전경련 국제본부장은 이번 G7 정상회의에 한국이 옵서버로 초청된 것에 대해 “한국은 기존의 G7 회원국들과 비교해 그들의 성취에 걸맞은 충분한 무게를 지니게 됐다. 이제 세계 경제의 성장을 이끌고 규범을 형성하는 선도국 중 하나로 국제 사회에서 더욱 책임 있는 임무를 수행할 때가 됐다”라면서 “장기적으로 한국이 G7에 공식적으로 참여해 G8으로 확장돼 나가기를 기대한다”라고 말했다.

G7과 비교한 한국의 위상

구분	지표	한국	미국	일본	영국	프랑스	독일	이탈리아	캐나다
군사력 *자료: GFP	GFP 군사력지수('23)	6위	1위	8위	5위	9위	25위	10위	27위
경제력 * 자료: IMF, WB, 한국무역협회	GDP('22, 억$)	13위 (1조6,650)	1위 (25조4,640)	3위 (4조2,330)	6위 (3조700)	7위 (2조7,840)	4위 (4조750)	10위 (2조120)	9위 (2조1,390)
	GDP 성장률('22)	2.6%	2.1%	1.1%	4%	2.6%	1.8%	3.7%	3.4%
	수출시장 점유('22)	6위(2.8%)	2위(8.4%)	5위(3.0%)	14위(2.1%)	9위(2.5%)	3위(6.7%)	7위(2.7%)	11위(2.4%)
	수입시장 점유('22)	8위(2.9%)	1위(12.9%)	5위(3.6%)	7위(3.2%)	6위(3.3%)	3위(6.2%)	10위(2.7%)	14위(2.4%)
	IT 수출비중('21)	6위(29.2%)	32위(9.1%)	34위(8.6%)	55위(3.7%)	56위(3.6%)	46위(5.0%)	76위(2.0%)	85위(1.5%)
혁신능력 * 자료: 블룸버그, UN세계지적재산기구, OECD	GDP 대비 R&D 비중 ('21, OECD 회원 대상) * 단, 영국은 '20년 수치	2위(4.9%)	4위(3.5%)	6위(3.3%)	12위(2.9%)	17위(2.2%)	10위(3.1%)	27위(1.5%)	25위(1.7%)
	국제특허출원('80~'21)	5위	3위	1위	8위	6위	4위	14위	13위
	블룸버그 혁신지수('21)	1위	11위	12위	18위	13위	4위	20위	21위
	UN세계지적재산기구 글로벌 혁신지수('22)	6위(57.8)	2위(61.8)	13위(53.6)	4위(59.7)	12위(55)	8위(57.2)	28위(46.1)	15위(50.8)
경제안보 * 자료: Turtoise Media, KOTRA/OMDIA, S&P Market Intelligence	반도체 시장점유('20)	2위(18.4%)	1위(50.8%)	3위(9.2%)	EU 3위(9.2%)				-
	배터리 생산점유('21)	5위(2.5%)	2위(6.2%)	6위(2.4%)	9위(0.3%)	-	7위(1.6%)	-	-
	글로벌 AI지수('22)	7위	1위	16위	3위	10위	9위	31위	4위
영향력 * 자료: Brand Finance, 모리기념재단	글로벌 소프트파워('23)	15위(53.9)	1위(74.8)	4위(65.2)	2위(67.3)	6위(62.4)	3위(65.8)	9위(56.6)	7위(60.7)
	도시경쟁력('22)	7위(서울)	2위(뉴욕)	3위(도쿄)	1위(런던)	4위(파리)	8위(베를린)	29위(밀라노)	22위(토론토)

출처: 이뉴스투데이, 2023.05.17.

한국은 유엔, 아세안, G20과 같은 국제기구에서 활발히 활동하고 있으며, 여러 다자 협력 이니셔티브에도 참여하고 있다. 이러한 활동은 한국의 글로벌 문제 해결에 대한 기여를 보여주며, 국제 사회에서의 신뢰와 위신을 높이는 데도 영향을 미친다. 외교는 국가 간의 관계를 구축하고 강화하는 데 필수적이기 때문이다. 한국은 다양한 국가와의 외교 관계를 통해 정치적 지지와 경제적 협력을 증대시키고 있으며, 이는 국제적으로 영향력 있는 국가로서의 입지를 강화하는 데도 도움을 줄 것이다.

한국은 개발도상국에 대한 원조 및 인도적 지원을 통해 국제 사회에서 책임 있는 국가로 자리매김하고 있다. 한국의 외교 정책은 국제 사회에서 한국에 대한 인식과 태도를 변화시키는 데 영향을 미친다. 외교적 노력과 성과는 다른 국가들이 한국의 신뢰성과 역량을 인식하게 만들며, 이는 국제 관계에서 중요한 요소로 작용한다. 한국의 외교는 안전, 경제, 문화 등 다양한 분야에서 국가의 국제 위상을 높이고 있다.

북한과의 군사적 긴장 상태로 인해 한반도의 안전 문제는 국제 사회의 관심사

중의 하나다. 한국은 미국과의 군사 동맹을 통해 안보를 강화하고 있으며, 지역 안정에 이바지하고 있다. 한국의 안보는 국가의 국제 위상에 여러 측면에서 큰 영향을 미친다. 안보 환경은 외교 전략, 경제적 안정성, 그리고 국제관계 형성에 깊은 연관이 있으므로, 이를 잘 관리하는 것은 한국의 글로벌적 역할을 정립하는 것과도 밀접히 관련된다. 한국이 안보 측면을 잘 관리하면, 이는 다른 국가와의 협력 관계를 강화하는 데도 도움을 줄 수 있다. 안정된 안보 환경은 외국인의 투자를 끌어올 수 있으며, 이는 경제 활동의 촉진 요소로 작용할 수 있기 때문이다. 무엇보다 이런 안보 환경이 튼튼할 때 국제 사회에서 신뢰받는 국가로 자리매김을 할 수 있기 때문이다. 한국은 미국과의 강력한 군사 동맹을 바탕으로 여러 나라와 다양한 외교 관계를 맺고 있으며, 이를 통해 안보에도 긍정적 영향을 강화하려는 노력을 다하고 있다. 이러한 국제관계는 국제 정치에서 한국의 위상을 높이면서 한국이 아시아 태평양 지역에서 중요한 국가로서 역할을 수행하는 것으로 볼 수 있다.

한국은 군사적 파워를 강화하면서 유엔 평화 유지 활동에도 적극 참여함으로써 국제 사회 일원으로서의 역할을 다하고 있다. 이는 한국의 국제적 이미지에 긍정적인 영향을 미치며, 국제 문제 해결에 적극 동참하는 국가로서의 입지를 다지는 데도 영향을 준다. 북한과의 관계는 한국의 안보 상황에 큰 영향을 미치며, 이에 따라 한국의 외교 전략이 달라질 수 있다. 북한과의 갈등이 장기화한다면 한국의 국제적 위치가 위축될 수밖에 없을 것이며, 반면 북한과의 평화적인 해결을 마련할 수 있다면 한국은 국제 사회에서 협력적 관계망을 맺는 데 좋은 기반을 닦을 수 있을 것이다. 북한과의 관계를 적절히 관리하여 통제하기 위해서도 한국은 다양한 국제기구에 참여하면서 한반도의 긴장 관계를 적절히 관리해 가고 있다. 이른바, 한국의 외교에서 북한은 상수인 관계로 북한을 어떻게 관리하여 한반도의 평화를 여느냐는 한국 외교·국방 정책의 최우선 순위에 해당한다. 이런 북한 문제 해결을 위해서도 한국은 국제적 위상을 견고히 유지하면서 주변의 강대국과 한반도의 긴장 완화를 위한 다각도의 외교 채널을 갖출 필요가 있다.

핵 비확산과 같은 국제적 안보 이슈에 대한 한국의 참여는 국제 사회에서 책임 있는 국가로서의 이미지를 강화한다. 현안에 대한 적극적인 대처는 한국의 외교적 신뢰도를 향상시킨다. 안보가 확보되면 경제 안정성도 높아지며, 이는 외국인 투자 유치에도 직결된다. 안정적 경제 환경의 구축은 한국의 국제적 위상을 높이는 중요한 요소이기 때문이다. 결국, 안보는 한국의 국제 위상을 유지하는 데 필수적인 요소로 작용한다. 안정된 안보 환경의 구축 여부는 외교, 경제 및 문화 교류의 활성화로 이어지며, 이는 한국이 국제 사회에서 더욱 영향력 있는 국가로 설 수 있는 기반이기도 하다. 거꾸로, 안보 측면에서 위기가 발생하거나 혹은 그런 위기가 지속 내지 악화될 경우, 한국의 국제적 위상은 크게 위축될 수밖에 없을 것이다.

2. 주변국과의 관계: 한미, 한일, 한중

1) 한미 관계

한미 관계는 한국의 미래에 결정적 영향을 미치며, 미국과의 관계를 통해 한국은 정치, 경제, 안보, 문화 등의 영역에서 안정적 발전을 확보해 가고 있다. 한미 동맹은 한국의 안보에 핵심적 요소이다. 북한의 군사적 위협이 지속되는 상황에서 한미 간의 군사 협력과 정보 공유는 한국의 국방력을 강화하는 데 필수적이기 때문이다. 향후 안보 환경 변화에 대응하기 위해 한미 간의 군사 훈련과 전략적 협조가 더욱 강화될 것이다.

한미 자유무역협정(FTA)은 한국 기업의 미국 시장 진출을 촉진하고, 미국 기업의 한국 내 투자 기회를 증가시켜 경제 성장을 도모하는 데 이바지한다. 기술 협력과 혁신 분야에서도 협력이 한층 확대될 가능성이 있으며, IT, 반도체, 친환경 기술 등에서도 긴밀한 협력이 예상된다. 미국과의 관계가 강화될 때 한국은 국제 사회에서 더욱 중요한 외교적 역할을 맡게 될 수 있다. 이는 다자간 협의체 및 국제기구에서의 한국의 발언권을 높이고, 글로벌 이슈에 대한 영향력을 증가할 수 있다. 한국이 미국과의 긴밀한 협력을 통해 기후 변화, 인권, 글로벌 건강 문제 등을 둘러싼 국제적 이슈에서도 한층 적극적 역할을 할 수 있을 것이다.

한국 기업들이 글로벌 시장에서 미국과의 협업을 강화할 수 있을 때 한국 기업의 브랜드 가치도 향상될 수 있다. 특히 민주주의와 인권을 중시하는 미국과의 관계는 한국의 글로벌 이미지 형성에도 중요할 것이다. 한미 간의 문화적 교류는 한류와 같은 한국 문화의 세계적 확산에 기여할 것이며, 그것은 한국의 소프트 파워 역량을 강화하는 데 도움을 줄 것이다. 교육 및 인적자원 분야에서의 교류 또한 증가할 가능성은 그 어느 때보다 커지고 있다. 한미 관계는 한국의 내정 안정에도 직접적인 영향을 미칠 수 있다. 미국의 외교 정책 변화, 특히 동아시아에서의 전략적 변화는 한국의 외교 및 안보 정책에 도전 과제가 될 수 있다. 미국과의 관계가 협조적이며 안정될 수 있을 때 북한과의 관계와 중국과의 관계에서도 외교적 균형을 맞출 수 있기 때문이다.

한국은 IT 및 기술 강국으로서의 입지를 더욱 강화해 가고 있다. 미국의 첨단 기술과의 협력을 통해 AI, 반도체, 바이오 기술 등 여러 분야에서 혁신을 주도할 기회를 얻을 수 있었다. 연구개발(R&D) 분야에서의 미국과의 협력을 통해 한국은 산업 경쟁력을 한층 향상시킬 수 있었다. 한미 간의 다양한 교육 프로그램과 장학금 제도의 확대 등에 의해 한국의 젊은 인재들이 미국에서 학습하여 현장 경험을 쌓아갈 수 있었다. 이는 한국의 기술 및 인적자원의 성장에 엄청난 영향을 주었다. 한국은 미국 내의 여러 한국 관련 커뮤니티와의 긴밀한 연계를 통해 다양한 민간 교류를 이룰 수 있었고, 이를 통해 글로벌 인재 육성에도 좋은 조건을 갖출 수 있었다.

북한의 군사 위협에 대한 공동 대응 및 군사적 준비 태세 강화는 한국 영토 내에서의 안전성을 높이면서 국민의 심리적 안정감을 제공하는 데에도 이바지하였다. 한미 간의 위기관리 체계 및 정보 공유 능력을 개선함으로써 급변하는 안보 환경에 효과적으로 대응할 수 있어야 할 것이다. 한미 관계의 강화를 통해 한국은 민주주의와 인권에 대한 가치를 공유할 기반을 다질 수 있었다. 이는 한국이 국제 사회에서 민주주의 국가의 모델 역할을 정립할 수 있도록 하는 데도 중요한 것으로 볼 수 있다. 민주적 가치를 둘러싼 상호 교류가 이루어진다면 한국 내에서 정치적 안정과 사회적 통합을 이루는 데도 유의미한 영향을 던질 것이다.

기후 변화에 대한 공동 대응의 측면에서도 한미 양국은 상호 협력의 새로운 국면을 열어가고 있다. 지속 가능한 발전과 에너지 전환을 위해서 양국은 협력을 통해 글로벌 협력의 모범을 보여주고 있다. 미국의 환경 정책에 대한 한국의 참여는 환경 문제 해결에 대한 한국의 글로벌 리더십을 강화할 기회를 제공하고 있다. 그 밖에도 한국은 미국과의 관계를 통해 국제 평화 및 안정을 위한 다양한 프로그램에 참여하고 있으며, 이를 통해 한국의 국제적 위상을 높여가고 있다. 유엔, NATO와 같은 국제기구에서의 참여를 통해 글로벌 이슈에 대한 기여도를 높이며, 이는 국제 평화 유지를 위한 실질적 노력으로 이어지고 있다.

한미 관계가 깊어질수록 한국의 국내 및 대외 지향성을 둘러싼 논란이 가라앉지 않는다. 최근 경제와 국방 등의 전방위적 영역에서 국력을 키워가고 있는 중국을 비롯한 그 밖의 국가들과는 어떤 관계를 설정할 것이냐를 둘러싼 논쟁이 벌어지고 있다. 특히 한국 내 외교와 안보 문제뿐만 아니라 경제, 환경 등에서 대외 정책을 바라보는 입장 차이가 커지면서 이 문제를 둘러싼 특정 사회 집단 사이의 첨예한 갈등이 발생하기도 한다. 이런 서로 다른 입장을 반영하여 한국 정부는 국민의 다양한 의견을 수렴하면서 균형 잡힌 외교 전략을 수립할 수 있어야 할 것이다. 미국을 바라보는 여러 시각이 있을 수 있지만, 1945년 해방을 맞은 이후 지금까지 한미 관계는 한국 외교의 핵심 축을 담당하였으며, 무엇보다 오늘날의 번영한 한국 경제를 뒷받침할 수 있었던 근본이었음을 부정할 수 없을 것이다.

한미 관계는 한국의 정치적, 경제적, 사회적 미래에 광범위한 영향을 미칠 수 있는 중요한 요소이다. 한국은 이러한 관계를 통해 기회를 최대화하고, 도전에 대해 신속히 대응하며, 지속 가능한 발전과 국제적 평화에 이바지하는 방향으로 나아가야 할 것이다. 결론적으로 한미 관계는 한국의 미래에 긍정적인 영향을 미칠 가능성이 크지만, 이는 또한 극복해야 할 도전 과제이면서 복잡한 외교적 역량을 동원해야 할 상황을 맞이하고 있다. 한국이 이러한 관계를 어떻게 관리하고 발전시키느냐에 따라 미래의 방향이 크게 달라질 수 있을 것이다. 다시 말해

미국은 우리나라 경제에 도움이 된다 56%, 안보에 도움이 된다 66%, 모두 지난 해 대비 증가
반면 남북통일에 대해서는 도움 된다는 의견과 위협이 된다는 의견 엇갈려

(단위 : %)

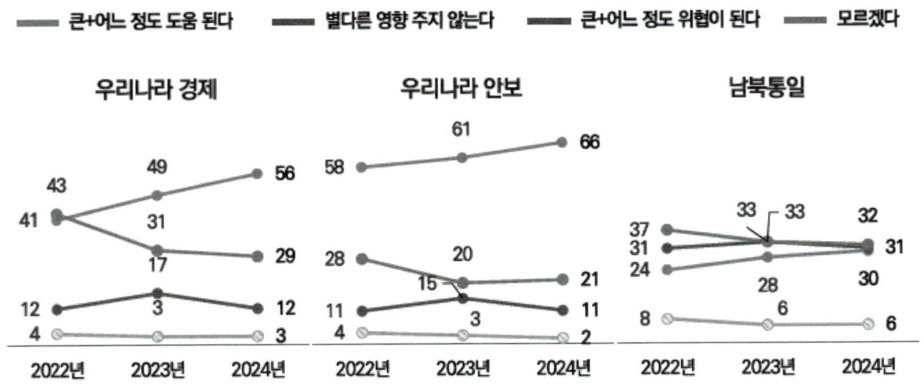

질문: 미국이 우리나라의 경제 및 안보에 어떤 영향을 주고 있다고 보십니까?
응답자 수 : 각 조사별 1,000명
조사기간 : 2022. 10. 14. ~ 17 // 2023. 10. 13. ~ 16 // 2024. 10. 11 ~ 14

출처: 한국리서치 정기조사 여론 속의 여론(hrcopinion.co.kr)

한미 간의 안정적 관계 설정을 통해 한국은 경제적, 안보적, 문화적 기회를 극대화해야 할 뿐만 아니라 동시에 한반도를 둘러싼 여러 국가와도 외교적 균형을 유지해 나갈 수 있도록 국제상황을 적절히 관리할 필요성이 커지고 있다.

2) 한일 관계

한일 관계는 한국의 미래에 불가분의 영향을 미치는 요인으로서 정치, 경제, 문화, 사회 등 다양한 측면에서 상호적 협력이 필요할 것이다. 한일 간의 경제적 협력은 한국 경제발전에 큰 영향을 미칠 수 있다. 일본은 한국의 주요 무역파트너 중의 하나로 양국 간의 상품 거래와 투자는 경제 성장에 직결된다. 특히 일본의 기술과 투자 유치는 한국의 산업 발전에 큰 도움이 되었다. 반도체, 자동차, 화학 등 각 산업 분야에서의 협력을 증대해 갈 수 있을 때 양국은 상호적으로 경쟁력을 키워갈 수 있었다. 이를 통해 공급망의 안정화와 중소기업의 성장에도 도움을 줄 수 있었기 때문이다.

북한의 위협이 지속되는 상황에서 한일 간의 군사 협력과 정보 공유는 한국의 안보에도 직결될 것이다. 한미 동맹과 함께 한일 관계가 지역 안보 체계에서 중요한 축이 될 수 있음은 말할 필요가 없을 것이다. 국제적 이슈에 대한 양국의 공동 대응은 한국의 외교적 입지를 강화하며, 지역 내 안정성을 높이는 데도 긍정적 영향을 미친다. 문제는 역사를 둘러싼 현안, 곧 일본의 식민지 지배 역사와 위안부 문제 등이 불거질 때마다 한일 간 갈등이 재발할 수 있다는 사실이다. 이러한 문제를 양국이 슬기롭게 해결할 수 있다면 양국은 관계 증진의 청신호를 찾을 수 있으며, 거꾸로 이런 문제를 둘러싼 갈등이 불거진다면 양국 내의 정치적 논란을 일으키면서 민족 감정을 자극할 수 있다. 이런 점을 감안하여 양국의 지도자들은 한일 문제의 근본이 어디에 있느냐를 염두에 두고 극단주의자들의 주장을 적절히 관리, 통제해 나갈 필요가 있을 것이다.

양국이 역사 문제를 해결하기 위한 노력과 대화를 지속해 간다면 서로의 관계를 개선하면서 사회적 갈등도 점차 완화해 갈 수 있을 것이다. 이런 차원에서 한일 간의 청년 교류를 비롯한 각종 다양한 민간 교류를 통해 양국 간의 우호적, 협력적 관계를 조성할 수 있어야 할 것이다. 한일 간의 긴밀한 민간 문화 교류를 시도함으로써 양국은 상호 문화에 대한 이해력을 키울 수 있어야 하며, 더 나아가 지금까지 잘 드러나지 않았던 상대국 문화의 맥락까지 고려할 수 있는 심층적 차원의 문화 이해 기회를 제공할 수 있어야 한다. 이는 한류와 같은 한국문화의 세계적 확산뿐만 아니라 일본 문화에 대한 긍정적인 인식으로까지 나아갈 수 있어야 한다. 이런 심층 차원의 문화 이해에 바탕하여 한일 양국은 관광을 비롯한 다양한 인적 교류를 활성화할 수 있어야 할 것이다.

양국의 공동 연구개발 및 기술 협력은 혁신적인 솔루션을 창출하는 데 도움을 줄 수 있으며, 이는 경제적 성장과 글로벌 시장의 경쟁력 향상으로 이어질 것이다. 변화 및 글로벌 건강 문제에 대한 공동 대응도 중요한 협력 분야가 될 수 있다. 이를 통해 양국은 지속 가능한 발전 목표를 달성할 수 있다. 문제는 양국의 내부 정치 상황이나 여론 변화가 한일 관계에 직접적인 영향을 미칠 수 있다는 점이다. 이런 점에서 양국 정부 당국자는 내부 여론을 적절히 잘 관리하여 상대 국민의 감정을 거스르지 않도록 하는 데 각별히 유의할 필요가 있을 것이다. 특히 청년층의 의견과 역사를 바라보는 인식이 새로운 정치적 흐름에 돌파구를 줄 수 있음에도 관심을 가져야 한다. 역사와 관련된 민족 감정의 회복 또는 갈등이 심화될 경우 양국 간에 이루어졌던 그동안의 관계 개선이 한순간에 물거품이 될 수 있기 때문이다.

한일 관계는 한국과 미국과의 관계 정립에도 영향을 미칠 수 있다. 예를 들어, 한일 간의 협력이 강화되면, 이는 한국이 북동아시아에서의 전략적 입지를 안정화하는 데 도움이 될 수 있다. 미국과의 동맹 관계를 유지하면서 일본과의 협력을 통해 지역 안정을 확보할 수 있기 때문이다. 한일 양국이 함께 국제기구(예: 유엔, 세계무역기구, 세계보건기구 등)에서 협력함으로써 국제 문제 해결에 이바지할 수도 있다. 이런 한일 간 협력은 한국의 외교적 위상을 높이는 것이며, 아울러 국제 사회의 중요한 일원으로 자리매김하는 데도 도움을 줄 것이다. 특히 이런 협력을 기반으로 한국이 기후 변화, 에너지 안보, 전염병 대응 등의 당면 과제 해결에 참여할 기회를 넓힐 수 있기 때문이다. 한일 양국의 문화 교류를 통한 공동 프로젝트나 이벤트 기획은 양국 간의 관계를 더욱 돈독히 할 방법일 수 있다. 예컨대, 예술 공연, 영화제, 스포츠 행사 등을 통해 양국이 상호 이해의 폭을 넓히고, 이에 의해 양국 국민 모두의 연대감을 높일 수 있다. 이런 협력이 가능할 때 양국 청년층의 상호 교류가 확대될 것이며, 이는 미래 세대의 서로에 대한 문화와 역사를 인식할 수 있는 기회를 제공할 것이며, 그것은 미래 세대의 통합에도 기여할 수 있기 때문이다.

초고령 사회에 당면한 한일 양국 모두 서로의 노동 시장에서의 인력 교류를 활발히 할 필요가 있다. 이런 노동 시장의 교류를 통해 부족한 인력 문제를 어느 정도 해결할 수 있으며, 무엇보다도 일정 부분 고용 안정성에도 도움을 줄 수 있다. 양국 기업 간의 협력이 강화되면 새로운 비즈니스 기회를 창출할 수 있으며, 이는 일자리 증대로 이어질 수 있을 것이다. 특히 스타트업과 혁신 기술 기업 간의 협력을 모색함으로써 글로벌 시장에서의 신영역을 개척하는 데도 일조할 수 있다. AI, 빅데이터, IoT 등의 4차 산업혁명과 관련된 분야에서 한일 간의 기술 협력이 가능할 수 있다면 양국의 첨단 영역산업은 한층 활력을 띨 수 있다. 데이터 공유와 협업을 통해 혁신적인 솔루션을 창출하여 실질적 경제적 성장은 물론 고용창출로 이어갈 수 있을 것이다. 양국 스타트업 생태계의 상호 연계를 시도할 때 경제 성장을 위한 여러 시너지 효과를 창출할 수 있다. 이는 또한 글로벌 시장 진출의 기회에도 긍정적 영향을 줄 것이다.

한일 관계 개선 필요성

한길리서치 2025 신년 특집 조사(2024년 12월 19일~22일) 단위: %

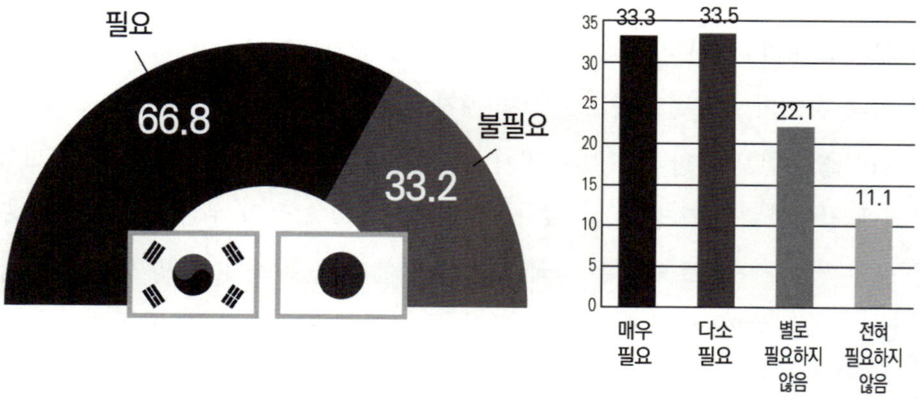

출처: 쿠키뉴스, 2025.01.02.

안정적 한일 관계의 정립은 한국의 미래에 중대한 영향을 미칠 것이다. 양국 관계가 긍정적으로 발전할 수 있다면 정치적 안정, 경제적 성장, 사회적 통합 등의 다방면에서 한국의 장기적인 발전에 이바지할 것이다. 반면, 양국 간의 갈등이 심화할 경우, 이는 여러 부문에서의 협력을 저해할 수 있다. 이런 점에서 양국은 한일 관계를 전략적으로 관리할 필요가 있으며, 상호 이해와 협력을 기반으로 한 미래 지향적 관계를 모색해야 할 것이다. 한일 양국이 이러한 관계를 어떻게 관리하여 발전시킬 것이냐를 두고 노력할 경우, 양국 모두는 경제, 안보, 사회통합 등의 여러 측면에서 커다란 시너지를 얻을 수 있을 것이다. 협력과 대화를 통한 상호 이익을 도모하는 것은 양국 모두에게 현안의 과제일 것이며, 이를 위한 양국 정부와 국민의 지속적인 관심과 노력이 요구될 것이다.

3) 한중 관계

한중 관계는 한국의 미래에 큰 영향을 미치는 요소이다. 한국은 지리적으로 중국과 인접해 위치에 있으며, 두 나라 간의 경제, 정치, 사회, 그리고 지리적 관계는 한국의 미래에 결정적인 영향을 미칠 수 있다. 중국은 한국의 최대 수출국이면서 가장 큰 무역의 파트너로서 양국 간의 무역과 투자 관계가 한국 경제에 중요한 영향을 줄 수 있다. 한국은 중국과의 긴밀한 협력을 통해 반도체, 자동차, 전자 기기 등의 산업에 필요한 원자재와 부품을 안정적으로 공급받을 수 있다.

한중 관계는 북한의 위협을 효과적으로 관리하면서 한반도 안보에도 중차대한 영향을 미칠 수 있다. 하지만 미중 간의 갈등이 심화하면서 한국이 어떤 선택을 해야 할 것인지를 둘러싼 난관에 부딪힐 수 있다. 이런 상황에서 한국의 외교적 결정은 다층적 전략을 동원해야 할 필요가 있다. 한국이 북한과의 관계를 개선하는 데도 중국의 가교역할이 필요할 수 있으며, 이는 한반도의 안보와 통일 문제를 해결하는 데도 상당한 의미를 던질 수 있을 것이다. 한국과 중국 간의 문화 교류에서는 한류의 영향이 큰 만큼 이에 상응하게 중국 문화의 영향을 무시할 수 없다. 양국은 문화 차원에서 상호 영향을 주고받으면서 발전한 것으로 볼 수 있기 때문이다. 이런 문화 차원의 활발한 교류는 양 국민 간의 상호 이해와 친밀감을 높이면서 동시에 미래지향적 발전에도 도움을 줄 수 있다. 또 양국의 국민은 문화에 이어 관광, 교육, 예술 등의 영역에서 활발한 인적 및 물적 교류를 맺고 있다. 그것은 양국이 오랜 역사와 문화를 같이하면서 상호 공유한 부분이 많기 때문일 것이다.

한중 간의 협력을 통해 양국은 기후 변화, 공중 보건, 경제 성장 등의 다양한 글로벌 이슈에서도 공동 대응하는 모습을 보인다. 이는 국제 사회에서 한국의 위상을 높이는 데 바람직한 흐름으로 볼 수 있다. 이처럼 한중 관계를 강화할 수 있다면 중국을 통해 다른 아시아 국가와의 경제적 연계를 강화할 수 있을 것이며, 이는 한국 기업의 글로벌 시장 진출에도 좋은 조건일 것이다. 한국은 중국과의 과학기술 협력을 통해 인공지능, 정보통신, 생명과학 등 첨단 산업 분야에서 새로운 영역을 열어가려는 노력을 시도하고 있다. 이는 한국 첨단 영역 산업의 경쟁력을 높일 수 있을 것이다. 특히 인공지능을 둘러싼 스타트업 영역에서 중국 기업의 괄목할 만한 성과는 미래 한국 기업에 성공과 좌절의 두 얼굴로 다가올 수 있다. 그렇지만 양국 간 첨단 기업 간 투자와 기술을 둘러싼 교류는 불가피할 것이며, 이는 양국 모두에게 이익으로 다가설 것이다.

미·중 간의 긴장이 심화할 경우 한국은 두 강대국 간의 외교적 스탠스를 어떻게 설정해야 할 것이냐를 두고 어려움에 부딪칠 수 있다. 이런 상황은 한국의 불확실성을 증대시키며 외교 정책의 일관성을 해칠 수도 있다. 특히 한중 관계의 갈등은 한국 내에서의 여론을 두 영역으로 분화시킬 수 있으며, 이는 커다란 정치적 논쟁을 불러일으킬 수 있다. 예컨대, 역사 문제나 영토 문제 관련이 중요하면서도 민감한 주제일 것이다. 팬데믹 이후, 한중 간의 협력이 보건 문제 해결에 이바지할 수 있으며, 양국이 공동으로 글로벌 공중 보건 문제에 대응하려는 시도가 있었다. 기후 변화와 환경 오염 문제는 한중이 협력하여 대응해야 할 중요한 이슈라 할 수 있다. 양국이 환경 정책을 함께 논의하고 실행함으로써 지속 가능한 발전에 한발 가깝게 다가설 수 있기 때문이다.

특히 한국과 중국 간의 에너지 분야 협력은 탄소 중립 목표 달성에 중요한 이정표가 될 수 있다. 중국의 재생 에너지 기술과 한국의 혁신적인 에너지 관리 시스템이 결합한다면 양국 모두에게 이익이 될 수 있는 협치 모델이 만들어질 수 있다. 중국과의 에너지 협력을 통해 한국은 에너지 안보를 강화할 수 있으며, 아울러 원자재 수입의 다변화를 시도할 수 있다. 최근 한국과 중국은 교육 분야의 협력을 강화하고 있으며, 이에 양국의 학생들은 서로의 언어와 문화를 배우는 좋은 기회를 갖게 되며, 이런 교육 협력을 통해 두 나라 국민은 상호 이해를 위한 발판을 마련할 수 있을 것이다. 나아가 과학기술, 인문학, 사회과학 등의 분야에서 연구자 간의 공동 연구는 두 나라의 학문적 발전에도 기여할 것이며, 그것은 나아가 글로벌적으로 당면할 복잡한 이슈들을 해결하는 데도 시사하는 바가 클 것이다.

중국의 일대일로 정책과 관련하여 한국은 해당 프로젝트에 참여하거나 협력함으로써 새로운 경제적 기회를 창출할 계기를 갖게 된다. 이런 협력을 통해 두 나라는 경제사회를 위한 인프라를 비롯한 한층 긴밀한 협력의 토대를 마련할 수 있을 것이다. 한국의 스마트 시티 기술과 중국의 대규모 도시 개발 경험을 결합한다면 혁신적인 미래형 신도시 환경을 구축할 수 있으며, 이를 통해 인류의 미래 지향적 삶의 이정표를 제시할 수도 있을 것이다. 이처럼 한중 간 이해와 갈등 관리를 위한 다차원적 노력을 계속해 간다면 양국은 서로의 사회적 안정성을 높일 수 있으며, 양 국민 간 상호 화합에도 큰 도움이 될 것이다. 덧붙여 문화, 예술, 스포츠 등의 민간 외교를 한층 활발히 함으로써 한중 간의 관계가 한 차원 높은 단계로 나아갈 수 있을 것이며, 이에 의해 양국 국민 간에도 더 깊은 신뢰를 쌓아 갈 수 있을 것이다. 예컨대, 한중 문화축제나 공동 스포츠 이벤트의 정기적인 개최는 상호 간 친밀성을 높이는 좋은 사례가 될 것이다.

한중 관계는 한국의 경제적, 정치적, 사회적 미래에 다각적인 영향을 미칠 수 있다. 긍정적인 방향으로 발전할 경우 한국은 국제 사회에서의 입지를 강화하고, 내적으로도 안정된 사회환경을 마련할 수 있다. 반면, 한중 상호 갈등이 깊어지거나 심각한 갈등 내지 오해가 발생할 경우, 한국은 불확실성과 해결하기 어려운 난제에 직면할 수도 있다. 이런 점에서 한국은 중국과의 관계를 전략적으로 관리할 필요가 있고, 나아가 한층 다양한 수준에서의 협력을 통해 공동의 번영을 추구할 수 있어야 할 것이다. 중국과 우호적 관계를 맺을 수 있다면 한국은 경제적 성장과 안정적인 정치 환경, 사회적 통합 등의 좋은 기회를 가질 것이다. 거꾸로 양국 간의 갈등이 심화한다면 외교적 불안정성은 물론 경제적 어려움도 커질 수밖에 없을 것이다. 이런 점에서 한국은 한중 관계를 전략적으로 관리할 수 있어야 하며, 다양한 경로를 통해 협력을 증진할 수 있는 채널을 갖추어야 할 필요성이 제기된다.

3. 제3세계와의 관계: 동남아 중심

한국과 제3세계, 특히 동남아시아 국가들과의 관계는 최근 몇 년 동안 한층 강화하고 있으며, 이는 경제적, 정치적, 사회적 여러 측면에서 다각적으로 발전하고 있다. 동남아시아는 전략적 위치, 다양한 자원, 그리고 빠른 경제 성장을 보이는 국가들이 많아 한국의 관심이 집중되는 지역이다. 한국은 동남아시아 국가들과의 무역에서 중요한 파트너로 자리매김하고 있다. 아세안(ASEAN)과의 무역은 해마다 증가하고 있으며, 한국 기업들이 동남아시아에 직접 투자하는 사례도 늘어나고 있다. 주요 산업으로는 전자, 자동차, 건설, 에너지 등이다. 한국-아세안 자유무역협정(FTA)은 무역을 촉진하고, 경제적 상호작용을 제고토록 하는 데도 중요한 역할을 한다. 이런 협정을 통해 한-아세안 양측은 상호 무역 장벽을 낮추고, 양측의 상호 이익을 추구할 수 있다. 덧붙여, K-pop, 한국 드라마, 한국 영화 등이 동남아시아에서 큰 인기를 끌고 있는데, 이는 한국 문화와 언어에 대한 높은 관심으로 이어진다. 한국 문화에 대한 긍정적인 이미지는 한국과 동남아시아 국가 간의 관계를 더욱 돈독히 하는 데도 의미를 던진다. 이에 한국 정부는 동남아시아 학생들을 위한 장학금 프로그램과 교환학생 프로젝트를 운영하며 인적 교류의 기회를 제공하는 데도 적극적 역할을 하고 있다.

한국은 유엔과 아시아태평양 경제사회위원회(ESCAP) 등과 같은 국제기구에 참여하면서 동남아시아 국가들과 협력을 강화해 가고 있다. 이런 국제기구와의 협력을 통해 한국은 동남아 국가들과 정치적 신뢰를 쌓으면서 공동의 이익을 도모하는 데 적극적 역할을 한다. 최근 한국은 동남아시아 국가들과의 안보 협력에 깊은 관심을 보인다. 특히 한국은 해적 행위, 테러리즘, 그리고 탈북자 문제 등을 둘러싸고 동남아 국가들과 협력하는 모습을 보이는 데, 이런 문제들은 동남아 국가들이 당면한 공동의 관심사이기도 하다.

한국은 동남아시아 국가들에 대해 개발 원조를 제공하고 있으며, 이를 통해 경제 발전과 사회적 안정을 지원하고 있다. 또한 정보통신기술(ICT), 농업 기술 전수, 보건 및 의료 분야에서 협력을 활발히 전개하고 있다. 한국은 동남아시아 국가들과의 지속 가능한 개발 목표(SDGs)에 대한 협력을 강화하고 있다. 기후 변화와 환경 오염 문제에 대한 공동 대응도 한국과 동남아시아 국가 간의 주요 협력 분야이다. 한국은 청정에너지 전환, 자원 효율성 향상, 탄소 배출 감축을 위한 기술 지원을 비롯해 이 영역에서의 참여와 협력을 강화해 가고 있다.

한국은 동남아시아의 평화와 안정을 위해서도 다양한 노력을 기울이고 있다. 예컨대, 미얀마의 민주화를 위한 국제적 연대에도 관심을 표명하고 있으며, 인도네시아, 말레이시아 등과의 협력을 통해 역내의 지역 안정성 확보에도 노력을 다하고 있다. 또 한국은 동남아시아 국가들과의 활발한 민간 교류 활동에 적극 참여하며 지원을 아끼지 않는다. 각종 문화 교류 프로그램, 페스티벌, 세미나 등에 참여하며, 특히 청소년과 여성 대상의 각종 행사 개최를 통해 교류 활동을 이어가고 있다. 이러한 교류를 통해 양측은 서로 다른 문화에 대한 이해도를 높이고, 나아가 긴밀한 인적 네트워크를 강화하는 데 노력하고 있다.

한국은 동남아시아 국가들로부터 많은 관광객을 유치하고 있으며, 동시에 한국에서도 동남아시아를 방문하는 관광객 수가 급증하고 있다. 이러한 상호 관광은 경제적 이익을 가져올 뿐만 아니라 문화 교류를 한층 촉진할 수 있다. 한국 정부는 동남아시아와의 관광 관련 협력을 강화함으로써 공동 마케팅 및 관광 인프라 개발을 적극 추진하고 있다. 이를 통해 상호 방문객 증가를 목표로 하는 정책을 시행하고 있다.

한국의 스타트업 업계는 동남아시아로의 진출을 활발히 하고 있다. 한국의 IT 기업들은 급성장하는 동남아시아 시장에 진출하기 위해 업무 협약을 체결하거나 공동 프로젝트를 진행하는 경우가 많다. 한국의 첨단 디지털 기술과 혁신을 토대로 동남아시아 국가들의 디지털 전환을 지원하는 프로젝트를 가동하고 있다. 이는 동남아 지역의 정부 및 산업 부문에서 디지털 인프라를 강화하는 데 이바지할 것이다. 동남아시아 지역은 자연재해가 빈번하게 발생하는 곳이기에 한국은 이 지역의 재난 대응과 복구를 지원하기 위한 다양한 프로그램을 운영 및 지원하고 있다. 이런 프로그램 운영을 통해 한국은 동남아 지역의 피해 복구와 인프라를 강화하는 데도 이바지하고 있다.

한국은 동남아시아 국가들과의 정보 교류와 안보 협력을 강화하고 있다. 한국은 동남아시아 국가들과 함께 환경 보존 및 지속 가능한 개발을 위한 프로젝트를 추진하고 있다. 이는 재생 에너지, 탄소 배출 감축 및 농업 혁신 등을 포함한다. 양측은 기후 변화에 대한 공동 대응을 통해 지속 가능한 발전 목표(SDGs)를 달성하기 위해 협력하고 있다.

한국은 동남아시아 국가 간의 경제적 협력을 위해 한층 긴밀한 관계를 맺으려는 노력을 계속하고 있다. 이런 협력이 가능할 때 양측은 시장 접근성과 경쟁력을 증대시키고, 상호 이익을 증대할 수 있기 때문이다. 동남아시아는 한류의 영향이 특히 큰 지역으로서 한국 문화에 관한 관심이 점증하고 있다. 이는 사회적 유대관계를 강화하고, 문화 교류를 촉진하는 데도 이바지할 것이다. 한국은 이런 점에 유의하면서 한류를 비롯한 문화 교류에 한층 관심을 갖고 접근할 수 있어야 할 것이다.

동남아시아 지역에서의 정치적 갈등과 불안정성은 한국과 동남아의 관계에도 영향을 미칠 수 있다. 이런 역내 정치적 상황을 둘러싼 갈등 관리와 대응에 대해서도 면밀한 접근이 필요할 것이다. 동남아시아 국가들은 성장을 위한 인프라 프로젝트의 구축, 특별히 교통, 에너지, 통신 부문에 각별한 관심을 두고 있는데, 이 부분에서 한국의 경험과 기술이 요청된다. 이러한 프로젝트에의 참여는 지역경제 발전을 도모하고, 양측 간의 경제 관계를 강화하는 데 중요한 역할을 할 것이다. 예컨대, 한국의 스마트 시티 기술은 동남아시아 국가들의 현대화와 도시의 효율적 개발을 지원하는 데 핵심 영역으로 볼 수 있다.

한국과 동남아시아 국가 간의 관계는 현재 한층 긴밀해지고 있으며, 향후 경제적, 문화적, 사회적 차원의 협력이 더욱 강화될 것이다. 이런 협력은 상호 이익뿐만 아니라 지역은 물론 글로벌 차원에서의 안정과 발전에도 시사하는 바가 클 것이다. 이런 점에서 한국은 동남아시아 국가들과의 협력을 강화할 필요가 있으며, 이를 통해 새로운 기회와 가능성을 창출할 수 있어야 하며, 이에 기반하여 더 넓은 아시아-태평양 지역으로까지의 균형 잡힌 관계 설정에 노력해야 할 것이다. 한국은 동남아시아 국가를 비롯한 제3세계 국가들과의 협력을 강화함으로써 글로벌 차원의 평화와 안정에도 관심을 집중할 필요가 있을 것이다. 이런 글로벌 차원의 협력에 동참한다는 것은 글로벌 국가로서의 한국의 책임과 의무를 다하는 것과 밀접히 맞닿을 수 있기 때문이다.

토론거리

1. 한국의 경제 성장이 국제 위상에 미친 영향은 무엇이며, 경제 성장은 어떻게 외교적 관계와 국가 이미지에 영향을 미치는가?

2. 한국의 외교 정책이 국제 사회에서의 위상에 미친 영향은 무엇이며, 특히 미국, 중국, 일본과의 관계가 한국에 어떤 영향을 미칠 것인가?

3. 북한의 군사적 위협이 한국의 국제 위상에 미친 영향은 무엇이며, 이런 위협을 벗어나기 위한 국제 사회의 역할은 어떤 것들이 있는가?

읽을거리

김우상(2007). 『신한국책략: 동아시아 국제관계』. 나남.
김철희(2011). 「국제개발협력 인력양성 체계 구축 방안」. 대외경제정책연구원.
이호철(2025). 『추월은 없다: 미중관계의 미래와 한국』. 사회평론아카데미.

저자 후기

이 책을 집필하게 된 계기는 한국 사회의 급격한 변화를 이해하고, 그 변화를 통해 나타나는 다양한 사회적, 경제적, 문화적 측면을 깊이 있게 탐구하고자 하는 열망에서 비롯되었다. 한국은 역사적으로 수많은 격변을 겪어왔고, 그 과정에서 다채로운 모습으로 변화해 왔다. 이 책은 그러한 변화를 체계적으로 정리하고, 독자에게 한국 사회에 관한 이해의 폭을 넓히는 동시에 깊이 있는 통찰을 제공할 목적으로 집필되었다.

한국 사회는 남북한 분단과 한국전쟁, 그리고 전후 경제 성장과 민주화와 같은 큰 흐름 속에서 급격히 변모해 왔다. 이러한 역사적 변화에 대한 고찰은 오늘날 한국 사회의 다양한 문제와 가능성을 이해하는 데 있어 필수적이라 할 것이다. 특히 산업화와 민주화의 과정은 한국 사회의 경제적 성장뿐만 아니라 정치적, 사회적 구조에도 지대한 영향을 미쳤다. 이러한 변화를 독자들에게 전달하고, 한국 사회에서의 미래 도전과 기회를 준비하는 데 필요한 인식을 제공할 수 있기를 기대한다.

이 책은 한국의 남북분단, 산업화와 민주화, 가족주의의 변화, 한국인의 다양한 문화, 4차 산업혁명 등 한국 사회의 주요 주제를 다루고 있다. 각 장은 한국 사회가 직면한 도전과 기회를 조명하며, 독자에게 미래에 대한 준비와 대응의 중요성을 강조한다. 특히 인공지능(AI) 사회로의 전환과 그로 인한 윤리적 문제들은 한국 사회가 앞으로 직면할 중대한 과제임을 제시한다. 독자들이 이 책을 통해 한국 사회의 다양한 측면을 이해하고, 미래를 준비하는 데 필요한 통찰을 얻기를 바란다.

집필 과정에서 가장 큰 도전은 많은 양의 자료를 체계적으로 정리하고, 각 주제를 연결하여 한국 사회의 큰 그림을 그리는 것이었다. 한국과 베트남의 다양한 분야의 전문가들과의 인터뷰와 토론을 통해 깊이 있는 내용을 담고자 노력했으며, 이 과정에서 많은 영감을 얻을 수 있었다. 특히 가족주의의 변화와 인공지능 사회의 도래에 대한 부분에서는 전문적인 자료와 사례 연구를 통해 더욱 구체적이고 실질적인 내용을 담아내고자 하였다. 독자들이 이 책을 읽으며 한국 사회의 복잡성을 이해하고, 새로운 시각을 얻을 수 있기를 고대한다.

이 책을 집필하는 데 많은 도움을 주신 분들께 진심으로 감사드린다. 한 편 한 편 소중한 글을 보내주신 여러 집필자분께 다시 한번 감사의 마음을 전한다. 더불어 출판 과정에서 많은 조언을 해주신 편집자들에게도 깊은 감사를 드린다. 여러분의 도움이 없었다면 이 책은 완성될 수 없었을 것이다. 또한 이 책을 집필하는 과정에서 접하게 된 한국인의 다양한 삶은 집필자들에게도 큰 배움의 장이 되었음을 밝힌다.

이 책이 독자들에게 한국 사회의 복잡한 변화 과정을 이해하는 데 큰 도움이 되길 바란다. 또한 독자들이 이 책을 통해 현재 한국 사회가 직면한 문제들을 깊이 있게 고민하고, 미래의 도전과 기회를 준비하는 데 영감을 받기를 기대한다. 앞으로도 한국 사회의 변화와 그 속에서의 우리의 역할에 관해 계속 탐구해 나가길 희망한다. 특히 한국과 베트남의 젊은 독자들이 이 책을 통해 한국 사회의 미래를 설계하는 데 필요한 도구를 얻고, 적극적으로 사회참여를 실천하길 고대한다.

이 책은 한국 사회의 현재와 미래를 이해하는 데 필요한 출발점이 될 것이다. 앞으로도 한국 사회의 변화와 그에 따른 다양한 이슈들을 지속적으로 연구하고, 새로운 저작을 통해 독자들과 소통할 계획이다. 특히 한국 사회에서의 기술 발전이 미래의 사회적 변화에 어떤 영향을 미칠 것인지, 그리고 이들이 어떤 조화를 이룰지를 계속 탐구하고자 한다. 또한 글로벌 사회 속에서 한국의 역할과 위치를 재조명하는 연구를 진행하여, 국제적 관점에서의 한국 사회의 가능성도 모색할 것이다.

책을 마무리하면서, 한국 사회의 변화가 얼마나 복잡하고 다층적인지 다시금 깨달을 수 있었다. 이 책이 독자들에게 유익한 통찰을 제공하고, 한국 사회에서의 미래를 준비하는 데 작은 도움이 되기를 바란다. 우리의 작은 노력이 한국 사회 탐구와 변화에 이바지할 수 있기를 소망하며, 앞으로도 계속해서 사회적 책임을 다하고자 한다. 이 책을 통해 독자들과 함께 성장하고, 더 나은 사회를 만들기 위한 여정을 함께하길 기대한다. 다시 한번 이 책이 독자들에게 의미 있는 경험이 되기를 바라며, 한국 사회의 복잡성을 이해하는 데 작은 기여가 되었으면 한다.

찾아보기

『 ㅅ 』

『 ㅇ 』

『 ㅈ 』

『 ㅊ 』

『 ㅋ 』

『 ㅌ 』

『 ㅍ 』

『 ㅎ 』

『 기타 』

저자 소개

정용교

영남대학교 교수
저서: 『마을인문학』, 『세계의 학교교육』, 『세계시민교육』 외

안도헌

영남대학교 강사
저서: 『AI와 미래의 노동』 외

남선이

영남대학교 다문화교육연구원 연구원
저서: 『마을에서 희망을 찾다』 외

김정환

영남대학교 겸임교수
저서: 『전공으로 보는 직업세계』 외

김옥경

영남대학교 다문화교육연구원 연구원

딘 란 흐엉(DINH LAN HUONG)

Department of Korean Language-Faculty of Oriental Languages and Cultures
Ho Chi Minh City University Of Foreign Languages-Information Technology(HUFLIT)

황 티 빅 응옥(HOANG THI BICH NGOC)

Department of Korean Language-Faculty of Oriental Languages and Cultures
Ho Chi Minh City University Of Foreign Languages-Information Technology(HUFLIT)

판 홍 트리 툭(PHAN HOANG TRI THUC)

Department of Korean Language-Faculty of Oriental Languages and Cultures
Ho Chi Minh City University Of Foreign Languages-Information Technology(HUFLIT)

한국 현대 사회 이해

2025년 6월 15일 1판 1쇄 인쇄
2025년 6월 20일 1판 1쇄 발행

공저자 : 정용교, 안도헌, 남선이,
김정환, 김옥경,
딘 란 흐엉, 황 티 빅 응옥,
판 홍 트리 툭

저자와의 협의하에 인지생략

발행자 : 한 정 주
발행처 : 교 육 과 학 사

경기도 파주시 광인사길 71
전화 (031)955-6956~8/팩스 (031)955-6037
Home-page : www.kyoyookbook.co.kr
E-mail : kyoyookbook@daum.net
등록 : 1970년 5월 18일 제2-73호

낙장・파본은 교환해 드립니다.
Printed in Korea.

정가 18,000 원
ISBN 978-89-254-1914-5